Bibliothèque de Philosophie scientifique

H. LICHTENBERGER — Paul PETIT
Professeur à la Sorbonne — Professeur à l'Université de Nancy

L'Impérialisme économique allemand

PARIS
ERNEST FLAMMARION, ÉDITEUR
26, RUE RACINE, 26

Septième mille

3° HISTOIRE GÉNÉRALE

ALEXINSKY (Grégoire), ancien député à la Douma. **La Russie moderne** (8e mille).

ALEXINSKY (Grég.). **La Russie et l'Europe** (5e mille).

AVENEL (Vicomte Georges d'). **Découvertes d'Histoire sociale** (6e mille).

BIOTTOT (Colonel). **Les Grands Inspirés devant la Science. Jeanne d'Arc.**

BOUCHÉ-LECLERCQ (A.), de l'Institut. **L'Intolérance religieuse et la politique** (4e m.).

BRUYSSEL (E. van), consul général de Belgique. **La Vie sociale** (6e mille).

CAZAMIAN (Louis). **La Grande-Bretagne et la guerre** (5e mille).

CHARRIAUT (Henri) et M.-L. AMICI-GROSSI. **L'Italie en guerre.**

COLIN (J.), Général. **Les Transformations de la Guerre** (6e mille)

COLIN (J.), Général. **Les Grandes Batailles de l'Histoire.** *De l'antiquité à 1913.* (7e m.)

DIEHL (Ch.), de l'Institut. **Byzance, grandeur et décadence.**

GENNEP. **Formation des Légendes** (5e m.)

HARMAND (J.), ambassadeur. **Domination et Colonisation** (4e mille).

HILL, ancien ambassadeur. **L'État moderne** (4e mille).

LEGER (Louis), de l'Institut. **Le Panslavisme** (4e mille).

LICHTENBERGER (H.), professeur adjoint à la Sorbonne. **L'Allemagne moderne** (14e m.).

LICHTENBERGER (H.) et Paul PETIT. **L'Impérialisme économique allemand** (7e m.).

MEYNIER (Commandant O.), pr à l'École militaire de Saint-Cyr. **L'Afrique noire** (5e mille).

MICHELS (Robert). Professeur à l'Université de Turin. **Les Partis Politiques** (4e m.).

MUZET (A.). **Le Monde balkanique** (5e m.).

NAUDEAU (Ludovic). **Le Japon moderne, son Évolution** (11e mille).

OLLIVIER (E.), de l'Académie française. **Philosophie d'une Guerre (1870)** (6e mille).

OSTWALD (W.), professeur à l'Université de Leipzig. **Les Grands Hommes** (4e mille).

4° HISTOIRE DES DÉMOCRATIES

AURIAC (Jules d'). **La Nationalité française, sa formation.**

BATIFFOL (Louis). **Les Anciennes Républiques alsaciennes** (5e mille).

BLOCH (G.), professeur à la Sorbonne. **La République romaine** (4e mille).

BORGHÈSE (Prince G.). **L'Italie moderne** (4e mille).

CAZAMIAN (Louis), me de Conférences à la Sorbonne. **L'Angleterre moderne** (7e m.)

CHARRIAUT. **La Belgique moderne** (8e m.).

COLSON (C.), de l'Institut. **Organisme économique et Désordre social** (5e mille).

CROISET (A.), de l'Institut. **Les Démocraties antiques** (9e mille).

DIEHL (Charles), de l'Institut. **Une République patricienne. Venise** (6e mille).

GARCIA-CALDERON (F.). **Les Démocraties latines de l'Amérique** (5e mille).

HANOTAUX (Gabriel), de l'Académie française. **La Démocratie et le Travail** (7e mille)

LE BON (Dr Gustave). **La Révolution Française et la Psychologie des Révolutions** (13e mille).

LUCHAIRE J.) Dr de l'Institut de Florence. **Les anciennes Démocraties italiennes.**

PIRENNE (H.), Profr à l'Université de Gand. **Les anciennes Démocraties des Pays-Bas** (4e mille).

ROZ (Firmin). **L'Énergie américaine** (9e m.).

L'Impérialisme économique allemand

OUVRAGES DE M. HENRI LICHTENBERGER

Le Poème et la Légende du Nibelungen. 1891, 1 vol. in-8° (Hachette).

La Philosophie de Nietzsche. 1 vol. in-12, 14e édition (Alcan).

Richard Wagner poète et penseur. 1 vol. in-8°, 5e édition (Alcan).

Henri Heine penseur. 1905, 1 vol. in-8° (Alcan).

L'Allemagne moderne. Son évolution. 1 vol. in-18, 14e mille (Flammarion).

Novalis. 1 vol. in-12, 2e édition, 1911 (Blond).

Wagner. 1 vol. in-8°, 4e édition, 1911 (Alcan).

La question d'Alsace (en collaboration avec André Lichtenberger). 1 vol. in-12, 1915 (Chapelot).

Bibliothèque de Philosophie scientifique.

HENRI LICHTENBERGER — PAUL PETIT

PROFESSEUR A LA SORBONNE — PROFESSEUR A L'UNIVERSITÉ DE NANCY

L'Impérialisme économique allemand

PARIS

ERNEST FLAMMARION, ÉDITEUR

26, RUE RACINE, 26

1919

INTRODUCTION

On sait que, pour l'opinion allemande, la guerre présente est une lutte économique autant et plus qu'une lutte politique, qu'elle a pour enjeu non pas seulement l'hégémonie politique, mais aussi l'hégémonie industrielle et commerciale, la conquête des marchés mondiaux. Et l'on sait, de plus, que les Allemands considèrent, de ce point de vue, la guerre actuelle comme le choc décisif entre l'impérialisme anglais et l'effort expansif de l'Allemagne, ou, plus exactement, comme la tentative à la fois violente et perfide de l'Angleterre pour briser la concurrence allemande. Alors que, dans ce conflit, il nous apparaît que le rôle de l'*agresseur* échoit, de toute évidence, à la puissance dont les progrès formidables ont bouleversé l'équilibre économique du monde et dont le dévorant effort d'expansion menaçait hier encore toutes les situations acquises, alors que les Anglais sont conscients que ni leur peuple dans sa totalité, ni le chef de leur politique extérieure n'ont tendu directement à la guerre et que le directeur du Foreign Office est à même de prouver que, pendant la crise décisive, il s'est donné toute la peine possible pour empêcher la guerre, les choses apparaissent aux Allemands sous une perspective exactement opposée. Le vrai fauteur de la guerre, affirment-ils, c'est l'impé rialisme anglais, c'est-à-dire le principe qui, depuis des siècles, a dirigé toute la politique extérieure du Royaume-Uni.

Il nous paraît utile d'exposer, au début de cette étude, avec quelque détail, cette thèse allemande, si paradoxale et si contraire à la vérité historique qu'elle puisse paraître au sentiment français. Elle est, en effet, le point de départ de toutes les idées allemandes sur la lutte économique actuelle. Si l'on veut comprendre l'attitude qui dresse aujourd'hui les Allemands contre les Anglo-Saxons, il faut se rendre compte qu'ils s'apparaissent à eux-mêmes — ou, dans tous les cas, *veulent* se poser vis-à-vis des autres et vis-à-vis d'eux-mêmes, — non pas comme des conquérants, mais comme des victimes du despotisme économique que l'Angleterre fait peser sur le monde. Alors que les Anglais se glorifient d'avoir toujours défendu la liberté du monde, il y a un siècle contre la volonté de puissance d'un Napoléon, aujourd'hui contre les rêves de domination mondiale du pangermanisme, les Allemands revendiquent pour eux-mêmes ce rôle de champions de la liberté : aux deux dates décisives de leur existence nationale, en 1813 comme en 1914, ils auraient soutenu des « guerres d'indépendance », la première fois contre la France, la seconde fois contre l'Angleterre. Indiquons les principaux arguments qu'ils mettent en avant pour essayer de justifier cette « transvaluation de valeurs » historiques.

L'Angleterre — exposent les historiens allemands de la guerre — qui, pendant des siècles, a été un pays d'agriculteurs et avait recours, pour son commerce, aux marines étrangères, a commencé vers le XVIe siècle à aspirer à la maîtrise de la mer. La victoire sur l'Armada manifesta pour la première fois la supériorité navale des Anglais. Successivement ils abattent, entre le XVIe et le XIXe siècles, la puissance maritime de l'Espagne, des Pays-Bas, de la France. En 1815, ils sont les maîtres incontestés de la mer et possèdent l'empire colonial le plus colossal du monde. Cet empire que, au cours du XIXe siècle, ils s'appliquent à défendre ou à accroître, soit contre la France, soit contre la Russie, ils s'efforcent aujourd'hui de le maintenir contre le rival nouveau qui vient de surgir : l'Allemagne. C'est contre elle qu'Edouard VII dirige sa politique d'encerclement, fidèlement continuée par sir Edward Grey. C'est contre elle que la diplomatie anglaise noue en 1914 une coalition générale comme elle avait noué en 1689 celle des adversaires de Louis XIV, en 1813 celle des adversaires de Napoléon.

Cette hégémonie maritime et mondiale les Anglais prétendent y avoir un double droit : droit naturel qui résulte de leur insularité, droit religieux que leur confère leur supériorité morale. Ce sentiment de la mission providentielle de l'Angleterre grandit et se développe à travers tout le XIXe siècle. Il apparaît déjà avant le milieu du siècle chez un Carlyle : amalgamant le mysticisme puritain aux aspirations patriotiques et morales qu'il admire chez les apôtres de l'unité nationale allemande, Kant et Fichte, Gœthe et Schiller, il adapte au tempérament de son peuple ce nationalisme mystique et proclame la mission échue aux Anglais, successeurs des Romains, d'enseigner au monde, par leur exemple, l'exploitation rationnelle du globe. En 1868 Dilke publie l'ouvrage dont le titre déjà est tout un programme : *Greater Britain*. Ce programme se précise, dix ans plus tard dans les conférences faites par l'historien Seeley sur l'*Expansion de l'Angleterre* (publiées en 1883). En 1884 se fonde l'*Imperial federation League*. C'est le fameux plan impérialiste de Joe Chamberlain d'unir plus étroitement, par un système de droits protecteurs, les colonies à la mère patrie. A partir de 1897 — année où le Canada accorde aux marchandises anglaises un traitement préférentiel — c'est l'évolution par laquelle les grandes colonies autonomes s'entourent vis-à-vis de l'étranger d'une barrière douanière qu'elles abaissent par l'octroi d'un tarif préférentiel les unes vis-à-vis des autres et vis-à-vis de la mère patrie. C'est le triomphe progressif de la tendance à la *concentration* qui pousse les diverses parties de l'immense Empire britannique à resserrer le lien de solidarité qui les unit de manière à se constituer en un groupement unique plus effectif et plus puissant.

Que cette tendance impérialiste fondamentale se mélange, chez l'Anglais, à un certain idéalisme, les écrivains allemands le concèdent parfois. Mais c'est pour faire remarquer tout aussitôt que, s'il est arrivé parfois à l'Angleterre de favoriser l'affranchissement des peuples opprimés, de les soutenir dans leurs efforts vers la reconstitution de leur unité nationale, de défendre la liberté de l'Europe contre les menaces de domination mondiale d'une puissance ambitieuse, elle a joué ce rôle moins souvent qu'elle ne le prétend. La générosité de l'Anglais s'arrête toujours à la limite de ses intérêts. Quand il a la bouche pleine des motifs les plus élevés et les plus moraux, c'est d'ordinaire hypocrisie nationale qui peut d'ailleurs être sincère n'est-ce pas Carlyle qui a parlé du *sincere cant* de ses compatriotes?

En règle générale, disent les Allemands, les grands mots dissimulent mal, chez les Anglais, l'égoïsme le plus âpre et le moins scrupuleux, l'égoïsme d'une race de marchands, le mercantilisme. C'est un des leurs, Adam Smith, qui a l premier appelé ses concitoyens *a nation of shopkeepers*, une nation de boutiquiers. Et ils sont bien, en effet, les dignes descendants de ces bourgeois de la Cité qui au XVIe et au XVIIe siècles prenaient des parts dans les bateaux armés pour la course et la piraterie. Jusqu'à la crise présente, ils n'ont pas su ce qu'était une guerre nationale dans laquelle chacun donne son sang et celui des siens pour la défense de la patrie. Leurs guerres ont toujours été des « guerres d'affaires » menées pour eux par des armées mercenaires et où ils ne se battaient, eux, qu'avec des « balles d'argent ». En 1910 encore le général sir Jan Hamilton, dans son livre sur le *Service obligatoire* concluait au maintien de l'armée mercenaire, parce qu'elle se prête mieux à la guerre offensive et, par suite, à une politique extérieure énergique. Tandis que l'armée et la flotte se battent, les autres classes continuent à travailler, et ainsi « la masse de la nation ne prend pas la guerre trop au tragique ». Au début du conflit mondial encore, les Anglais ont cru pouvoir persister dans cette attitude, et lord Randolph Churchill a jeté au peuple anglais son mot fameux : *business as usual*, si conforme à la tradition nationale. Ils restaient les *boutiquiers* que, dans sa brochure *Händler und Helden*, l'économiste Sombart opposait aux *héros* allemands. Il a fallu les revers d'une guerre prolongée au delà de toutes les prévisions humaines, pour les convaincre qu'il fallait, cette fois, payer non plus seulement de leur bourse mais de leur personne et que la nation armée devrait verser son sang après avoir prodigué celui de ses mercenaires ou de ses alliés.

Cet impérialisme tout pratique tend, d'après la thèse allemande que nous continuons à exposer de façon tout objective, à l'hégémonie mondiale par une triple voie.

L'Angleterre, d'abord, au lieu de se contenter, sur les mers, de la liberté égale pour toutes les nations, juge indispensable à sa sécurité une maîtrise qui, en cas de guerre, tourne à la tyrannie. Elle assure cette hégémonie soit par l'entretien d'une flotte de guerre formidable, soit par l'acquisition de points d'appui et de stations de charbon qui jalonnent toutes les grandes voies de communications maritimes, soit par l'opposition systématique à toutes les mesures de droit international tendant à restreindre le droit de capture et à protéger le commerce neutre en temps de guerre. Elle s'arroge de la sorte un pouvoir exorbitant. Naguère l'Angleterre occupait parmi les nations civilisées une place à part. Alors que les « grandes puissances » étaient essentiellement *européennes* et *continentales*, l'Angleterre était *insulaire* et *mondiale* : elle revendiquait dès lors pour elle le droit de contrôle sur les voies de communication qui reliaient entre elles les diverses parties de son Empire. Mais cette prétention est devenue de plus en plus insoutenable à mesure que se développait le commerce mondial. Alors que, vers le milieu du XVIIIe siècle il était évalué à 1 milliard de mk environ, il atteignait 6 milliards en 1800, 17 en 1850, 76 en 1899, 160 en 1912 ! Aujourd'hui toutes les grandes nations participent au commerce mondial, toutes ont un égal intérêt à pouvoir librement parcourir les mers qui sont les grandes voies de communication internationales. La prétention anglaise à l'hégémonie maritime rend ainsi illusoire toute « liberté » commerciale, comme serait illusoire la « liberté » de citadins auxquels un tyran viendrait dire : « Vous êtes parfaitement libres, chacun à l'intérieur de sa maison; mais dès que vous descendez dans la rue, vous tombez sous ma domination! » Il est donc inadmissible que l'Allemagne, dont la participation au commerce mondial n'est pas loin d'égaler celle de l'Angleterre se soumette indéfiniment à une pareille tyrannie.

Outre-mer, l'Angleterre s'est enrichie des dépouilles de ses adversaires vaincus et a conquis, par force ou par ruse, par achat ou négociation, parjure ou félonie, un immense Empire colonial qu'elle travaille à agrandir avec une inlassable persévérance, une voracité insatiable, une âpreté qui ne connait aucun ménagement. Après s'être installée sur tous les points du globe où elle a pu prendre pied, elle a arrondi autant que possible chaque territoire; puis s'est efforcée de relier les principaux d'entre eux, de façon à constituer un immense empire d'un seul tenant. Or pour accomplir ce dessein, pour créer des lignes de communications terrestres entre son domaine indien et son domaine africain il lui fallait d'une part réaliser en Afrique le grand projet de Cecil Rhodes de la voie ferrée du Caire au Cap, puis joindre l'Egypte aux Indes par l'annexion de la Syrie, de l'Arabie, de la Perse du sud. Mais en Afrique comme en Asie mineure les Anglais trouvaient sur leur chemin les Allemands ou leurs alliés les Turcs. De là l'idée de réduire à merci l'Empire allemand dans une guerre de coalition qui lui coûterait ses colonies et le ruinerait économiquement.

Sur le continent, enfin, l'Angleterre vise à maintenir l'équilibre européen (*balance of power*), non pas bien entendu dans l'intérêt des puissances en rivalité, mais uniquement dans son propre intérêt. Elle se réserve, dans ce jeu de balance, le rôle du poids additionnel dont le déplacement fait osciller la flèche dans un sens ou dans l'autre. Systématiquement elle s'arrange pour grouper les forces adverses de façon à ce qu'elles se neutralisent mutuellement, et pour cela tous les moyens d'intimidation et de corruption lui sont bons. Si, malgré tout, l'équilibre tend à se rompre il suffit qu'elle jette son appoint du côté opposé pour le rétablir à son avantage. L'Angleterre s'est ainsi posée traditionnellement comme l'adversaire de la puissance la plus forte du continent. Et elle a réussi de la sorte à l'emporter toujours, avec un minimum d'effort, sur tous les Etats européens qui menaçaient de devenir pour elle un concurrent sérieux. En perpétuant les antagonismes entre les autres, en utilisant habilement les défiances et les haines elle est arrivée à s'assurer une prépondérance durable.

L'impérialisme anglais est bien près, au total, de réaliser l'hégémonie mondiale. « On a calculé, dit le comte Reventlow, que l'empire colonial anglais équivaut au centuple de la métropole, qu'il est dix fois plus considérable que l'ensemble de toutes les colonies de tous les autres pays, qu'il embrasse le cinquième du globe et comprend le quart de sa population totale. L'Angleterre est l'Etat vampire. »

L'Empire allemand, et c'est là son crime aux yeux des Anglais, a osé se poser en concurrent de la firme mondiale britannique. Il a eu l'audace de réclamer sa place au soleil dans l'empire du travail. Et il a opéré par de tout autres méthodes que les Anglais. Alors que ceux-ci cherchaient à s'assurer des relations commerciales et des débouchés avantageux surtout par l'emploi de la puissance *politique*, les Allemands ont concurrencé leurs rivaux sur les marchés d'outremer, d'abord sans arrière-pensées de domination, sans faire usage de moyens de pression politiques, uniquement en perfectionnant leur outillage technique, industriel et leurs procédés commerçants. Au *pouvoir* ils ont opposé l'*organisation*. Et leur supériorité s'es, peu à peu affirmée de façon irrésistible. Ils sont devenus, à côté des Anglais, gros clients et gros fournisseurs des colonies anglaises elles-mêmes. Pendant la période de 1887 à 1912, tandis que l'Angleterre augmentait son commerce de 103 °/₀, celui de l'Allemagne se développait dans la proportion de 225 °/₀. Tandis que la flotte anglaise s'accroissait entre 1890 et 1908 dans la proportion de 1 à 2, la flotte allemande s'augmentait pendant le même laps de temps (1891 à 1909) dans la proportion de 1 à 3. L'influence des Allemands grandissait ainsi peu à peu sur les marchés mondiaux. A mesure que croissait le tonnage de leur flotte commerciale, par le fait seul qu'ils étaient possesseurs d'une fraction plus forte du fret mondial, ils attiraient à eux une partie du commerce de transit qui était l'une des sources de la prospérité anglaise. Et la situation de l'Angleterre allait toujours déclinant. La prospérité industrielle anglaise reposait sur le fait de l'exploitation méthodique de l'ouvrier. En ruinant systématiquement l'agriculture anglaise on avait mis à la disposition de l'industrie une *réserve* de main-d'œuvre considérable et sans défense. Par l'importation de denrées alimentaires à bon marché, rendue possible grâce au triomphe des doctrines libre-échangistes, les fabricants anglais purent nourrir à peu de frais leur armée de travailleurs. Ils se trouvèrent ainsi, à l'origine dans une situation tout à fait privilégiée. Mais lorsque, par suite des progrès techniques et de la meilleure organisation scientifique réalisée en Allemagne, la production allemande devint plus intensive, quand en Angleterre le coût de la vie augmenta sans que les salaires subissent une augmentation correspondante, alors germa dans les cercles patronaux ou ouvriers, un sentiment toujours plus accentué d'envie et de haine contre le concurrent allemand. Il apparut clairement que l'Angleterre ne pouvait pas, sans un bouleversement total de ses bases économiques et sociales, égaler les résultats industriels de l'Allemagne. Pendant les années qui précédèrent la guerre, les Anglais durent reconnaître que les petits expédients tels que l'apposition du fameux *Made in Germany* sur les articles de provenance allemande ne pouvaient pas efficacement enrayer l'essor de leurs concurrents; qu'ils ne pouvaient maintenir leurs positions que par l'emploi de procédés artificiels comme l'octroi de tarifs préférentiels par les colonies anglaises; que là où l'Etat anglais était hors d'état d'exercer une influence protectrice en faveur de ses nationaux, le commerce allemand affirmait une supériorité toujours plus indiscutable. Dans ces conditions, concluent les publicistes allemands, il était fatal que la politique anglaise recourût, tôt ou tard, au procédé maintes fois employé déjà de la guerre préventive, qu'elle tentât de ruiner les possessions coloniales et les organisations commerciales des Allemands dans le but de mettre fin à leur œuvre de pénétration systématique et de conquête méthodique des marchés étrangers. La guerre actuelle est ainsi présentée comme une sorte de fatalité économique, comme le choc nécessaire de deux impérialismes, l'un arriéré déjà et qui vit sur son passé, l'autre tout moderne, plein de sève, fondé sur la supériorité du savoir et qui affirme son droit à l'existence contre la puissance vieillie et tyrannique qui prétend entraver son essor.

L'entrée en guerre des Etats-Unis et l'explosion de la révolution russe modifient de façon très sensible les perspectives que nous venons d'esquisser.

Au début de la guerre, l'Allemagne était pleine de

ménagements pour les Etats-Unis. Elle se gardait bien de les englober dans la même haine que les Anglais; elle notait au contraire avec soin les contrastes qui séparaient la métropole de son ancienne colonie. Beaucoup saluaient dans le président Wilson le modèle du neutre impartial et correct et certains espéraient en lui un médiateur qui ferait un arbitrage équitable entre les Empires du centre et leurs adversaires. De bonne heure, cependant, les conservateurs allemands adoptent vis-à-vis des Etats-Unis une attitude de plus en plus défiante et hostile; convaincus de la nécessité de la guerre sous-marine à outrance pour terminer la guerre, conscients que la pratique du torpillage illimité entraînerait la rupture et probablement la guerre avec l'Amérique, ils acceptent volontiers ce risque et réclament instamment du gouvernement impérial qu'il cesse de ménager les Etats-Unis. Ils constatent l'existence en Amérique, spécialement dans les Etats de l'Est, d'un courant anti-allemand toujours plus fort; une partie très influente et très remuante de l'opinion américaine est arrivée peu à peu à la conviction que les Etats-Unis n'ont plus rien à craindre désormais de l'impérialisme anglais et que les vieilles inimitiés doivent par conséquent être oubliées. Au lendemain de la guerre, c'est l'Allemagne qui sera le concurrent le plus redoutable des Etats-Unis dans le domaine économique; et l'on calcule que l'Angleterre peut en revanche être fort utile en cas de conflit avec le Japon. Les Américains s'efforcent dans ces conditions, moitié par sympathie instinctive, moitié par calcul politique, d'établir une union aussi intime que possible entre les deux grandes nations anglo-saxonnes. Certains Allemands vont jusqu'à croire à un engagement diplomatique formel entre l'Angleterre et les Etats-Unis, à une connivence secrète entre le président Wilson et les dirigeants anglais; les pangermanistes arrivent ainsi, bien avant la déclaration de guerre, à la conviction que les Etats-Unis sont les alliés secrets de l'Angleterre, qu'ils ne la laisseront jamais succomber dans sa lutte avec l'Allemagne, mais que, selon les circonstances, ils l'aideront à conclure une paix avantageuse ou viendront à son aide le jour où elle risquerait d'avoir le dessous.

C'est, selon les Allemands, la politique suivie par les Etats-Unis en Extrême-Orient qui incline ceux-ci vers l'alliance avec l'Angleterre ; on sait que les Etats-Unis ont inauguré depuis quelque temps une offensive économique très accentuée vis-à-vis de la Chine; de puissants groupements américains s'y sont fait attribuer des concessions considérables. Wilson, d'ailleurs, ne cherche pas à acquérir pour ses nationaux une situation privilégiée ; il pratique la politique de la porte ouverte ; il convie les Américains à consacrer une partie des énormes bénéfices qu'ils ont accumulés au début de la guerre à la mise en valeur des immenses richesses inexploitées de l'Empire du Milieu.

Or cette politique doit forcément aboutir, selon le calcul des Allemands, à un conflit avec le Japon qui, appuyé sur la Russie avec laquelle il vient de se lier par un traité d'alliance, aspire à mettre en tutelle à son profit la Chine et à en éliminer les influences étrangères; nul doute, pour les Allemands, que le Japon et la Russie ne se liguent pour contrecarrer l'offensive américaine. Et comme, par ailleurs, le Japon et les Etats-Unis se disputent l'hégémonie sur l'Océan Pacifique et que la question de l'émigration japonaise aux Etats-Unis est plus brûlante que jamais, la situation est tendue et instable; l'alliance anglaise apparaît ainsi aux Américains comme une sauvegarde nécessaire vis-à-vis du Japon. L'Angleterre, alliée du Japon, empêchera celui-ci de profiter d'un moment favorable pour assaillir son rival et régler à son profit la question de Chine et celle du Pacifique. Et ce raisonnement s'est trouvé jusqu'à présent exact, — plus exact que les spéculations aventurées des Allemands. L'entrée en guerre des Etats-Unis n'a pas détaché les Japonais de l'Entente et on se souvient de la cruelle déconvenue diplomatique éprouvée par le secrétaire d'Etat Zimmermann lorsqu'il a essayé de négocier avec le Japon par l'intermédiaire du Mexique pour l'engager dans une action contre les Etats-Unis. Les Allemands n'en demeurent pas moins convaincus que cette situation est provisoire, que le Japon, isolé pour l'instant entre la Russie impuissante et les Etats-Unis défiants, est bien obligé de ne pas rompre pour l'instant les liens qui l'attachent à l'Angleterre, mais qu'il finira tôt ou tard par se rapprocher de l'Empire allemand qui est son allié naturel.

Ceci nous conduit à examiner les variations de la politique allemande vis-à-vis de la Russie.

Au début de la guerre, l'Allemagne envisageait le conflit mondial comme une lutte du germanisme contre l'impérialisme anglais d'une part, contre l'impérialisme russe de l'autre, on combattait sur deux fronts à la fois, et l'on discutait âprement entre conservateurs et socialistes pour savoir quel était « l'ennemi principal ». Les partis de gauche en Allemagne étaient « orientés vers l'Ouest » ; ils aspiraient à un arrangement à l'amiable avec les puissances démocratiques de l'Ouest et spécialement avec l'Angleterre; ils insistaient, au contraire, sur l'antagonisme absolu qui séparait l'Allemagne de la Russie. Les ambitions de la Russie sur Constantinople et l'Arménie étaient absolument inconciliables avec le projet allemand de constituer un vaste domaine économique d'un seul tenant allant de la mer du Nord au golfe Persique. L'impérialisme populaire russe, la fringale de terre qui est la passion élémentaire du moujik, est une menace perpétuelle pour ses voisins; d'autre part, le régime autocratique qui pesait sur la Russie des tsars était en abomination aux socialistes et démocrates. On estimait enfin que c'était la Russie qui, par la mobilisation de son armée, avait rendu la guerre inévitable et portait par conséquent la responsabilité du conflit mondial.

Les partis de droite, au contraire, étaient « orientés vers l'Est ». Ils estimaient qu'entre les ambitions allemandes et les ambitions russes il n'y avait pas incompatibilité absolue, que l'on pouvait s'accorder avec les Russes soit sur la question de Pologne soit sur la question des Détroits, que, au point de vue économique, la Russie et l'Allemagne étaient même prédestinées à s'entendre et à se compléter. Ils admettaient, au contraire, qu'entre les intérêts allemands et anglais, aucune conciliation n'était possible. Sur la question de la Belgique, ils se refusaient à un compromis quelconque : il fallait que, au lendemain de la guerre, la Belgique fût ou « anglaise » ou « allemande ». Le grand projet anglais de joindre les diverses parties de l'Empire colonial britannique par une voie de communication terrestre et d'établir la jonction entre le Cap et le Caire d'une part, entre le Caire et l'Inde d'autre part, ruinait à jamais les ambitions allemandes en Afrique comme en Mésopotamie; l'impérialisme anglais était incompatible avec la volonté allemande d'avoir une marine puissante et un grand empire colonial. Les partis de droite préchèrent en conséquence la croisade contre l'Angleterre, et comme l'Allemagne pouvait bien, momentanément, soutenir une guerre sur deux fronts, mais était hors d'état de supporter indéfiniment une paix armée sur deux fronts, ils demandèrent que le gouvernement orientât sa politique de manière à rompre l'alliance contre nature entre la Russie et l'Angleterre et à empêcher la diplomatie britannique de perpétuer l'inimitié entre la Russie et l'Empire allemand comme elle avait su perpétuer la haine entre la France et l'Allemagne.

La révolution russe apporta à la thèse conservatrice un secours décisif; elle faisait tomber du coup les griefs des démocrates allemands contre l'autocratisme russe. Les Russes renonçaient à la conquête de Constantinople et cessaient ainsi de menacer les communications des Empires centraux avec l'Orient. La démocratie russe affirmait sa volonté de conclure une paix sans annexions ni indemnités; les socialistes russes demandaient la revision des buts de guerre de l'Entente, et acceptaient de se rencontrer à Stockholm avec les socialistes allemands pour y discuter de la paix. Les partis de gauche allemands envisagent ainsi comme possible dans un avenir prochain, non pas seulement un accord avec les Russes, mais un rapprochement, et comme les partis de droite continuent, pour des motifs de politique générale et pour des raisons économiques, de souhaiter ce rapprochement, l'opinion allemande est aujourd'hui presque unanimement orientée vers l'Est.

Dans ces conditions l'avenir de l'Allemagne et des Empires du Centre apparaît à beaucoup d'Allemands sous un jour nouveau. Ils imaginent qu'après la guerre, deux grands groupements se partageront le monde : un groupement *insulaire anglo-saxon* comprenant l'Angleterre et les Etats-Unis et dont la France sera l'annexe et la tête de pont sur le continent européen; et un groupement *continental, germano-slave*, ayant pour foyer principal l'Allemagne, comprenant l'Autriche-Hongrie, la Turquie, les Balkans, et englobant le monde slave. Ces deux groupements s'efforceront chacun d'attirer dans leur orbite le Japon et la Chine, en sorte que la grande lutte mondiale de l'avenir aurait pour enjeu l'hégémonie du Pacifique et la domination de l'Extrême-Orient. Cette combinaison colossale, qui séduit à l'heure qu'il est 'imagination de bien des impérialistes allemands, ouvre des horizons infiniment plus vastes que le projet de l'Europe Centrale dont nous nous occuperons tout à l'heure. Un groupement germano-slave, surtout s'il étend son influence sur le monde sino-japonais, n'est pas seulement en état de se suffire à lui-même au point de vue économique et de discuter d'égal à égal avec le groupement anglo-saxon, il offre à l'expansion industrielle allemande des perspectives tout à fait séduisantes. Si la Russie relâche le lien qui l'unit encore, à l'heure présente, aux puissances occidentales, si elle se rapproche de nouveau de l'Allemagne ainsi que l'y inclinent des fatalités économiques plus fortes que toutes les préventions humaines, si elle accepte le concours allemand pour son relèvement économique et pour l'œuvre immense de la mise en valeur de ses richesses naturelles, c'est une phase nouvelle de l'histoire du monde qui s'ouvre pour les Allemands.

Et beaucoup ne demandent qu'à s'y engager : les libéraux escomptent que l'Allemagne, devenue voisine et alliée de la Russie révolutionnaire, sera amenée elle aussi à accélérer son évolution dans le sens démocratique ; et dans tous les cas ils n'ont pas, pour une alliance de l'Allemagne avec la nouvelle Russie, les répugnances qu'ils auraient éprouvées devant une restauration de l'alliance des trois Empereurs. Les conservateurs, d'autre part, ne désespèrent pas d'un mouvement de réaction qui installerait de nouveau en Russie un régime d'autorité. Et si cet espoir ne se réalise pas, ils comptent bien, du moins, que la Russie, travaillée par la fièvre révolutionnaire et affaiblie par les tendances séparatistes des allogènes perdra toute puissance politique et deviendra une masse amorphe où les influences germaniques pourront librement s'exercer et acquérir une force de pénétration toujours croissante.

Comment, dans ces conditions, le duel entre les Empires du Centre et l'Angleterre ou le groupement anglo-saxon va-t-il se poursuivre? Selon que l'issue du conflit mondial leur sera plus ou moins favorable, les Allemands envisagent diverses possibilités.

En cas de succès, bien entendu, — et du côté conservateur surtout l'on continue à proclamer avec une âpreté croissante la nécessité de combattre jusqu'à la « paix victorieuse » — c'est l'abaissement définitif de l'Angleterre. L'Allemagne devient maîtresse de la côte flamande, et acquiert ainsi une base navale face à l'Angleterre. Elle s'empare des points d'appui et stations navales indispensables à la sécurité de son commerce. Elle rétablit en Egypte la domination légitime des Turcs et brise ainsi définitivement le rêve de l'impérialisme anglais. Elle se taille en Afrique un vaste empire colonial d'un seul tenant et capable de subsister par ses propres forces comme les grandes colonies autonomes anglaises. Elle assure la liberté des mers. Etroitement unie à l'Autriche-Hongrie, à la Bulgarie, à la Grèce, à la Turquie, s'appuyant sur une base territoriale qui va de la mer du Nord au golfe Persique, maîtresse d'un vaste domaine africain, l'Allemagne reprend alors d'une allure accélérée son œuvre de pénétration économique. Elle acquiert une prépondérance industrielle et commerciale irrésistible. Elle domine économiquement la Russie. Elle fonde le groupement germano-slave et lui assure la prépondérance. Elle devient le centre et le cerveau moteur de l'organisation rationnelle du travail mondial.

Si ces espérances grandioses ne se réalisent pas et s'il faut en venir à la paix par compromis préconisée dès à présent par les socialistes, on se trouve alors en présence de deux hypothèses.

L'Angleterre est restée, jusqu'à présent au moins, fidèle à la doctrine libre-échangiste : on sait que le grand mouvement protectionniste inauguré par Chamberlain et continué par Hewins a succombé, il y a quelques années, après trois campagnes électorales qui lui furent défavorables. Les Allemands ne regardent pas comme impossible que, après la guerre aussi, et en dépit des menaces de blocus économique qui se multiplient depuis quelque temps, l'Angleterre ne rompe pas définitivement avec une tradition à laquelle elle demeure malgré tout attachée. Si cette tendance prévaut, le commerce mondial pourra continuer à se développer librement. Mais il peut se faire aussi qu'en Angleterre et dans le monde entier se développe la tendance inverse, que l'Angleterre resserre les liens qui l'unissent à ses colonies et s'applique à constituer avec elles, peut-être aussi avec ses alliés ou avec certains de ses alliés, un domaine économique capable de se suffire à lui-même et fermé vers le dehors par de hautes barrières douanières. Si l'évolution générale prend cette direction, si le monde se segmente en un petit nombre de vastes domaines autonomes qui réduisent au minimum leurs échanges avec l'étranger, alors le commerce international tel que le pratiquaient jusqu'à présent les Allemands risque de devenir impossible ou de se heurter en tout cas à des difficultés nouvelles auxquelles il faut parer.

Pour faire face à cette double éventualité, les Allemands envisagent deux solutions.

Si la tendance protectionniste l'emporte décidément et s'ils se voient obligés de prendre leurs dispositions pour vivre dans un univers divisé en zones réservées plus ou moins imperméables les unes aux autres, ils s'efforceront de se grouper avec leurs alliés politiques et de constituer avec eux un domaine capable d'*autarchie* (pour employer l'expression des économistes allemands), c'est-à-dire en état de se suffire autant que possible à lui-même. Ce sera l'Europe centrale, le *Mitteleuropa* dont Naumann s'est fait en 1915 l'annonciateur lyrique. Cette solution leur plaît à maints égards. Ils ne répugnent pas à la perspective de devenir la race dominante, le peuple souverain d'un groupement humain suffisamment étendu, de voir l'Empire allemand s'adjoindre des satellites qui seraient, selon toute vraisemblance, plutôt des vassaux que des associés. Cette solution donne de larges satisfactions à l'instinct particulariste, à l'esprit d'exclusivisme, à ce désir de rester « entre soi » qui a toujours été très fort parmi les Allemands. Elle est fort acceptable pour un nationalisme opportuniste qui consent à opérer sur son germanisme originel les retranchements nécessaires pour rendre possible une cohabitation cordiale et une loyale collaboration avec des allogènes. Elle est acceptable aussi pour un cosmopolitisme tempéré à qui suffisent les limites d'une « grande patrie » dépassant l'Empire actuel, et qui tient pour provisoirement ou définitivement utopique la fraternité du genre humain ou de l'humanité civilisée. Elle a en revanche l'inconvénient certain et grave de restreindre le rayon de l'activité allemande, de soustraire à son empire des domaines où elle se donnait jadis libre carrière. L'Allemagne trouverait-elle dans l'*Europe centrale* même constituée sur des bases fort larges, une compensation à cette *Weltwirtschaft* dont elle étudiait avec tant de sollicitude la contexture et les lois, à ce commerce mondial où elle était arrivée peu à peu à se faire une part si large? C'est fort douteux. L'Allemagne aspire à l'Europe centrale, c'est entendu. Mais elle aspire, tout de même, à *plus* que l'Europe centrale. Une Europe centrale où elle serait *confinée* serait pour elle une prison, ou, en tout cas, un pis-aller auquel elle ne se résignerait qu'à contre-cœur et à la dernière extrémité.

L'Allemagne envisagerait, somme toute, avec beaucoup plus de satisfaction le triomphe, dans le monde de demain, d'une tendance plus universaliste et plus libérale, qui lui laisserait la possibilité de reprendre, au lendemain du grand cataclysme que vient de déchaîner la folie impérialiste, sa place dans le commerce mondial. Elle a assez de confiance dans sa vitalité, dans son énergie économique, dans son savoir acquis et son organisation pour ne pas réclamer autre chose que la possibilité de concourir librement avec les autres nations sur les marchés mondiaux. Cette Allemagne du travail et de la « grande entreprise » n'est pas *toute* l'Allemagne. Elle ne se confond pas avec cette Prusse agrandie qu'est l'Allemagne nationaliste et protectionniste. Elle a toujours été en querelle et en controverses avec les milieux spécifiquement conservateurs. Mais c'est elle qui, après les triomphes militaires de l'ère bismarckienne, a remporté les victoires économiques les plus éclatantes. Elle a conscience d'avoir, par les massifs succès matériels qu'elle a obtenus dans le domaine économique, porté l'Empire allemand au point de prospérité où il se trouvait avant la guerre. Elle sait son importance et sa valeur. Et elle ne veut pas subir une diminution. Aussi aspire-t-elle de toutes ses forces à la fin de la guerre, au point de vue militaire comme au point de vue économique. Ce n'est pas qu'elle soit, peut-être, aussi pacifique qu'elle l'affirme volontiers. Un de ses représentants disait, il y a quelques années, à l'un de nos compatriotes : « Nous n'avons pas *besoin* de vous faire la guerre ». Aujourd'hui les Allemands de ce type sont convaincus qu'ils ont même eu *tort* de la faire. Aussi cette guerre — qu'ils eussent sans doute volontiers « endossée » et approuvée si elle eût été rapidement victorieuse — ils ne veulent plus à aucun prix l'avoir méditée, ni préparée, ils assurent qu'elle leur a été imposée, qu'ils ne désirent qu'une chose, c'est de liquider cette opération désastreuse, de se remettre au travail, de « se refaire ». Et ils insistent sur la folie qu'il y aurait à prolonger la guerre après la guerre, sur les bienfaits du libre trafic entre l'universalité des hommes, sur l'interdépendance économique de toutes les nations, sur le tort que l'humanité se ferait à elle-même en perpétuant, au lendemain de la paix, les hostilités commerciales. Visiblement cette Allemagne du travail fait passer dans son estimation l'expansion commerciale avant l'autarchie économique. Elle redoute plus que toute chose un *encerclement*, un isolement possible après la guerre. Et, si elle en a le pouvoir, elle se préoccupera surtout, en faisant insérer, dans le traité de paix, la clause de la nation la plus favorisée, d'assurer à la grande entreprise allemande la faculté de reprendre sa place sur les marchés mondiaux.

Nous nous proposons, dans les pages qui vont suivre, d'étudier aussi objectivement que possible le problème de l'impérialisme économique allemand tel qu'il apparaît aujourd'hui à travers les innombrables publications que les Allemands ont consacrées à son étude[1]. Nous avons l'intention de décrire et de comprendre plutôt que de juger ou de plaider en faveur de telle ou telle solution. Il nous arrivera souvent d'exposer les idées de nos ennemis avec détail, en nous servant de leurs livres, de leurs documents, de leurs statistiques, sans toujours critiquer leurs thèses, sans manifester toujours notre sentiment à leur égard. Nous nous permettons d'insister vivement auprès de nos lecteurs pour qu'ils veuillent bien : 1° distinguer

1. La « littérature » sur le problème de l'Europe centrale et de l'expansion économique allemande est considérable et s'accroît chaque jour davantage. Son énumération n'occupe pas moins de 25 pages dans l'ouvrage récent de v. Battaglia qui reconnaît qu'il est très loin d'être complet. Il nous semble inutile de donner ici une bibliographie, d'autant que les livres allemands récents sont, pour l'instant, pratiquement inaccessibles au lecteur français. Tous ceux qui sont au courant de la question reconnaîtront ce que nous devons aux livres ou brochures de MM. v. Battaglia, Brentano, Diehl, W. H. Edwards, Essler, Eulenburg, Herkner, Jastrow, Kobatsch, Landauer, Lenz v. List, Naumann, Palyi, Pistor, v. Philippovich, Renner, Schumacher, v. Tyska, Wiedenfeld et bien d'autres encore. Parmi les ouvrages les plus importants nous nous bornerons à indiquer le fameux *Mitteleuropa* de Naumann (1915) qui a obtenu un succès que l'on a comparé à celui des *Mémoires* de Bismarck; — le recueil de Herkner, *Die wirtschaftliche Annäherung zwischen dem Deutschen Reiche und seinen Verbündeten*, 3 vol. (1916) où se trouvent consignés les résultats d'une vaste enquête faite par le *Verein für Sozialpolitik;* — enfin le livre tout récent de v. Battaglia, *Ein Zoll und Wirtschafts bündnis zwischen Œstreich-Ungarn und Deutschland* où l'on trouvera d'abondantes données statistiques et qui constitue sur bien des questions un répertoire de faits commode.

avec soin, dans notre texte, ce qui est exposé objectif de thèses allemandes; 2° se souvenir, dans ce cas, que nous devons tenir ces thèses, jusqu'à ce que nous ayons pu les vérifier et les contrôler, non pour l'expression de la vérité historique mais pour des apologies tendancieuses du point de vue allemand. Dans la fin de notre livre III et dans notre conclusion, nous opposons nettement le point de vue français au point de vue allemand. Ailleurs nous laissons en général la parole à nos ennemis. Nous estimons qu'il peut être utile d'écouter avec soin leurs plaidoyers les plus audacieux. Quelle que soit l'issue du conflit où nous nous trouvons engagés et à quelque parti que s'arrêtent finalement les peuples de l'Entente, il est indispensable de bien comprendre comment les Allemands posent et résolvent le grand problème que nous considérons. Notre essai n'a pas d'autre ambition que d'aider à faire mieux comprendre la pensée et les desseins de nos adversaires afin de nous permettre, à notre tour, d'arrêter nos résolutions en pleine connaissance de cause, en sachant où nous allons et en mesurant pleinement la portée de nos déterminations.

L'impérialisme économique allemand

LIVRE I

DÉFINITION ET LIMITES DE L'EUROPE CENTRALE

CHAPITRE I

Qu'est-ce que l'Europe centrale?

L'une des idées directrices qui s'imposent aujourd'hui avec le plus de force aux intelligences et aux volontés allemandes, c'est que la guerre présente doit nécessairement aboutir à la constitution d'une *Europe centrale*. Cette idée domine en ce moment les discussions allemandes sur les buts de guerre, elle est analysée, précisée, examinée sous toutes ses formes dans une masse énorme d'articles, de brochures, de livres dont le plus célèbre est le fameux *Mitteleuropa* de Naumann, débattue dans une série de congrès d'hommes politiques, d'économistes, de gens d'affaires. Voyons, tout d'abord, le sens que les Allemands donnent à la formule « Europe centrale ».

Le moment présent, expose par exemple Naumann, marque une étape nouvelle dans le développement des sociétés humaines. Nous nous apprêtons aujourd'hui à dépasser la période des petits Etats d'Europe souverains et indépendants, dont la formation et les luttes remplissent l'histoire des derniers siècles. Nous sommes très loin encore, d'autre part, du moment où il sera pratiquement possible de réaliser les Etats-Unis du Monde, d'atteindre cette exploitation rationnelle et systématique de notre planète que Nietzsche regardait comme le terme logique de l'effort humain. Nous abordons aujourd'hui une période intermédiaire entre l'émiettement d'hier et la synthèse grandiose de demain. La réalité qui s'élabore en ce moment, ce sont des *groupements humains* dépassant la mesure des Etats nationaux d'hier et d'aujourd'hui et qui luttent entre eux pour la puissance, qui s'efforcent d'exercer chacun l'influence la plus considérable possible sur les destinées humaines et de s'assurer, dans la mesure la plus large, les fruits du travail humain.

Trois de ces groupements sont déjà constitués : La Grande Angleterre, la Russie, les Etats-Unis. D'autres sont en voie de formation et se constitueront probablement dans l'avenir. On verra sans doute surgir quelque jour un empire sino-japonais, peut-être aussi une fédération sud-américaine. Mais ce sont là des perspectives d'avenir. Pour l'instant il n'y a encore à compter qu'avec les trois colosses actuellement existants, les groupements britannique, slave et yankee.

La plus formidable est la Grande Angleterre. Avec ses annexes africaines, asiatiques, australiennes, canadiennes, ses 32,4 millions de kilomètres carrés et ses 425 millions d'habitants, elle domine de haut toutes les autres puissances. Elle étend sa domination avisée, souple, pratique sur les cinq parties du monde. C'est le plus ancien et le plus imposant des empires mondiaux. Impossible de se flatter de l'illusion qu'il est vieilli, mûr pour la ruine, à la veille de se dissoudre. Le fait capital mis en relief par la présente guerre est au contraire que les grandes colonies britanniques, l'Australie, l'Afrique du sud, le Canada veulent consciemment être anglaises, qu'elles se considèrent désormais non plus comme des *colonies* mais comme des *provinces* anglaises et que, selon toute vraisemblance, elles demanderont, après la guerre, non point du tout à s'émanciper de l'Angleterre mais à être associées plus qu'elles ne l'étaient jusqu'à présent au gouvernement central. La Grande-Bretagne cessera d'être le siège de toute la puissance de l'Empire; elle deviendra le centre financier et industriel du groupement. Prise dans sa totalité, la Grande Angleterre apparaîtra dans l'avenir non plus tant comme le premier pays d'industrie que comme le plus colossal producteur de matières premières de l'univers, comme un Empire se suffisant entièrement à lui-même, capable de se nourrir par ses ressources propres comme aussi d'approvisionner en matières premières les puissantes industries qui se développent sur tout son territoire. Le Parlement se confinera de plus en plus dans l'administration intérieure de la Grande-Bretagne, le gouvernement des affaires communes étant confié à une sorte de Conseil supérieur de l'Empire. Il est probable, en outre, que, pour couvrir les dépenses de guerre, on sera amené à créer une caisse d'Empire alimentée par les produits des douanes, si bien que l'Angleterre, rompant avec sa longue tradition libre-échangiste, se convertira à un protectionnisme impérialiste. S'ils ne désespèrent toujours pas de vaincre l'Angleterre, les Allemands, du moins, ne se flattent pas de la démembrer. Ils reconnaissent que, en dépit des pertes qu'elle pourra subir, elle restera la première puissance mondiale, que les grandes voies maritimes à l'exception du canal de Panama, resteront entre ses mains, que sa marine marchande, qui hier encore l'emportait sur la flotte austro-allemande dans la proportion de 138 à 36, continuera, sous la protection de sa formidable marine de guerre, à dominer les océans. Nul doute qu'elle ne demeure, après comme pendant la guerre, le grand péril qui menacera sans cesse la liberté des mers et l'indépendance allemande.

La Russie avec tous les Slaves et Asiates qu'elle a entraînés dans sa sphère d'influence, ne comprend pas moins de 23,7 millions de kilomètres carrés d'un seul tenant avec 170 à 180 millions d'habitants. Elle aussi représente une puissance énorme menée hier par un despotisme brutal que tempérait la corruption, menacée aujourd'hui de sombrer dans l'anarchie et le chaos. Elle est animée d'un esprit de conquête qui a sa source soit dans « l'impérialisme populaire », dans cette « fringale de terre » si particulière au moujik, soit dans l'instinctive impulsion qui la pousse à chercher une issue sur la mer libre, dans le Nord vers la Suède, dans le Sud à travers les Détroits ou vers le Golfe Persique, à l'Est vers Port-Arthur. Sa vigueur élémentaire est considérable; sans doute elle manque encore d'organisation; elle n'aurait pu faire la guerre sans la flotte anglaise et l'or français. Elle n'aurait pu la reprendre, après ses défaites, sans l'aide des officiers français, des ingénieurs japonais, des usines américaines ou japonaises.

Mais elle a des ressources illimitées en hommes et en matières premières; les phénomènes de corruption qui s'y manifestent sont tout superficiels et n'altèrent en rien sa vitalité profonde : un éléphant, déclare Naumann, supporte beaucoup de vermine. Un éveil capitaliste est possible; et ce jour là, la Russie pourrait devenir un danger formidable pour la paix et la civilisation européennes. Il importe que l'Allemagne se tienne prête en vue de cette éventualité.

Les Etats-Unis sont de proportions un peu moins vastes : 9,4 millions de kilomètres carrés avec 107 millions d'habitants. Mais comme son domaine est d'un seul tenant et comme sa population se compose d'Européens dans la proportion de 88 °/₀, la productivité et la puissance d'achat du groupement égale ou dépasse, en moyenne, celle du groupement anglais avec l'énorme proportion d'Indiens ou d'Africains qu'il renferme. Le caractère anglo-saxon de la direction est moins marqué qu'en Angleterre; et les éléments apportés récemment par l'émigration sont souvent de valeur inférieure. Mais dans l'ensemble, les Etats-Unis, avec leurs immenses ressources naturelles, avec la richesse de leur sol, avec l'énergie réaliste de leurs habitants, avec la robustesse de leur organisation politique voient s'ouvrir devant eux un avenir plein de promesses. De pays agricole qu'ils étaient naguère, ils sont en train de devenir pays d'industrie. Pour l'instant ils se trouvent, au point de vue économique, dans une situation exceptionnellement avantageuse. Ils continuent à exporter des matières premières dont ils sont assurés de trouver l'écoulement au dehors; et ils commencent aussi à exporter des produits industriels. Ils ne *dépendent* de personne et peuvent *offrir* à tout le monde. En sorte que, dans les négociations commerciales, ils se trouvent en situation de *dicter* leurs conditions à des concurrents moins favorisés qui ont *besoin* soit de matières premières, soit d'objets fabriqués. La guerre leur a apporté des profits exorbitants; elle les a enrichis d'une façon prodigieuse aux dépens de l'Angleterre et du vieux monde. Elle leur a permis d'étendre leur influence commerciale en Amérique du Sud au détriment des Anglais et des Allemands. Au jour de la paix, ils sortiront de la grande crise dans un état de vigueur et de santé tout à fait redoutable. Ils seront, pour l'Allemagne, le concurrent le plus dangereux, ceci d'autant plus qu'après la guerre ils constitueront probablement avec leurs anciens ennemis les Anglais un trust anglo-saxon pour la domination du monde qui sera le groupement de forces le plus colossal qu'ait connu l'humanité.

Il est impossible de se dissimuler que, en face de ces groupements gigantesques les « puissances » d'autrefois, la France, l'Italie, l'Espagne, et, à plus forte raison, les Etats scandinaves, la Hollande, la Belgique, les pays balkaniques ont, en fait, perdu cette souveraineté entière dont ils sont si jaloux. Inévitablement, en vertu d'une évolution fatale, les « petits Etats » devront ou bien se grouper pour constituer des organismes d'une importance à peu près équivalente à celle des grandes puissances mondiales. ou bien être attirés dans l'orbite d'un des grands astres du firmament politique, englobés dans l'un des vastes *sysèmes* qui se partagent l'univers. Ce processus se poursuit aujourd'hui visiblement à travers toute l'histoire contemporaine. L'Angleterre a réussi à englober à peu près complètement le Portugal, qui, nominalement indépendant, a perdu toute espèce d'autonomie. Elle vise de même à attirer à elle la Belgique, l'Italie, la France. La Russie, après avoir absorbé une série de peuples slaves ou asiatiques, tend à imposer son hégémonie dans les Balkans, en Perse, en Asie Mineure. L'Amérique se complait dans des rêves pan-américains. Le groupement anglais et le groupement américain cherchent à s'unir plus étroitement que jamais. En un mot : les grands systèmes existants tendent fatalement à s'agréger, sous une forme ou sous une autre, les Etats de moindre importance, qui jadis suivaient leur voie propre en toute liberté. Ce n'est point là un fait qu'il faille nécessairement saluer avec enthousiasme. Il est manifeste, au contraire, qu'il implique beaucoup de renoncement et de souffrances pour toutes ces existences moyennes qui se voient menacées dans leur autonomie. Mais il est inévitable; il est une fatalité, comme la loi de concentration qui, sous le régime capitaliste, voue à peu près fatalement à la disparition ou à la fusion les *petites* entreprises industrielles, commerciales, financières. On peut le déplorer, on peut plaindre les victimes; mais il est très vain de se révolter contre cette loi et de vouloir artificiellement en combattre ou en retarder les effets.

CHAPITRE II

Extension de l'Europe centrale.

Parmi les grands groupements qui se partagen la domination du monde, l'Allemagne, avec ses 541.000 kilomètres carrés et ses 68 millions d'habitants n'est, elle aussi, qu'un « petit Etat ».

Les partisans de l'Europe centrale font sonner bien haut que l'Empire allemand actuel, s'il était réduit à ses seules forces, n'aurait pas l'ampleur nécessaire pour jouer un rôle dans la politique mondiale.

Que doit-il faire, dès lors pour maintenir son rang de grande puissance souveraine et s'assurer sa « place au soleil? ».

Théoriquement, rien ne l'empêche de chercher son salut dans l'adhésion à l'un ou l'autre des groupements existants. Voyons à quelles conditions.

Il peut se rapprocher de la Russie. On sait qu'il y avait hier encore de vagues sympathies entre certains réactionnaires russes et certains conservateurs allemands comme il y en a aujourd'hui entre les socialistes russes et les socialistes allemands. On a souvent observé aussi que la Russie et l'Allemagne sont, au point de vue économique non pas antagonistes mais complémentaires, que les exportations russes en Allemagne ont atteint ces derniers temps une moyenne annuelle de près de 1 milliard et demi mk, que l'agriculture russe ne saurait se passer de l'Allemagne pour y vendre ses céréales et surtout ses fourrages, qu'inversement l'industrie allemande fournit à la Russie des objets fabriqués, notamment des machines que nul autre peuple du monde n'est en état de lui fournir aux mêmes conditions. Un rapprochement russo-allemand est donc possible. L'Allemagne pourrait devenir le technicien expert, l'ingénieur secourable qui mettrait en valeur les ressources naturelles de la Russie, qui organiserait le pays et hâterait son évolution vers le capitalisme. L'Allemagne trouverait peut-être profit à assumer ce rôle. Il est possible aussi qu'elle ait intérêt un jour à défendre, de concert avec la Russie, les intérêts *continentaux* d'Europe et d'Asie contre le trust mondial anglo-saxon; mais elle ne peut songer à contracter avec elle une alliance intime comme celle qui l'unit à l'Autriche-Hongrie. Elle ne peut se dispenser de prendre vis-à-vis d'elle ses sûretés, de garder son indépendance; elle peut s'accorder avec elle sur la question de Pologne mais ne saurait lui sacrifier ses ambitions orientales. Entre le germanisme et le slavisme il peut y avoir entente politique mais en aucun cas fusion ni solidarité étendue.

L'Allemagne pourrait, inversement, s'arranger avec l'Angleterre. Si elle consentait à reconnaître l'hégémonie maritime britannique, à ne plus revendiquer la « liberté des mers », la chose serait probablement assez aisée. Tout se passerait le plus correctement du monde; l'Allemagne assagie serait admise comme « junior partner » dans la grande firme anglaise, autorisée à prendre une part honnête au commerce mondial. Mais elle serait réduite à l'état de subalterne; son histoire deviendrait celle d'une province britannique ; c'est là encore une perspective inadmissible.

Essayera-t-elle de se maintenir indépendante entre les deux groupements rivaux? Elle le peut assurément; elle deviendra dans ce cas « le plus puissant des neutres ». C'est une situation qui peut avoir ses profits ; seulement elle renonce du coup à son rôle de grande puissance. Les destinées du monde seront réglées sans sa participation par les Anglo-Saxons et les Slaves. Or, comment l'Allemagne voudrait-elle abdiquer cette volonté de puissance qui la pousse à étendre sa sphère d'action et l'oriente vers la politique mondiale, comme elle incita naguère la Prusse à fonder le Zollverein et à unifier l'Allemagne?

Mais dès l'instant où elle ne veut ni confondre son sort avec celui d'un des grands groupements mondiaux, ni se condamner à l'impuissance en restant isolée, la force même des choses lui dicte sa conduite. Si elle tient à rester elle-même et à vivre ses destinées, une seule voie lui est ouverte : former un groupement où prédominera son génie, où s'affirmera son pouvoir organisateur, rechercher autour d'elle des éléments capables de s'agréger à elle pour constituer une unité plus haute, en d'autres termes créer une *Europe centrale* capable de subsister à côté des grands groupements mondiaux.

Le premier acte pour constituer l'Europe centrale est, dès lors, l'union étroite de l'Allemagne avec l'Autriche-Hongrie.

La monarchie dualiste se trouve dans les mêmes conditions que l'Empire allemand. Avec ses 625.000 kilomètres carrés et ses 53 millions d'habitants, elle est trop faible pour subsister par ses seules forces. Pour faire face aux dangers croissants qui la menacent, soit en raison des ambitions russes sur la Turquie et l'Orient, soit en raison de l'agitation panslaviste, elle a impérieusement besoin d'un allié puissant. Isolés, les deux Empires du Centre sont incapables de jouer un rôle mondial; unis, ils constituent un bloc de 1.200.000 kilomètres carrés et de 120 millions d'habitants, très inférieur sans doute aux groupements britannique et russe mais qui, par sa masse, par son énergie productive, par le haut degré de civilisation de sa population, est en état de se maintenir à côté de ses rivaux. Or cette union austro-allemande est préparée par une longue évolution historique, commandée par la récente expérience de la guerre mondiale.

Depuis longtemps s'est fait jour parmi les Allemands l'idée que l'Empire actuel est une solution incomplète et provisoire de la question allemande. L'effort vers l'unité avait failli atteindre le but le jour où, en mars 1849, le Parlement de Francfort avait offert au roi de Prusse la couronne impériale au nom du peuple allemand. On sait comment le refus de Frédéric-Guillaume IV fit avorter cette espérance, comment le rêve d'une Grande-Allemagne englobant l'Autriche se trouva provisoirement écarté, comment l'unité allemande se fit par l'exclusion de la monarchie dualiste et par la conquête de l'Allemagne par la Prusse. Mais au lendemain même du jour où, sur le champ de bataille de Sadowa, Bismarck consacrait l'hégémonie militaire de la Prusse et amenait le triomphe de la solution d'une « Petite-Allemagne », il obtenait du roi et des généraux que la Prusse victorieuse se montrât généreuse et respectât l'intégrité de l'Autriche. Avec une divination admirable de l'avenir, il se refusait à briser définitivement la vieille unité allemande et ménageait la possibilité d'une réconciliation future entre l'Autriche-Hongrie et la Prusse. A son tour Andrassy empêchait en 1870, par un acte de haute prévoyance politique, le comte de Beust de provoquer l'intervention de la double monarchie contre l'Allemagne ; il faisait maintenir la neutralité de l'Autriche-Hongrie et sauvait ainsi d'un naufrage imminent l'idée de l'Europe centrale. En 1876 enfin, Bismarck prenait la résolution capitale qui décidait de l'avenir germanique. Interrogé par le tsar sur la question de savoir si l'Allemagne resterait neutre au cas où la Russie ferait la guerre à l'Autriche-Hongrie, le chancelier répondit qu'il ne pourrait tolérer qu'aucun des deux Empires fût menacé dans son existence de grande puissance. Le sort en était jeté. Obligé de choisir entre la Russie et l'Autriche, Bismarck refusait de sacrifier l'Autriche. Et là-dessus les événements suivaient leur cours logique. C'était, en 1876, la guerre turco-russe au lieu de la guerre austro-russe. C'était ensuite le Congrès de Berlin où Bismarck arrêtait la Russie victorieuse. C'était la Duplice de 1879 conclue avec Andrassy et qui aboutissait en 1883 à la Triplice par l'adjonction de l'Italie. L'artisan de la « Petite-Allemagne » scellait lui mêeme le pacte d'alliance entre l'Allemagne et l'Autriche-Hongrie et préparait aussi les voies à l'Europe centrale.

Cette Europe centrale, la guerre de 1914 doit la réaliser. L'*alliance* austro-allemande s'était montrée, à l'épreuve, insuffisante. Elle avait été conclue pour le cas où l'un des contractants serait *attaqué* par une tierce puissance. Or le cas ne s'est jamais présenté. Au moment d'Agadir le traité ne pouvait pas être invoqué par l'Allemagne. Il ne pouvait pas l'être davantage par l'Autriche-Hongrie en 1914 au moment de Sarajevo. En se plaçant spontanément au côté de son allié, Guillaume II a fait *plus* que n'exigeait le traité. L'épreuve de la guerre a lié les deux Empires à la vie, à la mort. Les puissances centrales étaient entrées en guerre sans plan préconçu. On sait que, d'après la « légende » admise par l'unanimité de l'opinion germanique, elles *n'attaquaient* pas, mais *se défendaient* contre l'agression du slavisme. Or au fur et à mesure que se déroulaient les événements, l'idée grandissait peu à peu que cette guerre n'était, dans sa signification dernière, ni « allemande », ni « danubienne », qu'elle n'était ni « la collision décisive du slavisme et du germanisme », ni « la lutte pour l'annonciation au monde de l'idée allemande ». Il apparaissait que cette guerre n'était pas exclusivement une guerre *allemande*, mais qu'elle était menée avec un enthousiasme égal et un égal dévouement *aussi par des non-Allemands*, et qu'elle s'avérait ainsi comme « l'épreuve décisive de l'Europe centrale ». A l'issue de la guerre il faut que le lien trop lâche qui unissait avant la guerre les deux Empires se resserre, il faut qu'au dualisme austro-allemand se substitue, selon la géniale prévision de Bismarck, l'unité supérieure de l'Europe centrale.

Le noyau solide de l'Europe centrale est l'Allemagne et l'Autriche-Hongrie. C'est l'union intime des deux Empires qui sera l'acte décisif d'où il prendra naissance et c'est aux conditions de cette union que Naumann, par exemple, consacre exclusivement son livre. Mais il est entendu que, le bloc austro-allemand une fois constitué, il doit devenir un centre d'attraction auquel viendront s'agréger d'autres éléments plus lointains. Parmi les éléments dont on escompte le rattachement au système de l'Europe centrale, il faut citer en première ligne la Turquie et les Etats balkaniques.

Ce rattachement n'a, d'après les publicistes allemands, en aucune façon le caractère d'une *conquête*, ni d'une *colonisation*. La thèse qu'ils soutiennent à l'envi c'est au contraire que l'Autriche comme l'Allemagne, loin de songer à *dominer* ou à *opprimer* l'Empire ottoman et le Balkan, ne songent au contraire qu'à les affranchir et à les régénérer.

L'Autriche-Hongrie avait été longtemps la « marche » du germanisme contre l'avance musulmane. Mais une fois le danger musulman écarté, sa politique était devenue, depuis la seconde moitié du XIXe siècle notamment résolument conservatrice et pacifique. Assurément elle n'entendait pas se laisser couper de la Turquie et de l'Orient et elle se trouva ainsi engagée dans une longue rivalité avec la Russie qui aspirait à mettre la main sur Constantinople. Mais dans cette lutte c'est toujours l'impérialisme russe qui se montre agressif. L'Autriche ne fait que défendre son influence traditionnelle ou réclamer des compensations légitimes. Ce n'est jamais elle qui met en péril l'indépendance de la Turquie ou des Balkans. Ces dispositions se manifestent avec une particulière évidence lors de la crise de 1908 où, en même temps que après trente ans d'occupation, elle proclamait l'annexion de la Bosnie et de l'Herzégovine, elle renonçait au sandjak de Novi-Bazar qui lui avait été concédé au Congrès de Berlin. Tout le monde pensait à l'étranger, que l'Autriche utiliserait un jour ce poste avancé qui s'enfonçait comme un coin entre la Serbie et le Monténégro pour descendre la vallée du Vardar et pénétrer jusqu'à Salonique. Un Etat belliqueux eût certainement tenté l'entreprise. Or l'Autriche, en restituant le sandjak à la Turquie, fit preuve d'un désintéressement unique dans l'histoire; elle renonçait à tout projet sur Salonique et indiquait clairement qu'elle bornait ses ambitions à la conquête *économique* des Balkans. Il importe peu que, dans le premier moment, la Turquie, mal conseillée, ait violemment protesté contre l'initiative autrichienne. Le moment devait venir fatalement où elle reconnaîtrait qu'elle n'avait à redouter aucune agression ni traîtrise de la part de la monarchie dualiste.

Non moins pacifique serait la politique de l'Autriche vis-à-vis des Etats balkaniques. A en croire les publicistes allemands, elle ne cherche ni à dominer les nations balkaniques ni à réprimer leurs efforts d'indépendance ou d'expansion. Sa diplomatie a dépensé des trésors d'ingéniosité dans la tâche impossible de rester en bons termes à la fois avec la Turquie et avec ses turbulents voisins. Elle n'arriva d'ailleurs qu'à se déconsidérer à leurs yeux par ses allures trop débonnaires. On prit pour de la faiblesse ce qui n'était que modération. Il fallut — c'est la thèse obstinément soutenue par ces pangermanistes — que la Serbie, entièrement livrée aux influences russes, se fît l'instrument docile des ambitions moscovites, qu'elle lésât de la façon la plus grave les intérêts autrichiens, qu'elle se livrât à une propagande effrénée auprès des populations slaves du sud de l'Autriche, et que finalement elle trempât dans le meurtre de l'héritier de la couronne, pour que l'Autriche se décidât à sévir. La répression de ces folles provocations qui semaient la rébellion parmi ses sujets slaves était devenue pour elle une question de vie ou de mort.

Plus évident encore était le désintéressement territorial de l'Allemagne vis-à-vis de la Turquie. Manifestement hors d'état de défendre par la force des armes une colonie allemande en terre turque, elle ne pouvait avoir vis-à-vis de l'empire ottoman qu'une politique purement économique. Son intérêt était de fortifier le gouvernement turc, de l'émanciper des influences étrangères qui le paralysaient, de l'aider à sortir de l'état de dépendance où il se trouvait vis-à-vis de ses anciens « protecteurs », l'Angleterre et la France. Ce n'était point là une politique de sentiment. Les Allemands éprouvaient sans doute de la sympathie pour le peuple dominateur et militaire qu'étaient les Turcs. Mais ils ne faisaient nul mystère qu'ils cherchaient surtout à faire de la Turquie une bonne cliente de l'industrie allemande. Cette cliente, d'ailleurs, ils la voulaient aussi forte et aussi riche que possible. En sorte que, finalement, il y avait harmonie complète entre les intérêts turcs et allemands. Les Turcs l'ont compris; ils ont donc accepté le concours de la mission militaire allemande pour réformer leur armée. Ils se sont rendu compte que, en construisant le « Bagdad », l'Allemagne ne cherchait pas simplement une extension de sa puissance, mais qu'elle créait aussi un instrument de domination au profit de la Turquie et de l'Islam. Elle suivait son intérêt assurément, car elle comptait bien trouver en Turquie un débouché pour son industrie et dans le « Bagdad » une voie d'expansion économique par où ses produits se répandraient jusque dans l'Asie centrale. Mais la Turquie y trouvait son compte aussi, car elle se relevait peu à peu de son abaissement et reprenait son rang de grande puissance.

Or la guerre a permis aux Empires du Centre de récolter les fruits de cette politique de sagesse et de modération. L'entrée en scène toute spontanée de la Turquie aux côtés de l'Allemagne a montré à tous de façon éclatante que la Turquie était consciente de ses véritables intérêts, qu'elle avait vu le danger que constituait pour elle le triomphe de l'Entente et compris que sa seule chance de salut était d'associer ses destinées à celle des Empires du Centre. La décision de la Bulgarie, qui a suivi en 1915, a eu sans doute ses origines dans des considérations d'intérêt politique très réalistes. Elle a cru l'instant favorable pour réparer le « faux pas » de 1913, déchirer l'humiliant traité de Bukarest et régler son compte avec la Serbie. Mais elle a compris aussi que l'intérêt des populations chrétiennes des Balkans leur commandait de s'émanciper de l'empire russe et de secouer le joug du tsarisme moscovite. Elle a compris qu'en assurant la jonction entre les Empires du Centre et l'Orient, elle se préparait un brillant avenir économique. Et la Grèce aussi a su discerner que ses intérêts véritables la portaient vers les puissances du Centre. Le triomphe de l'Entente, c'était la Grèce vassalisée par la Russie depuis Constantinople, par l'Angleterre depuis l'Egypte, par l'Italie depuis Valona. La victoire austro-allemande au contraire, c'était la réalisation de l'Europe centrale, la constitution d'un immense domaine économique allant de la mer du Nord au golfe Persique. Or, cette réussite ouvrait à la Grèce une perspective magnifique. Berlin, Budapest, Belgrade, Salonique, Suez forment une ligne presque droite. L'achèvement des lignes de chemin de fer de Salonique à Athènes et à Nisch faisait de ces trois places les issues naturelles du commerce austro-allemand vers le Canal de Suez : Salonique et Athènes hériteraient ainsi de Venise et de Trieste. Quoi d'étonnant si le peuple de navigateurs et de commerçants que sont les Grecs a été séduit par l'avenir qui s'ouvrait pour lui et si, résistant à toutes les sollicitations de l'Entente, il s'est confiné dans la neutralité en dépit de la pression inouïe qui a été exercée sur lui.

Les événements de la guerre présente, l'intervention de la Turquie et de la Bulgarie, la neutralité sympathique de la Grèce apparaissent aux imaginations allemandes comme des symptômes significatifs annonçant l'extension toute proche de l'Europe centrale vers l'Orient et son prolongement jusqu'au golfe Persique. Mais les ambitions des Allemands ne s'arrêtent pas là. Au désordre anarchique qui a régné jusqu'à présent en Europe, au pêle-mêle confus qu'on y observait, de vastes Empires mondiaux, de grands Etats souverains, de petites collectivités aussi jalouses de leur indépendance qu'impuissantes à la faire respecter, à ce chaos plein de trouble et de discorde d'où a jailli la guerre présente, ils rêvent de substituer un ordre plus stable, une fédération régulièrement constituée. *L'Europe centrale* doit être le noyau solide autour duquel viendront se cristalliser une série d'éléments jusqu'à présent rebelles à l'organisation. On compte qu'elle exercera son attraction d'abord sur les neutres qui ont tant à souffrir de la tyrannie maritime de l'Angleterre, sur la Hollande périodiquement alarmée par la menace d'un débarquement britannique, sur le Danemark réconcilié aujourd'hui avec l'Allemagne, sur la Suède et la Norvège heureuses de se voir garanties contre la tyrannie anglaise ou contre les empiétements russes, peut-être même sur une Finlande émancipée de l'oppression moscovite. On tient pour vraisemblable aussi l'adhésion de la Suisse. On ne désespère pas de voir l'Italie, assagie par les revers, rentrer un jour au bercail du germanisme et reconnaître que son avenir économique est d'être le môle de l'Europe centrale sur la Méditerranée. Les plus intrépides se plaisent même à envisager le temps où une France, revenue à une plus saine appréciation des réalités, reconnaîtrait que ses véritables intérêts la portent non point vers l'Angleterre, mais vers les Empires germaniques et adhérerait à l'Europe centrale, entraînant à sa suite l'Espagne et le Portugal. Il va de soi, d'autre part, que l'Europe centrale ne peut se dispenser d'avoir un Empire colonial étendu. Tout le monde est d'accord pour placer au nombre des buts de guerre la restitution des colonies allemandes. Certains revendiquent même la cession à l'Allemagne d'un vaste Empire africain, capable de subsister et de se défendre par lui-même, comme les Indes anglaises. On calcule en outre que le riche Empire colonial des Pays-Bas accroîtrait le domaine de l'Europe centrale de près de 2.000.000 de kilomètres carrés. Et l'on suppute l'appoint considérable que l'adhésion de la France apporterait à la puissance coloniale du groupement. Nous ne nous arrêtons pas davantage à ces rêveries qui ne reposent sur aucune base concrète qu'il nous suffit d'avoir indiquées en passant, pour mémoire, afin de montrer dans sa plus grande extension le rêve « européen » de l'Allemagne.

Il faut d'ailleurs noter que les Allemands ont soin d'insister sur les proportions *modestes* que garderait, même dans l'hypothèse la plus favorable, le groupement de l'Europe centrale. Sur les 132 millions de kilomètres carrés que comprend la surface habitable du globe (non compris les terres polaires), Naumann constate que l'Allemagne et l'Autriche-Hongrie réunies couvrent 1.200.000 kilomètres carrés seulement avec moins de 120 millions d'habitants. En prolongeant l'Europe centrale jusqu'en Asie Mineure et en Arabie et en y comprenant toutes les colonies allemandes, on n'atteint pas encore 10 millions de kilomètres carrés. En l'étendant au maximum, tant en Europe qu'aux colonies, on arriverait à la grande rigueur à la porter jusqu'à 13 millions de kilomètres carrés avec 200 millions d'habitants, soit environ un dixième de la surface habitable du globe et un huitième du genre humain. Or ce sont là des chiffres qui n'atteignent pas, à beaucoup près, ceux de l'Angleterre (32,4 millions de kilom., avec 425 millions d'habitants), qui restent au-dessous de celui de la Chine pour la population (330 millions d'habitants), et qui, au point de vue de la superficie, restent au-dessous de celui de la Russie (23,7 millions de kilom.) et dépassent à peine celui de la France avec ses colonies (11,4 millions de kilom.). Forts de ces constatations, les Allemands s'empressent de déclarer que le projet d'une Europe centrale ne saurait menacer en rien la liberté du monde, que c'est pure calomnie d'attribuer aux Empires du Centre des ambitions d'hégémonie mondiale. Tout ce qu'ils peuvent faire, en s'unissant, c'est de constituer une force avec laquelle les groupements mondiaux eux-mêmes devraient compter. Mais en admettant même le plein succès de leurs desseins, ils n'en resteraient pas moins incapables de faire peser sur l'univers une domination comparable, même de très loin, à l'empire qu'ils accusent les Anglais de s'arroger sur les mers.

LIVRE II

L'EXPANSION ÉCONOMIQUE ALLEMANDE

L'idée d'un rapprochement durable entre l'Allemagne et l'Autriche-Hongrie et la conception d'une Europe centrale allant de la mer du Nord au golfe Persique ne trouve guère de contradicteurs en Allemagne tant que l'on reste sur le terrain purement politique et militaire. On admet volontiers que, après la guerre aussi, les deux Empires devront rester étroitement unis pour se maintenir parmi les groupements mondiaux qui subsisteront à la paix. Considérée du point de vue politique, l'Europe centrale apparaît comme une extension nécessaire de l'Empire, comme un élargissement fatal de la puissance germanique qui, après s'être concentrée, par l'éviction de l'Autriche-Hongrie, en un noyau solide et relativement homogène, étend de nouveau sa sphère d'action, groupe en une unité plus vaste la masse entière des Allemands, et englobe en outre dans son système des éléments non allemands, les allogènes d'Autriche-Hongrie d'abord puis les Balkaniques et la Turquie, enfin une série de neutres. Envisagée sous cet angle, l'Europe centrale appparait non plus comme un Etat national mais comme un Etat composite, une sorte de camp retranché où, sous une direction allemande, se groupent divers peuples qui gardent chacun une partie leur originalité propre tout en se soumettant, sur une série de points, à l'hégémonie des Allemands.

Mais à côté du problème politique, il y a le problème économique. On peut considérer l'Allemagne au point de vue du développement soit de sa *puissance*, soit de sa *richesse* et de sa *prospérité*. Or l'Empire allemand, en tant que puissance, a évidemment intérêt à s'élargir jusqu'à former l'Europe centrale. La question qui se pose maintenant c'est de savoir si l'intérêt économique de l'Allemagne coïncide exactement avec son intérêt politique, si à l'alliance politique doit se superposer une alliance économique, si, pour maintenir et accroître sa prospérité d'avant-guerre, l'Allemagne doit tendre à constituer avec ses satellites une unité économique plus vaste que l'Empire actuel ou s'il est préférable pour elle de garder son indépendance à ce point de vue.

L'alliance politique, en effet, n'implique pas *forcément* l'alliance économique; les Etats d'Allemagne se sont, il est vrai, unis économiquement par le Zollverein avant de s'unir politiquement dans l'Empire, mais il ne s'ensuit pas que, pour l'Europe centrale aussi, l'unification économique doive accompagner ou précéder l'alliance politique. L'Allemagne et l'Autriche-Hongrie ont été pendant longtemps politiquement alliées tout en gardant chacune son autonomie économique; rien ne prouve qu'une fusion resserrerait, *ipso facto*, leur alliance. Bien au contraire : s'il se produisait entre les deux contractants des débats d'intérêts irritants, si l'un ou l'autre ou si tous les deux pouvaient se croire lésés par la fusion, l'unification économique pourrait avoir pour conséquence de compromettre la solidité de l'alliance. Il convient donc de séparer très nettement les deux points de vue. En conséquence, après avoir montré, dans le livre précédent, comment se posait la question politique, nous allons examiner dans celui-ci les principes essentiels sur lesquels se base la prospérité économique actuelle de l'Allemagne.

CHAPITRE I

L'organisation allemande.

Ce qui, pour les historiens allemands de la guerre, constitue le trait distinctif de l'Allemagne moderne, ce qui explique ses triomphes industriels et commerciaux de ces dernières années, ce qui permet de concevoir la force de résistance qu'elle oppose en ce moment à ses ennemis, ce qui motive aussi la haine et l'envie qu'on lui porte de toute part, c'est qu'elle a trouvé *un mode nouveau de travail* qu'aucun peuple européen ne sera d'ici longtemps en état d'imiter, qui lui assure une supériorité considérable sur ses concurrents, et qui, par suite, apparaît à ceux-ci comme quelque chose de déloyal et de néfaste.

Le système capitaliste qui aujourd'hui encore domine la vie économique du monde a pour caractère essentiel l'émancipation de l'individu et de l'esprit d'entreprise jadis entravé dans son essor par l'organisation féodale et corporative. On voit se développer d'abord en Italie, en France, en Angleterre, en Hollande, plus tard aussi en Allemagne, une classe nouvelle « d'entrepreneurs » c'est-à-dire des spéculateurs en qui s'incarne l'esprit d'entreprise, la volonté de développer *à l'infini* leur pouvoir économique. Cette oligarchie de la grande entreprise prend rapidement la tête du mouvement économique. Utilisant en vue de ses fins les progrès merveilleux de la science et de la technique rationnelle, gouvernant despotiquement la grande armée du travail, la masse inorganisée des prolétaires, elle transforme rapidement les conditions d'existence du monde et y installe une organisation fondée d'une part sur la libre concurrence des entrepreneurs entre eux, d'autre part sur la domination plus ou moins absolue et l'exploitation plus ou moins rigoureuse du prolétariat ouvrier par l'aristocratie capitaliste. Londres est aujourd'hui le foyer central du capitalisme primitif.

La tare fondamentale de ce capitalisme de style ancien c'est d'une part la lutte permanente qu'il institue entre les représentants de l'entreprise et l'insécurité générale de la vie qui résulte de cette concurrence illimitée; c'est d'autre part l'antagonisme qu'il crée entre l'ouvrier et le patron, la situation inférieure et parfois dégradante qu'il fait au travailleur. Or l'originalité de l'Allemagne, c'est qu'elle s'est attaquée directement à ces vices et qu'elle a su résoudre le problème difficile qui se posait à elle en donnant naissance à un régime nouveau, le capitalisme « organisé ».

L'ouvrier de type ancien ne peut s'élever au-dessus d'un niveau d'existence humble et précaire. On sait l'insécurité de l'existence du prolétaire, l'état de dépendance absolue où il se trouve vis-à-vis de l'employeur, le danger qu'il court du fait des crises de production ou de vente que traverse périodiquement l'industrie, l'avilissement de son labeur par suite du développement du machinisme qui fait de l'ouvrier une simple annexe de la machine et le condamne à une besogne abrutissante dont il ne peut attendre aucune satisfaction. Or, en Allemagne le type de l'ouvrier prolétaire tel que nous venons de le caractériser subit une modification profonde. Le travailleur primitif, l'illettré de l'époque patriarcale, a disparu aujourd'hui. L'instruction publique obligatoire qui s'est développée d'abord en Brandebourg, en Saxe, en Wurtemberg puis s'est généralisée dans toute l'Allemagne du Nord et la moyenne Allemagne a accru dans des proportions considérables la valeur de l'ouvrier. Ce qui prédomine aujourd'hui partout en Allemagne c'est le travailleur *instruit*, bien stylé au point de vue professionnel, groupé en syndicats, conscient de ses droits, de ses devoirs, de ses intérêts, protégé contre l'exploitation et contre les risques professionnels par un système d'assurances bien compris et efficace, jouissant d'un niveau d'existence relativement élevé, largement payé mais fournissant un travail intense, rapide, de rendement élevé. Ce travailleur qualifié, produit de l'école primaire et de la discipline allemande, constitue pour l'industrie et le commerce un matériel humain de choix, de tout point supérieur au forçat du travail des temps passés ou aux masses prolétariennes incultes que l'on rencontre encore dans la plupart des autres pays.

Une évolution parallèle s'accomplit dans la classe privilégiée des « entrepreneurs ». Par l'effet de la loi de « concentration » qui favorise la naissance d'organisations toujours plus considérables, grâce aussi à l'instinctif esprit de discipline de la race allemande, grâce enfin à l'union particulièrement étroite qui s'établit entre la science et la technique, le régime de la concurrence *illimitée* fait place à un régime de concurrence *limitée*. Aux syndicats ouvriers répondent les cartels et syndicats patronaux. L'anarchisme de la production tend à faire place à une organisation plus rationnelle et plus savante. La lutte de chacun contre tous s'atténue.

Au total, l'Allemagne, grâce à un siècle et demi de dressage méthodique, grâce au labeur patient accompli à l'école, dans les Universités, au laboratoire, grâce à son génie d'ordre, de probité et de conscience, a réussi à changer dans ses bases mêmes le système capitaliste. Là où régnait jadis la lutte — concurrence entre les entrepreneurs, conflit entre ouvriers et patrons — elle a institué la hiérarchie et l'organisation. Les éléments du corps social, naguère antagonistes, se sont *intégrés* les uns aux autres. On a cultivé consciemment « le développement méthodique de l'efficacité du travail humain » ; on a trouvé l'art de travailler dans toutes les branches, selon un plan collectif et sur un rythme commun. Le patron, au lieu d'être une sorte de condottiere, vivant en guerre perpétuelle avec ses rivaux, en est venu à se considérer comme un chef de rayon, un agent libre de la grande firme nationale fabriquant dans un but d'intérêt général tout ce qui est nécessaire pour les besoins de la collectivité, de l'acier ou du fer, du sucre ou de l'alcool. Le travailleur syndiqué n'est plus le miséreux qui se débat contre l'exploitation : il a conscience d'être un membre utile d'une vaste et puissante corporation. L'hostilité entre l'employeur et l'ouvrier, entre le producteur et le consommateur a disparu. Le savant, le technicien, l'administrateur se sont peu à peu intégrés à leur tour dans ce grand tout. La science, si fière à l'origine d'être une fin en soi et si orgueilleuse de son indépendance, a pénétré de plus en plus la pratique, tandis que l'industrie abandonnait résolument l'empirisme pour s'inspirer de méthodes toujours plus strictement scientifiques. Et ainsi s'est constitué petit à petit un vaste organisme où tout se tient, où chacun à sa place marquée et sa tâche définie. « Notre classe ouvrière, écrit Naumann, solidement liée à nos entrepreneurs formés à l'Université, à nos chefs de syndicats, à nos conseillers privés et à nos officiers forme au total une société qui n'est peut-être pas la plus aimable ni la plus amusante qu'on puisse concevoir, mais qui constitue le machinisme humain le plus efficace, le plus précis, le plus robuste qui soit. Cette machine vivante fonctionne que l'individu vive ou meure; elle est impersonnelle ou mieux supra-personnelle, elle a ses frottements et ses pannes. Mais elle est, dans l'ensemble, quelque chose qui sous cette forme précise n'a jamais pu exister auparavant : elle est l'incarnation historique de notre caractère. »

Cette « organisation » est aussi, en dernière analyse, pour les publicistes allemands, l'origine réelle du conflit mondial présent. Les autres peuples, en effet, qui sont demeurés encore au stade individualiste, considèrent aujourd'hui l'Allemand et son « militarisme économique » avec un mélange de pitié, d'horreur et de crainte. Ils le plaignent de la « servitude » à laquelle ils le voient soumis. Ils exècrent cette « âme disciplinée » dont ils ne voudraient à aucun prix pour eux et qui leur paraît une déchéance. Ils redoutent cette force organisée dont ils sont bien obligés de reconnaître les impressionnantes victoires. La présente guerre apparaît ainsi comme une tentative violente du capitalisme d'ancien style, qui a son siège principal à Londres, contre le capitalisme modernisé de Berlin qu'il voudrait détruire par la force parce qu'il se sent menacé par lui dans son existence même.

CHAPITRE II

L'intensification et la concentration du travail allemand.

Grâce à l'organisation que nous venons de décrire les Allemands ont accru de façon considérable la productivité de leur travail. Ils ont produit *plus* et à *meilleur marché*. Voyons d'un peu plus près comment s'est accomplie chez eux cette évolution.

Le problème essentiel, pour la grande industrie qui s'applique à satisfaire les besoins fondamentaux des hommes, c'est l'abaissement des prix de revient. Il est en effet immédiatement évident que plus une usine pourra produire à bas prix un objet de nature et de qualité données et plus aussi elle sera assurée de trouver à écouler sa marchandise dans des conditions avantageuses. Or, l'abaissement du prix de revient résulte d'abord, comme on sait, des progrès de la technique rationnelle, qui tend à substituer graduellement le travail de la machine à la main-d'œuvre humaine. Nous ne nous étendrons pas, ici, sur cet aspect du problème. Mais nous noterons que cette substitution a pour conséquence nécessaire la production *intensive*, sans cesse perfectionnée, étendue, accélérée. Pour pouvoir fabriquer à bon marché il faut fabriquer par masses toujours plus considérables.

Prenons, pour illustrer cette loi, un exemple concret comme la fabrication des vis et des écrous qui est devenue absolument automatique. On confie à la machine une tige de fer du diamètre voulu et elle rend un nombre correspondant de vis identiques entre elles. Il suffit qu'un ouvrier s'occupe de renouveler la tige de fer, de graisser les rouages et de surveiller la marche ; un seul homme peut assurer le fonctionnement de plusieurs machines quelle que soit leur puissance de production. Considérons une usine achetant d'abord une seule machine débitant 500 vis à l'heure : le prix de revient comprendra en plus de la valeur du fer, le salaire de l'ouvrier surveillant, et en outre un certain nombre d'autres frais compris dans les rubriques connues d'entretien, frais généraux, amortissement, etc... Si l'on remplace la machine par une autre ayant une production double, elle ne coûtera pas deux fois plus cher que la première, le même ouvrier suffira toujours à sa surveillance, elle ne s'usera pas plus vite, les réparations et l'entretien ne représenteront pas une dépense double : le prix de revient pour 500 vis sera donc diminué. Si l'on installe trois machines faisant chacune 1.000 vis par heure, le même ouvrier suffira toujours et le prix de revient de chaque vis se trouvera encore réduit. Inversement, si une usine qui possède trois machines faisant ensemble 3.000 vis à l'heure est obligée, faute de vente suffisante, d'en arrêter une ou même deux, la production tombera à 2.000 ou 1.000 ; et comme l'ouvrier surveillant est toujours payé de même, le prix de revient de chaque unité augmentera.

La conséquence inévitable c'est que, pour abaisser le prix de revient, chaque usine s'applique, autant que ses ressources le permettent, à augmenter sa puissance de production, soit en multipliant les machines, soit en adoptant des types de plus en plus perfectionnés, à plus haut rendement, à fonctionnement plus automatique. Il en résulte aussi que tout arrêt dans ce développement met une usine en infériorité par rapport à des concurrents possédant des moyens financiers plus importants. Et il s'ensuit, d'autre part, que la limitation de la production entraîne des pertes plus grandes qu'une baisse du prix de vente : la limite inférieure possible de ce dernier est d'autant plus basse que la production est plus intensive et organisée sur un type diminuant davantage le prix de revient.

Or, les industries allemandes ont poussé aux dernières limites la recherche de l'abaissement du prix de revient en fabrication intensive. Elles y sont parvenues d'une part par des moyens purement techniques, d'autre part aussi par le recours à ce que les économistes allemands appellent la « combinaison », c'est-à-dire la constitution d'une communauté d'intérêts qui, sous sa forme la plus parfaite, groupe en une société unique et très puissante tous les éléments qui coopèrent à la production, depuis l'acquisition de la matière première jusqu'à l'élaboration du produit fini, en passant par les divers stades de transformations intermédiaires. La métallurgie du fer offre un exemple topique de ces combinaisons qu'on appelle parfois « combinaisons verticales ». A l'origine on a séparément la houillère qui extrait la houille, le four à coke qui transforme celle-ci en coke, la mine d'où l'on tire le minerai de fer ; puis les hauts fourneaux qui à l'aide du coke et du minerai produisent la fonte ; puis l'aciérie qui, dans ses convertisseurs ou dans les fours Martin, change la fonte en acier ; enfin les laminoirs, forges, etc... qui, avec l'acier, fabriquent des rails, des poutrelles, des tôles, etc... et vendent ces divers produits. Si nous concevons une société anonyme qui englobe une houillère, des fours à coke, une mine de fer, des hauts fourneaux, une aciérie, des forges et laminoirs et qui groupe ces diverses installations l'une à côté de l'autre, il est clair qu'elle obtiendra sur ses concurrents de grands avantages ; si toutes les parties de cet ensemble sont bien proportionnées et fonctionnent de façon à se soutenir exactement l'une l'autre, le travail sera poussé partout au maximum économique de rendement et par conséquent le prix de revient des articles terminés sera bien inférieur et bien plus stable que pour les laminoirs isolés obligés d'acheter leur acier à une aciérie, elle-même cliente de hauts fourneaux, etc... Des établissements allemands comme ceux de Gelsenkirchen par exemple fournissent des exemples excellents de combinaisons de ce genre.

Mais le marché intérieur de l'Allemagne est incapable d'absorber la production toujours croissante de ces installations intensives, et celles-ci ne peuvent donner de bénéfices qu'en maintenant leur débit. Si la concurrence restait libre, l'offre dépassant de beaucoup la demande, les prix s'aviliraient et, après avoir consenti des baisses croissantes aussi longtemps que leur prix de revient le permettrait, les usines seraient obligées de limiter leur production et de travailler à perte jusqu'à ce que quelques-unes d'entre elles, les plus faibles, fussent amenées à la ruine. Pour parer au danger d'une telle situation, on a recours à deux procédés, le cartel et le dumping.

Pour empêcher l'avilissement des prix, le prix de vente sur le marché intérieur est fixé à un chiffre convenu, pour tous les membres d'une association volontaire qui prend le nom de cartel et qui pour réussir, doit réunir au moins 80 à 90 % des usines fabriquant le même article. D'autre part, l'excédent que le marché intérieur ne peut absorber est exporté à un prix inférieur à celui fixé par le cartel pour le marché intérieur : c'est ce qu'on appelle le dumping. On conçoit les inconvénients de cette pratique pour les industries des pays où vend l'Allemagne. Elle a, en effet, pour résultat de diminuer ou d'annuler la protection douanière, et cela d'une façon d'autant plus complète que le besoin d'exportation est plus grand et le prix de l'article plus bas. L'écart entre les deux prix de vente, celui pour l'intérieur et celui pour l'exportation, peut varier dans de très larges limites. Comme cas extrême on cite celui des magnétos Bosch qui, fabriquées en Allemagne, s'y vendaient presque cinq fois plus cher qu'en France.

Le procédé du cartel a d'ailleurs été perfectionné de plus en plus; national à l'origine, il est devenu dans bien des cas international. Constitué d'abord uniquement pour fixer les prix et les conditions de vente sur le marché intérieur, il en arrive aussi : 1° à limiter la production de chaque usine en lui assignant un *contingent*, c'est-à-dire une fraction déterminée de la production totale; 2° à limiter sa faculté de vente, en lui assignant un *rayon*, c'est-à-dire une région déterminée où elle doit écouler ses produits; 3° à décharger entièrement l'usine de sa fonction commerciale par l'institution d'un comptoir de vente qui a seul qualité pour recevoir les commandes et les répartir ensuite, suivant les conventions, entre les adhérents. Le cartel, en outre, s'appliquait primitivement à un seul article; or il s'est créé depuis peu des cartels généraux comme le syndicat de l'acier qui englobe toutes les productions des aciéries, forges et laminoirs adhérents. Le cartel enfin était à l'origine constitué librement, l'adhésion des usines restant uniquement volontaire; or, quelques années avant 1914, une loi a rendu obligatoire la participation des mines de potasse au cartel du kali; depuis la guerre le gouvernement impérial a imposé aussi l'adhésion des houillères au syndicat du charbon, institué un cartel obligatoire du ciment et introduit, pour la durée de la guerre, une cartellisation régionale des fabricants de chaussures; en sorte que l'expérience de la guerre semble faire croire que le cartel obligatoire pourrait bien se généraliser.

L'expérience de la guerre a considérablement accéléré ce mouvement de concentration. La nécessité de faire face aux besoins du moment et de parer aux dangers du blocus anglais a eu pour conséquence, comme on sait, un remaniement de tout l'organisme économique de l'Allemagne. L'Etat a dû intervenir, soit pour organiser, avec le concours des grands producteurs, les industries de guerre indispensables à la défense nationale, soit pour centraliser dans ses mains, en éliminant d'une façon plus ou moins radicale le commerce en gros, l'entreprise du ravitaillement général tant de l'armée que de la population civile.

La mobilisation industrielle a réussi de façon remarquable, et l'on regarde d'ordinaire comme une des causes principales de ce succès le concours apporté à l'Etat par les cartels. S'ils n'avaient pas existé, le gouvernement aurait dû, pour les fabrications de guerre traiter avec des centaines et des milliers d'usines, la répartition des commandes n'aurait pas été proportionnée au pouvoir de production, et, pour les transformations de matériel, on eût fait des expériences coûteuses. Au contraire, les dirigeants d'un cartel savaient exactement la puissance de production de chaque usine, les produits qu'elle était en état de fournir, les modifications qu'elle était obligée d'apporter à son outillage. Les cartels ont ainsi puissamment aidé l'Etat soit à intensifier la production dans les proportions voulues, soit à fixer des prix raisonnables, soit à organiser de nouvelles industries.

Le problème du ravitaillement a été résolu avec un succès beaucoup plus inégal. Si certaines organisations, comme l'Office impérial des grains, ont donné de fort bons résultats et résolu de façon satisfaisante le problème de la répartition du pain, d'autres Centrales, notamment celle des pommes de terre, ont eu, à diverses reprises, des échecs retentissants et aujourd'hui encore le dictateur de l'Office de l'alimentation est obligé de lutter contre des difficultés toujours plus graves dont il n'arrive que très imparfaitement à se rendre maître. L'une des explications souvent alléguées pour expliquer ce fait c'est que, précisément, l'organisation des cartels était moins avancée dans l'agriculture que dans l'industrie et que, dans ces conditions, la centralisation imposée par les nécessités du moment a été beaucoup plus difficile que pour les produits industriels.

Toujours est-il que, dans l'ensemble de la vie économique allemande, la guerre a eu pour effet d'une part de hâter considérablement la concentration, d'autre part aussi de placer une série de branches de l'activité humaine sous le contrôle plus ou moins direct de l'Etat.

La concentration des forces industrielles de l'Allemagne, tant en vue du présent que de l'après-guerre, s'est poursuivie ces derniers temps avec persévérance et méthode. Une série d'industries qui, avant la guerre, ne possédaient pas de cartels en ont créé depuis. On ne compte plus les fusions de maisons similaires, spécialement dans les industries de l'automobile, du cuir, de la chaussure, du ciment, etc... D'autres maisons augmentent leur capital, souvent de manière considérable, pour étendre leur rayon d'action ou intensifier leur production, notamment les Sociétés de constructions navales qui prévoient pour l'après-guerre une reprise d'activité considérable. Les firmes les plus puissantes elles-mêmes, comme Krupp, la Société Phœnix ou la Société générale d'électricité (A. E. G.) accroissent encore l'ampleur de leur cercle d'opérations [1]. La tendance à la concentration se manifeste de façon plus saisissante encore par la constitution de gigantesques Syndicats. Après le Syndicat du Charbon et celui de l'Acier, on a vu se former en 1916 celui de l'Industrie chimique. Les deux grands cartels pour les matières colorantes auxquels se sont jointes d'autres maisons importantes ont signé, pour une durée de 50 ans, une union qui groupe douze sociétés dont le capital, en y comprenant les réserves déclarées et latentes dépasse un milliard de mk; et ce trust de l'industrie chimique a de plus conclu une entente avec celui des explosifs et poudres. En métallurgie se constitue un groupement de plus de 200 industriels faisant l'exportation des machines : il décide la création d'un bureau central rattaché à celui des permis d'exportations et se donne pour tâche d'unifier les prix et les conditions de vente de manière à relever le change et à empêcher les ventes dans des conditions trop peu rémunératrices.

On voit apparaître un *Conseil de l'industrie*, organe commun des trois plus puissantes associations économiques de l'Empire, la *Fédération des industriels allemands*, l'*Union des Industriels* et l'*Union de l'Industrie chimique*, et qui se donne pour tâche de développer non

1. Achats de mines de fer par Krupp. Phœnix possède la majorité des actions d'une société de laminoirs, et toutes les kuxes de la mine de fer spathique de Neunkirchen.

seulement pendant la période intérimaire mais aussi pendant la paix, la puissance économique de l'Allemagne[1]. C'est encore l'Association des ingénieurs allemands qui se groupe avec celles des architectes et ingénieurs, des ingénieurs des mines, des chimistes, des ingénieurs électriciens, des ingénieurs constructeurs de navires pour former l'Union des Associations des techniciens scientifiques. Ou bien l'on voit les grands armateurs se préparer à la reprise de la lutte commerciale contre les armateurs anglais enrichis par la guerre, en formant d'une part une vaste coalition d'intérêts comprenant l'ensemble des compagnies de navigation allemandes, et en se liant étroitement, d'autre part, avec la haute banque et la grande industrie métallurgique rhéno-westphalienne[2]. Ainsi sur-

1. Cette organisation est dirigée contre les tentatives de concurrence à l'étranger; elle combattra la législation contre le dumping établie au Canada et proposée à la Chambre aux Etats-Unis; elle se propose de produire des marchandises d'une qualité et d'un prix tels qu'aucune industrie étrangère ne pourra lutter contre elle, même en se couvrant de droits protecteurs. Chacune des sociétés conserve son autonomie au point de vue de l'achat, de la vente, de la répartition des bénéfices, mais chacune d'elles doit verser à l'Union une partie de ceux-ci, et l'ensemble est réparti suivant un contingent déterminé. Toutes les usines mettent en commun les études et recherches de laboratoires, chaque découverte devant être exploitée dans deux usines au moins.

2. Le groupement des sociétés de navigation comprend la *Hamburg-Amerika Linie* et le *Norddeutscher Lloyd*, avec les sociétés placées sous leur contrôle, notamment : *Hamburg-Sud-America*, *Kosmos Linie*, *Levante Linie*, *Hansa Linie*, *Deutsch Afrika Linie*, *Hamburg-Bremen-Afrika Linie*, *Woermann*, etc. Dans les conseils d'administration agrandis de ces sociétés se fait l'union des armateurs, des métallurgistes et des banquiers. Le président de la *Hamburg-Amerika* est directeur de la *Nord-Bank* de Hambourg et membre du conseil de la *Disconto Gesellschaft;* le conseil de la H.-A. comprend depuis peu Gwinner (*Deutsche Bank*) Stinnes (métallurgiste), Salomon-

gissent de toute part en Allemagne des groupements toujours plus formidables qui tendent tous à assurer, par une meilleure coordination des efforts, un rendement plus élevé du travail humain, une intensification de la production se traduisant par de nouveaux abaissements des prix de revient, une organisation plus parfaite soit de la vente à l'intérieur soit de l'exportation.

Et en même temps que la production industrielle s'organise en groupements toujours plus vastes, l'Etat intervient aussi de façon toujours plus active dans la vie économique de l'Allemagne. Avant la guerre déjà on avait vu l'Empire rendre obligatoire la participation des mines de potasses au cartel du kali et exercer, en sa qualité de grand propriétaire minier, une influence considérable sur le syndicat du charbon. Pendant la guerre, son action devient toujours plus importante. Il est obligé de prendre temporairement en main le ravitaillement du pays en aliments et en matières premières, de s'occuper de la fixation des prix, d'assurer la répartition des vivres et de la plupart des produits fabriqués aux habitants, de fournir aux usines les matières premières indispensables. On le voit, en Saxe, organiser le monopole de l'électricité. Il exerce sur la vie financière de l'Allemagne une influence toujours plus prépondérante. La préparation et l'organisation des grands emprunts d'Etat qui doivent fournir au gouvernement les moyens de

sohn (*Disconto-Gesellschaft*). Au conseil du *Norddeutscher Lloyd* figure un représentant de la *Deutsche Bank* et Kirsten, chef de la maison d'armement de ce nom et membre du conseil de *Hamburg-Amerika*. Stinnes forme avec Ballin et Heinecken le comité de la Compagnie *Woermann*. Dans la nouvelle société de constructions navales *Hamburger Werft A. G.* créée par Ballin, l'A. E. G. est intéressée et Ballin fait d'ailleurs partie du conseil de cette dernière société.

poursuivre la lutte absorbe en grande partie l'activité du monde de la finance. L'Etat met même la main sur une branche importante de l'activité des banques, le trafic des devises, et en fait un véritable service public dont la gestion est confiée à la Banque d'Empire et à un petit nombre de maisons privilégiées. L'Allemagne vit en ce moment sous un régime de « socialisme de guerre » où une série de fonctions laissées jadis à l'initiative privée sont devenues des services d'Etat, et où, notamment, le ravitaillement national est assuré par l'Empire, de concert avec les autorités régionales et municipales.

Ce régime n'est pas sans soulever des plaintes nombreuses et des critiques acerbes. Dans le domaine de l'alimentation des erreurs ont certainement été commises et ont soulevé des protestations très vives dont la presse et le Parlement se sont faits l'écho. Les députés et les journaux socialistes ne se sont pas fait faute d'élever des réclamations véhémentes, encore que les démocrates-socialistes admettent le principe de l'intervention de l'Etat et reprochent à l'administration impériale non pas un excès de centralisation, mais au contraire sa timidité, son manque de logique, sa complaisance pour les intérêts capitalistes, ou, simplement, son incapacité. Dans le monde des producteurs agricoles et dans celui du commerce d'alimentation, notamment, le mécontentement n'est pas moindre et s'est exprimé parfois très vertement. On a attaqué ces « Sociétés de guerre » dont l'activité consiste surtout « à louer un étage, acheter de bons fauteuils et se faire photographier », où l'encre coule à flots, où des agents très nombreux et grassement payés ne s'intéressent nullement à ce qu'ils font et témoignent un désir modéré de conquérir des lauriers militaires. On proteste d'avance contre la perpétuation, après la guerre, de toutes ces organisations d'Empire, contre la transformation de l'Allemagne en un Etat de fonctionnaires voué à la stagnation et à l'impuissance. Et dans les milieux industriels et commerçants aussi, des plaintes du même genre se multiplient. On critique la fixation de prix maxima par des fonctionnaires qui se moquent des prix de revient. On s'élève contre la prétention de limiter le bénéfice des producteurs à un chiffre maximum, le surplus devant être versé intégralement dans la caisse de l'Etat. On fait valoir la nécessité de fortifier les grandes entreprises allemandes, d'affermir leur situation financière pour leur permettre, au moment de la paix, de reprendre dans de bonnes conditions, grâce à leurs réserves, la lutte pour le marché mondial. On remarque que ce serait faire le jeu des ennemis que de transformer l'Allemagne en une Centrale d'achats unique, qu'il ne faut pas troubler la production industrielle en prônant des idées anti-économiques, et que c'est pure folie de vouloir remplacer les cerveaux de centaines de milliers de commerçants par une machine d'Etat unique.

En dépit de ces récriminations, la concentration a fait, pendant la guerre, des progrès considérables et l'on prévoit que le retour de la paix ne restaurera pas l'état de choses d'avant la guerre. On a accepté sans résistance les restrictions à la liberté économique imposées pendant la guerre. On est d'avance résigné de même à subir pour la période intermédiaire entre la guerre et la paix les contraintes nécessaires. On a approuvé la création d'un comité pour régler les importations et les exportations, pour résoudre au mieux des intérêts généraux les questions du change, du fret, des transports. Et l'on s'accoutume à l'idée que l'on conservera en période de paix une partie des institutions de guerre. On doute fort que le commerce des céréales soit rendu à l'industrie privée. On prévoit une cartellisation toujours plus rigoureuse et probablement obligatoire de toutes les grandes industries. On reconnaît qu'il pourra devenir indispensable d'instituer certains monopoles — par exemple ceux de l'alcool, des engrais chimiques, des céréales, de l'électricité, des assurances, du charbon, du gaz, etc., pour réunir les sommes formidables qu'exigera, après la guerre, le service de la dette publique. Jaffé propose une syndicalisation obligatoire de l'industrie et de la production agricole avec prix maxima et salaires minima, mesure singulièrement radicale mais qu'il estime cependant préférable à l'impôt de 25 °/₀ sur le capital proposé par ailleurs. En un mot : si l'on signale avec insistance les inconvénients qui résulteraient pour l'Allemagne d'un excès de centralisation et d'étatisme, si l'on maintient les droits et l'utilité de l'initiative individuelle et de l'entreprise privée, on est plus convaincu que jamais de la nécessité d'une organisation toujours plus synthétique de l'activité économique nationale sous la direction active de l'Etat.

CHAPITRE III

L'exportation allemande.

Par l'institution d'un mode nouveau de travail, par l'organisation et par l'intensification de la production, l'Allemagne est arrivée non pas seulement à faire mieux vivre sur son territoire une population considérablement accrue, mais encore à étendre son action bien au delà des frontières nationales. Elle est aujourd'hui, avec l'Angleterre et les Etats-Unis, au nombre des peuples les plus « expansifs » du monde. Cette expansion, qui se manifeste non pas uniquement par l'accroissement du chiffre des échanges de l'Allemagne mais par le développement de sa colonisation, par l'extension de ses affaires à l'étranger, par la participation de son capital aux grandes entreprises étrangères, a été favorisée par une série de causes. Grâce à sa forte natalité, l'Allemagne a pu non seulement porter sa population, d'environ 25 millions d'habitants qu'elle comptait au début du XIXe siècle, à près de 67 millions en 1913, mais encore semer à travers la terre des millions d'émigrants et de colons. La puissance politique que lui ont procurée ses victoires de 1866 et de 1870 lui a permis, peu à peu, d'assurer à ses négociants une protection plus sûre et un appui plus efficace au dehors. L'organisation de la Reichsbank, la stabilisation du cours du mark, la protection douanière, la création de lignes de paquebots postaux subventionnées, ont été les premières étapes de l'expansion allemande. Les vingt-cinq dernières années enfin, ont vu se multiplier les triomphes économiques de l'Allemagne dans le monde entier. Grâce aux progrès techniques de l'industrie, elle est arrivée, au lieu de fabriquer de la camelote à bon marché, à produire des marchandises de qualité égale ou supérieure à celle de ses concurrents. Elle a créé, avec les grandes banques spéciales transocéaniques, dont le capital dépasse aujourd'hui 125 millions de mk[1], un instrument efficace entre tous de pénétration économique. Elle a accru son rayonnement, enfin, grâce aux facultés d'adaptation de ses fabricants et de ses négociants qui, au lieu d'offrir à leurs clients exotiques certains types invariables de marchandises ou de leur imposer leurs usages de payement, ont su s'adapter aux besoins et aux habitudes de leur clientèle, lui ont fourni des produits conformes à ses goûts et accordé toutes les

1. Les banques qui se sont fait une spécialité des affaires transocéaniques — *Banque allemande transocéanique* (30 millions mk de capital), *Banque brésilienne* (15 millions mk), *Banque chilienne* (10 millions mk), *Banque orientale* (32 millions mk), *Banque Sud-Américaine* (20 millions mk), *Banque asiatique* (18.750.090 mk) — sont considérées par les économistes allemands comme un des facteurs essentiels de l'expansion allemande. Il en est de même des filiales exotiques des grandes entreprises nationales, comme l'A. E. G., qui a fondé un *Compagnie électrique transocéanique allemande* dont le rayonnement, en Amérique du Sud notamment, a été considérable. La pénétration dans l'Orient proche a, de même, été favorisée par l'entreprise du chemin de fer souterrain de Constantinople et par les chemins de fer d'Anatolie et du Bagdad; celle de la Chine par le chemin de fer de Chantoung; celle du Japon par la Compagnie Siemens-Schuckert, etc.

facilités de payement nécessaires[1]. On a calculé que, pendant les années 1900-1909, l'Allemagne avait accru ses échanges de 40 °/₀ pendant que l'Angleterre ne les augmentait que de 20 °/₀. Elle a, si l'on en croit le vice-chancelier Helfferich, au cours du dernier quart de siècle, environ triplé sa production industrielle, tandis que le « dividende national » grossissait en proportion.

Cette évolution a transformé de fond en comble les conditions d'existence du peuple allemand. Alors que l'Allemagne était, pendant la première moitié du XIXe siècle, une colonie agricole, en état non seulement de nourrir sa population mais d'exporter une certaine quantité de produits alimentaires, elle est devenue aujourd'hui une vaste cité capitaliste, où, contre 28 1/2 °/₀ de travailleurs agricoles, on compte près de 56 °/₀ de personnes employées dans l'industrie et le commerce (55,8 °/₀ en 1907), un pays de sociétés par actions et d'entreprises industrielles géantes qui, malgré les progrès techniques considérables réalisés par l'agriculture (en vingt-cinq ans le rendement des terres s'est accru des deux tiers et le cheptel a beaucoup augmenté), est devenu tributaire de l'étranger pour les céréales comme pour le bétail, a cessé de pouvoir se nourrir par ses propres moyens, et paye

1. Complaisance bien connue des industriels allemands à modifier leurs articles selon le goût de leurs clients. Crédit à long terme (jusqu'à 18 mois) accordé aux débiteurs étrangers pour leur permettre d'opérer leurs payements au moment où se font leurs rentrées. Organisation dans chaque contrée, d'un grand bureau central pour l'exportation. En Amérique du Nord, c'est le bureau de l'industrie chimique, en Russie ce sont les représentants des industries mécaniques, aux Indes néerlandaises et au Japon, les représentants de l'industrie électrique, etc., qui centralisent la représentation de toutes les branches principales de l'industrie allemande.

le supplément de vivres dont il a besoin pour nourrir sa population et les matières premières indispensables pour alimenter ses usines en vendant en dehors les produits de son industrie. Examinons le dernier tableau des échanges allemands avant la guerre (1913); il se résume dans le tableau suivant :

	Importation en millions de mark.		Exportation en millions de mark.	
Matières premières. . .	5.003,5	46,5 %	1.518,0	15,0 %
Produits mi-ouvrés. . .	1.238,8	11,5 %	1.139,4	11,3 %
Marchandises fabriquées.	1.478,8	13,7 %	6.395,8	63,3 %
Produits alimentaires. .	2.759,5	25,6 %	1.035,9	10,3 %
Bétail.	289,7	2,7 %	7,4	0,1 %
Total. . .	10.770,3	100 %	10.096,5	100 %

Un coup d'œil jeté sur ce bilan nous montre que l'Allemagne compense un surplus d'importations de près de 2 milliards mk en vivres et de près de 3 milliards et demi mk, en matières premières par un excédent d'exportations d'environ 5 milliards en produits ouvrés. Elle est obligée d'acheter au dehors des produits alimentaires qu'elle ne produit pas en quantités suffisantes, comme le blé et la viande, ou qu'elle ne produit pas du tout, comme le café, le thé, les épices, etc.., et des matières premières qui lui font défaut en totalité ou en partie, comme le coton, le cuivre, certains métaux, les peaux, la soie, le caoutchouc, le pétrole, les corps gras, la laine etc... Et elle compense ses achats soit en vendant des marchandises fabriquées, soit à l'aide des bénéfices que lui procurent ses compagnies maritimes et ses placements à l'étranger. L'Allemagne arrive ainsi à nourrir une population qui de 1871 à 1913 a passé de 41 à 67 millions d'habitants, à lui procurer des conditions d'existence de plus en plus satisfaisantes, à arrêter l'émigration qui entre 1880 et 1890 encore enlevait jusqu'à 220.000 personnes par an. Mais elle ne peut le faire qu'en intensifiant ses échanges qui passent de 6 milliards et demi mk il y a vingt ans, à 15 milliards en 1907 et 21 en 1913, de manière à pouvoir acheter toujours plus de vivres et de matières premières et exporter toujours plus de marchandises. L'exportation apparaît ainsi, en définitive, comme la condition d'existence *sine qua non* d'une masse croissante d'Allemands. Le produit du travail allemand étant évalué à 37 milliards mk par an, soit 11 à 12 milliards mk pour l'agriculture et 25 milliards mk pour l'industrie, on estime que *un sixième* environ passe la frontière. Or cela veut dire que un sixième de la population adonnée à l'industrie, c'est-à-dire environ 5 millions de personnes (en comptant les travailleurs et leurs familles) vivent de l'exportation et se trouveraient sans moyens d'existence si l'exportation allemande venait à être supprimée.

On voit donc le problème très grave qui se pose pour l'Allemagne. En raison de l'accroissement de sa population, elle n'est plus en état ni de nourrir ses habitants, ni de fournir à ses industries les matières premières nécessaires. Elle ne peut donc vivre que par une extension sans cesse grandissante de ses échanges avec l'étranger, par une croissante « implication dans l'économie mondiale » (*Einflechtung in die Weltwirtschaft*), suivant la formule des économistes allemands. Le problème du maintien et du développement de l'exportation est donc *vital* pour l'Allemagne. Au point où elle en est de son évolution, l'Allemagne se trouve, selon le mot célèbre de Caprivi, placée devant le dilemme : exporter des *marchandises* ou des *hommes*.

On conçoit donc le danger que constitue pour elle la menace de la guerre économique annoncée par les Alliés. Les publicistes allemands sans doute, s'efforcent de rassurer l'opinion en déclarant ce danger imaginaire. Ils insistent sur l'impossibilité qu'il y a de retrancher du commerce mondial une population de 67 millions d'habitants, ou surtout de 120 millions, si l'on considère non plus l'Allemagne seule mais les Empires du Centre unis. On insiste sur le tort irréparable que les adversaires de l'Allemagne se causeraient à eux-mêmes en faisant succéder la lutte économique à la lutte militaire, sur l'impossibilité où ils sont de constituer une ligue solide et durable contre les puissances centrales. On assure que le monde a plus besoin de l'Allemagne que l'Allemagne n'a besoin du monde. Au fond, les Allemands ne peuvent se dissimuler que le danger est réel, que l'impérialisme allemand a inquiété le monde par ses allures agressives et ses appétits formidables, qu'il apparaît aujourd'hui à tous comme une menace redoutable contre laquelle il importe de se prémunir, que l'expansion industrielle et commerciale de l'Allemagne se heurtera désormais à des résistances plus résolues et plus conscientes que par le passé, bref, qu'un encerclement économique plus ou moins étroit et plus ou moins prolongé est un risque avec lequel on ne peut se dispenser de compter et contre lequel il est indispensable de prendre des précautions.

Les Allemands ont cherché la solution de ce problème dans deux directions opposées. Les uns affirment que l'idéal auquel doit tendre l'Allemagne c'est celui de *l'indépendance économique (Selbstgenügsamkeit)*, qu'elle s'est industrialisée à l'excès, qu'il y a danger pour elle à se laisser trop impliquer dans l'économie mondiale, qu'elle doit s'efforcer avant tout de *se suffire à elle-même* et de maintenir son autonomie : c'est la tendance nationaliste et protectionniste. Les autres assurent que l'idéal de l'*Etat fermé* est une pure utopie, que la réalisation de l'*autarchie économique* se heurte, pour l'Allemagne, à de graves objections, à des impossibilités matérielles, que la tendance à l'isolement ne peut entraîner que des désastres, que l'Allemagne doit s'efforcer résolument de s'industrialiser toujours davantage, d'intensifier ses échanges, de se mêler toujours plus au grand mouvement du trafic international ; c'est la tendance démocratique ou socialiste et libre-échangiste. Précisons ces deux solutions et examinons la controverse qui se poursuit en ce moment entre les partisans de l'une et de l'autre.

CHAPITRE IV

La tendance à l'autarchie économique.

La tendance nationaliste à l'autarchie économique s'appuie, comme on sait, en première ligne, sur deux puissants groupements, les conservateurs agrariens et les représentants de l'industrie du fer. Frappés en 1873 à la fois par le krach économique et par l'abolition des droits sur la fonte brute, les métallurgistes avaient, les premiers, réclamé une protection douanière et fondé, en 1875, l'*Association des industriels allemands* pour combattre le libre-échange. Lorsque, vers 1877, la crise atteignit aussi les agrariens et que la concurrence du blé d'Amérique et de Russie vint menacer de ruine l'agriculture allemande, la coalition des grands propriétaires fonciers et de l'industrie lourde se noua, réussit à faire partager ses tendances à Bismarck et remporta en 1879 sa première victoire par l'établissement d'un droit protecteur sur le blé. Elle s'est affirmée, depuis lors, comme un facteur de toute première importance dans l'évolution de la vie économique allemande, comme une puissance avec laquelle l'empereur et ses ministres eux-mêmes étaient obligés de compter, et contre laquelle il était impossible de gouverner à la longue. Le droit sur les blés, très modique à l'origine, fut porté de

1 mk par 100 kilos successivement à 3 mk en 1885, à 5 mk en 1887 ; ramené un instant à 3 mk 50 en 1891, pendant l'ère de Caprivi, il fut reporté en décembre 1902 à 5 mk 50. L'alliance des magnats de la grande propriété et de l'industrie lourde l'emportait sur toute la ligne. Elle entraînait à sa suite, outre le parti conservateur, le Centre, les nationaux-libéraux et même une partie des progressistes. La majorité de la bourgeoisie se rangeait ainsi derrière la féodalité agrarienne. Et petit à petit elle dressait autour de l'Allemagne une barrière de protection à peu près continue. Outre le droit sur le blé, elle instituait des droits proportionnés sur l'orge, l'avoine, le maïs. Elle protégeait de même l'élevage du bétail et de la volaille soit par des droits de douane, soit par l'application des prescriptions de police vétérinaire ou sanitaire. L'importation ne restait libre que pour un petit nombre de produit agricoles, notamment pour le fourrage et les oies. Encore aspirait-on à aller plus loin et à faire adopter un tarif où il n'y eût *plus un seul* produit agricole dont l'importation ne fût rendue plus malaisée et plus chère par un droit de douane. La protection agricole se complétait d'une protection industrielle destinée à sauvegarder en particulier les intérêts de l'industrie lourde. La production du fer fut protégée par des droits sur le fer, celle de la houille par un tarif de chemins de fer qui renchérissait démesurément le charbon transporté de la frontière vers l'intérieur.

Par cet ensemble de mesures on s'appliquait à mettre l'Allemagne en mesure de se suffire à elle-même. Et l'on y a réussi, tout au moins partiellement. On constate en effet que, pendant la période de 1901 à 1913, tandis que la population s'accroissait de près de 10 millions d'habitants (56,8 millions en 1901, 66,9 millions en 1913), la quantité absolue de blé importée restait à peu près constante (1.941.000 tonnes en 1901 contre 2.007.000 tonnes en 1913), de sorte que la quantité de blé importée par tête d'habitant diminuait légèrement (34 kil. 13 en 1901, 31 kil. 46 en 1913). Pour le seigle, la situation était encore meilleure : au lieu d'un excédent d'importation de 771.000 tonnes en 1901, on enregistrait en 1913 un excédent *d'exportation* de 482.000 tonnes. Pour la viande aussi l'Allemagne arrivait presque à se suffire à elle-même : la proportion du bétail importé par rapport au bétail abattu à l'intérieur n'atteignait plus que 2,9 °/₀ pour les bœufs et veaux, 1/2 °/₀ pour les porcs. Cette indépendance économique, très relative d'ailleurs, puisque les importations de vivres restaient malgré tout nécessaires, était assez chèrement achetée. Le prix du blé, qui était en 1901 de 123 mk par 1.000 kilos en Angleterre, atteignait 162 mk en Prusse, soit une différence de 39 mk au détriment de la Prusse. En 1913 ces chiffres devenaient respectivement 145, 196 et 51 mk, en sorte que le renchérissement atteignait 17,8 °/₀ en Angleterre contre 20,9 °/₀ en Prusse. L'Allemagne payait ainsi très probablement plus cher son pain et aussi sa viande et les autres denrées que si elle avait renoncé à protéger son agriculture. Du moins pouvait-elle se dire que l'*infrastructure* agricole du pays supportait encore sans fléchissement trop marqué sa formidable *superstructure* industrielle. Et c'était là, aux yeux des protectionnistes, un avantage qui n'était pas à dédaigner.

Passons en revue les principaux arguments mis en avant pour justifier la nécessité, pour un pays, de maintenir à tout prix son agriculture.

1. Le premier, qui a été développé ces derniers

temps, par Gerhard Hildenbrand (1910) fait ressortir le péril auquel s'exposent les nations qui cessent d'être en état d'assurer leur propre nourriture. Pourquoi les nations européennes ont-elles été jusqu'à présent en situation d'obtenir les denrées nécessaires à la vie à des prix minimes? Parce que le paysan a toujours été opprimé, réduit à la condition de serf et obligé de céder ses produits à des conditions déplorables. Cela a été le cas, jadis, pour le paysan de l'Europe occidentale. C'est le cas, aujourd'hui encore, pour celui de l'Europe orientale et des pays d'outremer, qui, par suite des dettes contractées vis-à-vis des nations européennes occidentales, est contraint de vendre les denrées qu'il produit à des prix dérisoires qui couvrent à peine le prix de revient. Mais cette situation ne saurait se prolonger indéfiniment. Partout le paysan commence à comprendre qu'il est exploité. Tous les pays agricoles tendent à créer chez eux des industries pour s'affranchir de la suprématie industrielle de l'Europe occidentale. Or, à mesure que cette évolution ira en s'accentuant, le péril augmentera pour elle. Un peuple peut en effet exister sans industrie mais non pas sans agriculture. L'échange de produits agricoles contre des produits industriels est un marché fort inégal. Les pays industriels troquent en réalité le superflu contre le nécessaire. Que les pays agricoles s'avisent de retenir leurs produits et c'est la famine pour les pays d'industrie. Les premiers sont donc en mesure d'exiger, pour ces produits, le prix qu'ils voudront; les seconds seront bien *obligés* de le payer. La situation présente, qui permet aux pays de l'Europe occidentale de se ravitailler en produits agricoles à très bon marché, est donc essentiellement provisoire. Partout les pays agricoles travaillent à assurer leur autonomie industrielle. Or dans la mesure où ils y réussiront ils cesseront d'être tributaires des Etats créanciers. La nécessité d'échanger leurs denrées précieuses contre des articles d'industrie à bon marché cessera de s'imposer à eux. Tout au contraire l'industrialisation des pays agricoles aura pour conséquence inévitable l'accroissement du salaire des travailleurs agricoles, par suite de la concurrence que se feront l'industrie et l'agriculture pour la main-d'œuvre. De là aussi une hausse inévitable des produits agricoles. A leur tour, les pays d'industrie seront obligés d'écouler leurs marchandises à tout prix pour se procurer les vivres indispensables. Hausse démesurée des denrées alimentaires, difficulté croissante de vendre les produits industriels, chômage grandissant parmi les classes ouvrières; tel est le sort qui attend les nations qui auront commis l'imprudence de laisser dépérir la « base paysanne » indispensable à tout peuple qui a souci de la sécurité. L'Amérique qui, de pays agricole, est devenu l'un des pays d'industrie les plus prospères du monde pourra *demain* faire payer toujours plus cher aux nations européennes les céréales, la viande, le pétrole, le cuivre et surtout le coton qu'elle leur envoie, si celles-ci sont *contraintes* de lui en acheter indéfiniment des quantités égales ou croissantes. Et le jour où en Russie, au Japon, en Chine l'évolution industrielle qui s'annonce déjà, sera plus avancée, la situation de l'Europe deviendra tout fait précaire. Ce sera alors la revanche des nations agricoles, qui, libérées de la tutelle des peuples industriels, pourront désormais leur imposer leurs conditions, leur dicter la loi.

2. Un autre argument, souvent mis en avant aussi, est celui de la défense nationale. A supposer même, dit-on, que, du point de vue de l'économie *mondiale*

le régime du libre-échange et de la spécialisation industrielle et agricole soit préférable, il convient cependant de ne pas oublier que, en fait, le monde est divisé en collectivités *nationales* concurrentes, qui luttent âprement les unes contre les autres et qui doivent avant tout veiller à leur propre conservation. Ce serait, dans ces conditions, une imprudence impardonnable, pour une nation, de ne pas pourvoir elle-même à sa subsistance. Elle peut, comme la guerre actuelle le montre, être isolée du reste du monde par un blocus; si elle est hors d'état de se suffire à elle-même, elle est perdue et n'a qu'à subir les conditions de l'assiégeant. Les protectionnistes assurent que c'est grâce aux droits protecteurs sur les céréales que l'Allemagne a pu résister au blocus anglais. Si elle n'avait pas eu une agriculture prospère, capable d'assurer le ravitaillement national, elle aurait été acculée très vite à une désastreuse capitulation. Et ils concluent de là que non seulement il ne faut rien changer au système actuel mais que la protection doit être étendue encore. L'Allemagne ne produisait pas elle-même son fourrage et le faisait venir du dehors, notamment de Russie, par quantités énormes; de là les difficultés considérables qui se sont produites pour l'alimentation du bétail. Il faut donc que, instruits par l'expérience, les Allemands assurent par de nouveaux tarifs la production nationale du fourrage comme ils ont assuré celle des céréales.

3. A un autre point de vue encore le maintien d'une classe paysanne forte et prospère s'impose, selon les protectionnistes. Elle est en effet indispensable au maintien de la santé nationale. Les propriétaires ruraux, paysans et noblesse, constituent dans une nation l'élément solide et stable. De l'excédent des

orces que produit cette classe, naît la population des villes. Mais celle-ci n'est pas en état de se maintenir par elle-même. Une petite partie seulement s'assure la durée en revenant à la terre; une fraction plus considérable s'éteint; le reste va grossir le prolétariat. La population urbaine a donc besoin d'être sans cesse alimentée par la population rurale. Celle-ci est ainsi la base de toute l'existence nationale. Certains auteurs de tendance conservatrice concluent de là à la nécessité de protéger non seulement l'agriculture mais aussi la propriété paysanne en assurant par exemple la transmission obligatoire du bien rural à *un* héritier unique (*Anerbenrecht*) ou encore par la constitution de fidéicommis. Mais ceux-là mêmes qui n'adoptent pas ces vues réactionnaires insistent sur la nécessité « biologique » qu'il y a de maintenir dans le pays une classe de travailleurs ruraux vigoureux et prospères.

4. Les économistes, enfin, tirent argument de la prospérité générale du pays pour démontrer l'excellence des principes qui ont conduit à ces résultats. Le livre connu de Helfferich sur *la richesse du peuple allemand*[1] est en réalité une apologie de la politique d'impérialisme nationaliste suivie ces dernières années par le gouvernement allemand. Quand il établit par des chiffres impressionnants le développement formidable de la production et du régime des transports par terre et par mer, l'essor merveilleux de l'industrie, du commerce, de l'agriculture, quand il montre avec complaisance que le revenu national a passé entre 1896 et 1912 de 23 milliards et demi mk à 43 milliards, soit 83 °/₀ d'augmentation, que le

1. *Deutschlands Volkswohlstand*, 1888-1913; Berlin, 4e édit 1914

revenu par tête d'habitant s'est élevé pendant la même période de 445 mk à 642 mk, soit 44 °/₀ d'augmentation, et que cet accroissement de bien-être se répartit à peu près également sur toutes les classes de la population, quand il conclut avec satisfaction : « Pas d'évolution vers la ploutocratie, mais élévation du niveau d'existence des masses », il est manifeste qu'il s'efforce d'impressionner l'opinion en faveur d'une politique qui, en assurant à l'Empire une autarchie économique aussi étendue que possible a su, en un aussi court laps de temps, accroître de telle façon sa richesse.

CHAPITRE V

La tendance libre-échangiste.

A la tendance nationaliste, à l'autarchie économique s'oppose un courant non moins puissant vers une politique économique « mondiale », où se rencontrent des éléments assez divers : des représentants du capitalisme qui demandent le développement des échanges internationaux ; la démocratie socialiste qui lutte pour l'amélioration du sort de la classe ouvrière ; un grand nombre de démocrates enfin, qui se préoccupent surtout de l'intérêt du *consommateur* et s'efforcent d'améliorer le plus possible les conditions d'existence des masses populaires. Passons en revue les thèses essentielles qu'ils soutiennent.

1. Ils contestent d'abord le péril que, dans le camp protectionniste, on voit pour l'avenir de l'Europe occidentale dans le fait de l'industrialisation des pays agricoles. Le temps est encore certainement éloigné où la terre risque de ne plus pouvoir nourrir ses habitants. Ballod estime aujourd'hui à 50 ou 60 millions d'hectares la superficie des terres qui pourraient être employées à la culture du blé en plus de celles actuellement affectées à cet usage, et à 40 millions d'hectares la superficie supplémentaire qu'on pourrait rendre utilisable par l'irrigation artificielle. En

d'autres termes : le blé, qui est cultivé aujourd'hui sur une surface de 80 à 90 millions d'hectares pourrait être, au fur et à mesure que le besoin s'en ferait sentir, cultivé sur une superficie de 180 à 200 millions d'hectares. Si l'on considère, d'autre part, combien le rendement à l'hectare peut être amélioré par les progrès de l'exploitation scientifique, on voit que la production des denrées nécessaires à l'existence pourrait marcher de front, pendant un avenir illimité encore, avec l'accroissement de la population. Les probabilités sont donc pour que, si un pays agricole passe à l'industrie et diminue ses exportations en céréales ou en bétail, il soit tout aussitôt remplacé sur le marché mondial par un autre pays neuf qui saisirait avec empressement l'occasion favorable de développer sa production et d'accroître ses exportations. Il n'y a donc pas à craindre que l'Europe ne trouve plus à acheter du blé ou ne puisse l'acheter qu'à des prix ruineux. Un autre danger serait plus à redouter, c'est qu'un pays qui fait du protectionnisme agricole et *repousse* par conséquent les produits des pays agricoles ne voie finalement ceux-ci repousser à leur tour ses produits industriels. Il n'est donc pas vrai de dire, comme le veulent les protectionnistes, que la tendance générale va à échanger des marchandises ouvrées contre des marchandises ouvrées. Il est tout aussi normal d'échanger des denrées alimentaires et des matières premières contre des produits ouvrés. Et l'Allemagne qui importait en 1913 pour 3.049 millions mk de vivres et pour 5.000 millions mk de matières premières mais exportait pour 6.395 millions de mk d'objets fabriqués peut envisager cette situation sans crainte. Il lui est loisible de développer ses échanges dans le même sens sans avoir à redouter de ne plus pouvoir trouver un jour, pour ses exportations industrielles, la contre-partie de denrées alimentaires qui lui est indispensable pour vivre.

2. On écarte, de même, l'argument biologique allégué en faveur du maintien d'une population paysanne comme réservoir d'énergie nationale. Les statisticiens établissent en effet que la mortalité infantile (qui peut être regardée comme le meilleur critérium de la valeur biologique d'une population) est basse dans les régions de moyenne et petite propriété paysanne (Allemagne du N.-O. vallée du Rhin etc.) mais tout spécialement élevée au contraire dans les régions de grande propriété seigneuriale (Allemagne de l'Est et du N.-E.), où les travailleurs agricoles vivent dans des conditions économiques fort misérables. Il est donc faux de poser comme un principe général que la population rurale est le grand réservoir d'énergie et de santé d'une nation. Le paysan indépendant proprement dit a, sans doute, une valeur biologique élevée ; mais il est relativement assez rare, puisque Tyska estime leur nombre à moins de 3 millions. Quant au prolétaire rural, il est un médiocre type d'humanité et il est impossible de compter sur lui pour régénérer la race. Il serait donc fort artificiel, au total, d'opposer, comme on le fait, le citadin et le rural, l'ouvrier et le paysan et de voir dans le campagnard la sauvegarde de la santé publique. La réalité c'est qu'il y a des ruraux misérables et de valeur physiologique faible. Le maintien de la grande propriété seigneuriale est désastreuse au point de vue de la santé nationale, et une colonisation intérieure, qui morcellerait ces vastes domaines, serait un bienfait public. Inversement l'ouvrier et le citadin peuvent devenir une race saine et stable s'ils s'élèvent à un niveau d'existence assez élevé pour pouvoir satisfaire de façon suffisante les besoins essentiels de l'homme

civilisé d'aujourd'hui. L'amélioration de la race devrait être recherchée, à l'heure présente, beaucoup moins par la prédication du « retour à la terre » et par le maintien artificiel d'une classe paysanne que par le développement, chez les ouvriers comme chez les ruraux, de la protection sociale au sens le plus étendu du mot. Une classe de travailleurs bien nourrie, bien logée, vivant dans des conditions hygiéniques convenables : telle est la base la plus solide de la force nationale.

3. On fait valoir, ensuite, contre la thèse de l'autarchie économique l'impossibilité où l'Allemagne se trouve de produire la quantité de produits agricoles nécessaires à sa subsistance. Il est impossible, d'abord, que la production des céréales ne soit pas plus onéreuse en Allemagne que dans les pays neufs. Ce qui enfle les prix de revient allemands, ce n'est ni le poids de l'impôt, ni les intérêts hypothécaires, ni même la cherté de la main-d'œuvre. Sur tous ces points l'agriculteur allemand est dans des conditions à peu près semblables à ses concurrents. La cause essentielle de la cherté des céréales produits en Allemagne, c'est le prix énorme de la terre. En Argentine le terrain vaut entre 17 et 80 mk l'hectare; en Russie de 19 à 224 mk, aux Etats-Unis de 64 à 690 mk. En Allemagne il vaut, même dans les contrées où il est le meilleur marché, de trois à *cent* fois plus cher ! Il est impossible dans ces conditions, que l'Allemagne lutte contre les pays neufs. Les droits protecteurs ne peuvent rien changer à cette situation. Leur seul effet est de faire hausser la valeur de la terre, et d'accroître encore par suite, le prix de revient des produits agricoles allemands et la difficulté de la concurrence avec les pays étrangers.

Il n'est pas possible à l'Allemagne, d'autre part,

même avec une protection suffisante, de produire par ses propres moyens la quantité de denrées agricoles nécessaires à son alimentation. A la veille de la guerre, elle arrivait à exporter un peu de seigle. En revanche elle importait un tiers du blé qu'elle consommait, une moitié presque de l'orge, et des quantités très considérables de fourrages, de graisses, d'oléagineux, de légumes secs. La production, sans doute, peut être accrue, soit qu'on parvienne à élever encore le rendement à l'hectare, soit qu'on arrive à mettre en culture des landes ou des marais. Et certains auteurs (Thiel, Delbrück, Schumacher, Hoffarth, etc.) estiment que, dans ces conditions, l'Allemagne pourrait arriver, dans un temps plus ou moins éloigné, à se suffire. Mais leurs calculs d'abord, sont contestés. Et, ensuite, ils n'ont guère au fond, qu'un intérêt théorique. L'intensification de la production qui, en industrie, peut accroître de façon indéfinie le rendement et améliorer les prix de revient, a, en matière agricole, des limites infranchissables qui sont marquées par les lois mêmes de la croissance des plantes. Une certaine quantité de travail est indispensable pour pouvoir faire pousser une espèce de céréale sur un terrain donné ; augmentez ce minimum de travail et vous obtiendrez des résultats meilleurs, mais seulement jusqu'à un point donné, jusqu'à un *optimum* de croissance. Passé ce point, on peut encore augmenter le rendement, mais seulement au prix d'un accroissement de dépenses et de travail toujours plus disproportionné avec le résultat supplémentaire obtenu. Enfin on arrive à un *maximum absolu* qu'il est alors impossible de dépasser. L'étude des prix de revient allemands et les plaintes des agriculteurs réclamant sans cesse des droits sur les céréales, semblent indiquer, si l'on en croit certains économistes, que l'on a depuis longtemps dépassé l'*optimum* économique de rendement. Serait-il possible, en poussant jusqu'au *maximum absolu* d'obtenir la quantité de céréales nécessaire pour faire vivre l'Allemagne? Il se peut. Mais ce serait au prix de sacrifices exorbitants et qui renchériraient de manière désastreuse le coût de la vie du peuple. En réalité l'Allemagne n'a pas intérêt à s'acharner à produire elle-même les céréales nécessaires à sa consommation. Elle devrait abaisser puis supprimer les droits sur les céréales, et n'ensemencer en blé et autres céréales que les terres qui, par leur qualité et leur bonne situation, sont susceptibles de produire des rendements vraiment avantageux. Sur les surfaces rendues libres, elle pourrait obtenir un supplément de fourrage qui viendrait en aide à l'élevage du bétail et permettrait sans doute de satisfaire intégralement les besoins nationaux au point de vue de la consommation de la viande. La renonciation à l'*autarchie* pour les céréales abaisserait ainsi le prix du pain et serait compensée par un accroissement du troupeau national. Il y aurait là un double profit.

4. Est-il vrai, maintenant, que l'expérience de la guerre ait, comme on l'a soutenu, justifié de la façon la plus éclatante la thèse de l'autarchie économique? Cela aussi est contesté par ses adversaires.

Les partisans de l'autarchie affirment, d'abord, que c'est le protectionnisme qui a permis à l'Allemagne de résister au blocus anglais et d'assurer le ravitaillement national quand l'Allemagne s'est trouvée réduite à ses propres ressources. Or c'est là, répondent ses adversaires, une prétention insoutenable. On sait que la législation douanière sur les céréales tend, pour assurer aux producteurs une production aussi efficace que possible, à pousser à l'exportation, de façon à diminuer le plus possible le stock de céréales. Alors que, pour le café et le tabac par exemple, les entrepôts francs des ports d'importation contenaient, avant la guerre, en tout temps une quantité de marchandise équivalente pour le café aux 3/4, pour le tabac aux 9/10es environ de la consommation annuelle, le stock de blé ou de seigle, pendant l'année qui a précédé la guerre, atteignait à peine 1/10e de la consommation annuelle. Il est résulté de là que, tandis que l'Allemagne se trouvait, au début de la guerre, approvisionnée en café ou en tabac pour près d'une année, elle n'avait, par suite de la législation protectionniste, qu'une faible quantité de céréales par devers elle. Encore la guerre a-t-elle éclaté au moment de l'année où le stock de céréales était relativement le plus abondant. Si les hostilités s'étaient engagées au mois de février, époque où le stock atteint son minimum, les disponibilités eussent été de moitié moindres encore. La situation était donc beaucoup moins favorable pour les céréales, où l'Allemagne s'efforçait de se suffire à elle-même, que pour les denrées exotiques, où elle ne pouvait pas compter sur la production intérieure. Si, au lieu de protéger la culture des céréales, le gouvernement allemand avait suivi la même politique que pour le café ou le tabac, s'il avait facilité l'accumulation de stocks considérables de grains en de vastes silos et mis la main sur ces approvisionnements dès le début de la guerre, de manière à organiser immédiatement le rationnement et à empêcher le gaspillage, il aurait été en mesure d'assurer le ravitaillement national pendant une dizaine de mois, ce qui lui donnait le loisir de se retourner et de prendre en temps utile les dispositions propres à garantir à la nation une nourriture suffisante pendant la suite de la guerre. Une politique de libre-échange aurait donc assuré la sécurité nationale pour le moins aussi efficacement que la politique d'autarchie.

Dira-t-on, après cela, que la guerre, en faisant de l'Allemagne un *Etat fermé*, a donné la preuve expérimentale qu'elle était capable de se suffire à elle-même? Sans doute, répondent les partisans de la politique de la *porte ouverte*, l'Allemagne a démontré que, par des miracles d'organisation, elle pouvait tenir bon, au prix des sacrifices les plus pénibles, en dépit du blocus anglais, et que ses ennemis n'arriveraient pas à l'obliger à capituler par la famine. Mais l'expérience de la guerre a précisément établi de façon péremptoire que l'Allemagne, au point où elle est parvenue de son développement industriel, est beaucoup trop impliquée dans l'économie mondiale pour pouvoir, *en temps normal*, se suffire à elle-même et suivre une politique d'autarchie économique. Par suite de l'impossibilité d'importer du blé, il a fallu que la population des villes renonçât au pain de froment, aliment de valeur supérieure, pour consommer du pain de seigle, de valeur inférieure. Malgré cela le déficit en céréales était si grand qu'il fallut réduire par contrainte la consommation de pain et de farine d'un tiers par rapport à la consommation normale du temps de paix. Et même cette faible ration de guerre ne put être réalisée qu'en additionnant le pain de son, c'est-à-dire en le rendant plus mauvais. Bien plus grande encore que pour le pain et la farine a été la disette en graisse (animale ou végétale) et en beurre. Ici la restriction dut aller si loin que dans les grandes villes, on ne put accorder qu'environ 1/4 ou 1/8e de livre de graisse (y compris le beurre) par semaine, contre une consommation moyenne d'environ une livre de graisse et de beurre par tête en temps de paix. La cause de cette extraordinaire pénurie de graisse était l'arrêt des importations de saindoux, d'oléo-margarine, de corps gras végétaux (par exemple le coprah) venant d'outre-mer, en particulier d'Amérique, et surtout aussi la disette de fourrage, dont on importait aussi en temps de paix des quantités considérables de l'étranger. La conséquence de ce grand déficit de fourrage et surtout d'aliments concentrés du bétail fut, dans la seconde année de guerre, une tout à fait extraordinaire disette de viande. Là aussi la population des villes dut se soumettre à des restrictions analogues à celles pour la graisse et le beurre. De même on a manqué de lait, d'œufs, de légumes verts ou secs. Même les pommes de terre et le sucre étaient rares. Or un peuple peut bien s'imposer des privations de ce genre pendant le cours d'une guerre, mais il est impossible qu'il les subisse en temps normal sans qu'il en résulte pour lui un tort grave : « Autre chose est de se tirer tout juste d'affaire, autre chose de disposer de vivres en quantité suffisante pour que la population pauvre aussi puisse se nourrir convenablement. Car une alimentation *même à demi suffisante seulement* n'a pas pu malheureusement, pendant la guerre, être assurée à la masse de la population urbaine qui forme le noyau et la base de l'Etat industriel. Or un peuple comme le peuple allemand peut bien supporter temporairement et pendant la guerre une nourriture insuffisante sans en subir de dommage durable ; il ne le pourrait pas à la longue et pendant la paix. Il en résulterait inévitablement, pour la santé publique, les dommages les plus graves, qui mettraient en péril l'avenir même de la nation[1] ».

1. C. v. Tyska, *Das weltwirtschaftliche Problem der modernen Industriestaaten*, 1916 ; pp. 162 s. et 165.

5. Dira-t-on que le splendide essor économique de l'Allemagne est la justification de la politique impériale comme l'affirment ses apologistes? Là encore les partisans de la *porte ouverte* s'inscrivent en faux. Ils n'ont garde de contester la réalité de ces progrès que les statistiques accusent avec évidence et enregistrent avec orgueil. Seulement ils se demandent à qui ils ont profité si c'est à la masse ou à une classe de privilégiés. Et ils croient pouvoir démontrer que c'est en réalité une minorité seulement qui en a tiré avantage. La politique d'autarchie économique suivie jusqu'ici par l'Empire envisage uniquement les *intérêts du producteur*. On a bien réussi, dans ces conditions, à développer la *production* dans des proportions considérables. Mais on s'est fort peu préoccupé du *consommateur* dont les intérêts ont été négligés ou même sacrifiés. La politique économique de l'Allemagne a choyé en première ligne le producteur agricole en lui assurant, par le droit sur les céréales, un revenu convenable et en favorisant, aux frais de la collectivité, la culture des céréales. Pour faire passer leurs revendications au Reichstag, les agrariens ont dû conjuguer leur influence avec celle des représentants de l'industrie lourde,et accorder à ceux-ci aussi des avantages douaniers. De fil en aiguille tous les autres producteurs et fabricants ont, les uns après les autres, réclamé et obtenu une protection que l'Etat ne pouvait leur refuser sous peine de se donner l'air de favoriser tel groupe aux dépens de tel autre. Le consommateur, que personne ne défendait, a fait les frais de cette politique. Helfferich assure que les statistiques de l'impôt sur le revenu montrent une élévation générale du niveau d'existence des masses. Ses critiques, corrigeant ces observations, répliquent que l'écart entre le revenu des classes possédantes et

celui des classes pauvres va sans cesse en augmentant, que, malgré les efforts de la politique sociale, l'accroissement du revenu des travailleurs est bien moindre que celui des riches, que le fossé entre le travail et le capital se creuse donc toujours davantage. Ils établissent que, entre 1900 et 1912, le renchérissement général a accru le coût de la vie d'une famille ouvrière allemande de 45 à 50 %, sans que les salaires eussent, à beaucoup près, suivi la même progression, que l'amélioration de l'existence des travailleurs amenée par la hausse des salaires a été plus que compensée par l'augmentation du prix des principales denrées nécessaires à la vie (pain, beurre, viande); que cette cherté de la vie pèse d'autant plus lourdement sur un budget ouvrier que ses ressources sont plus modiques; que, somme toute, le niveau d'existence des masses populaires, loin de s'élever, aurait plutôt montré ces derniers temps une tendance à s'abaisser. Ils font ressortir que les droits protecteurs, en incitant les fabricants à l'exportation et en facilitant le *dumping*, ont entraîné en bien des cas un dommage certain pour les industries de finissage. C'est ainsi que les constructions maritimes ou les industries mécaniques se plaignaient récemment de se trouver désavantagées par le fait que la grosse industrie du fer et de l'acier vendait ses produits bruts ou mi-ouvrés bien meilleur marché à ses clients étrangers qu'aux fabricants nationaux. Les partisans du libre-échange montrent que la prétendue « protection du travail national » que la politique d'autarchie prétendait assurer, est illusoire, qu'elle enrichit quelques privilégiés, ne profite pas du tout au paysan et au travailleur rural, et n'a que peu d'effet pour l'ouvrier d'industrie. Ils constatent que la hausse de prix générale n'a pas pour cause le pouvoir d'achat accru des masses et ne saurait donc être interprétée comme un signe de prospérité, mais qu'elle résulte d'une raréfaction systématique de l'offre amenée par de grands cartels qui, en raison du protectionnisme douanier, jouissent d'un véritable monopole sur le marché intérieur. Et ils dénoncent, en définitive, l'égoïsme d'une politique qui favorise exclusivement les producteurs, exploite durement le consommateur, accroît l'écart entre le prolétaire et la ploutocratie capitaliste, tend au renchérissement soit des denrées alimentaires produites par l'agriculture, soit des produits bruts ou mi-ouvrés fabriqués par la grosse industrie, et menace ainsi, en définitive, la prospérité des industries produisant les marchandises finies. A la veille de la guerre cette conséquence dernière du protectionnisme n'apparaissait pas encore clairement. Mais les observateurs avisés reconnaissaient distinctement déjà le danger que courait l'exportation des objets fabriqués et ne dissimulaient pas que l'expansion allemande allait se heurter à des difficultés toujours plus graves.

Et l'on concluait de là que la politique d'autarchie et de protectionnisme avait fait son temps, qu'il fallait renoncer au rêve de rendre l'Allemagne capable d'assurer sa propre subsistance et songer aux intérêts soit des consommateurs, soit des industries d'exportation. Loin de se replier sur elle-même, l'Allemagne devait se mêler sans cesse davantage au commerce mondial, pratiquer résolument la politique de la *porte ouverte*, faciliter de toute manière les échanges internationaux, assurer ainsi aux masses populaires une alimentation à bon marché et préparer de nouveaux succès aux industries d'exportation sur qui repose en définitive la prospérité allemande. Avant la guerre déjà, les droits protecteurs sur les denrées alimentaires étaient un obstacle à l'expansion industrielle dans les pays agricoles. L'Allemagne de demain ne pourra donc plus s'offrir le *luxe* de protéger son agriculture comme elle l'a fait jusqu'à présent. Son effort devra tendre à développer le plus possible entre elle et les pays agricoles un courant d'échanges qui fera affluer en Allemagne les vivres et matières premières dont elle a besoin, et refluer au dehors les produits ouvrés qu'elle fabrique de façon supérieure grâce au savoir de ses techniciens et dont l'exportation lui permettra de faire vivre dans de bonnes conditions une population sans cesse accrue.

***

Nous voyons maintenant comment se pose pour l'Allemagne le problème de son avenir économique.

Pays agricole naguère, elle est devenue aujourd'hui un pays de grande industrie dont le territoire est de plus en plus insuffisant pour nourrir sa population. Pour se tirer d'affaire dans cette situation, deux voies s'offrent à elle, celle de l'autarchie économique ou de l'internationalisme. Elle peut ou bien s'efforcer de se suffire à elle-même et de *nationaliser* sa production, ou renoncer décidément à subvenir à son alimentation et fonder son existence sur un système toujours plus complexe d'échanges avec les autres pays. La question se posait pour elle déjà avant la guerre. Et le gouvernement s'était efforcé de la résoudre en évitant de sacrifier l'agriculture et de jeter par-dessus bord les conservateurs agrariens qui avaient de tout temps fourni à la monarchie son haut personnel militaire et administratif et représentait une force sociale dont il ne voulait pas se passer[1]. Au retour de la paix le problème de l'orientation allemande allait devenir plus pressant encore et plus inquiétant. Dans quel sens allait-on interpréter les enseignements de la guerre? Serait-ce dans le sens de l'impérialisme nationaliste ou dans celui de l'impérialisme mondial? Ecouterait-on ceux qui regardaient comme le devoir primordial de l'Allemagne de s'assurer contre une nouvelle guerre de coalition et contre toute tentative de blocus en augmentant coûte que coûte sa production agricole et en assurant à ses habitants, en tout état de cause, une ration de vivres suffisante? Ou bien suivrait-on les avis de ceux qui, tenant pour impossible que l'Allemagne pût désormais se suffire à elle-même, engageaient le gouvernement impérial à résister aux exigences protectionnistes des agrariens, à prendre ses sûretés contre toute tentative de blocus en pratiquant dès le temps de paix une politique de larges approvisionnements en céréales, produits exotiques, matières premières, et voyaient la vocation véritable et le salut de l'Allemagne dans un développement toujours plus large des exportations? Enfin comment répliquerait-on à l'éventualité d'une guerre économique de la part de l'Entente? Fallait-il prendre cette menace au grand sérieux, envisager l'hypothèse d'une Allemagne encerclée, mise à la portion congrue au point de vue de ravitaillement en vivres et en matières premières, boycottée dans tous les pays de l'Entente, âprement combattue sur les marchés mondiaux, obligée ainsi de restreindre son exportation? Devait-on penser que, lors de la paix, le monde se trouverait fatalement divisé en un certain nombre

1. H. Lichtenberger, *l'Allemagne moderne, son évolution*, p. 151 s.

de vastes zones isolées les unes des autres par des barrières douanières aussi élevées que possible, la Grande-Angleterre, l'Amérique, la Russie, la France avec ses colonies? Ou pouvait-on au contraire espérer que le retour de la paix dissiperait cette *folie de la guerre commerciale*[1] et que, au sortir de la grande crise, le monde reviendrait à une existence économique normale, basée sur les échanges internationaux, sur la division rationnelle du travail humain, où l'Allemagne laborieuse, instruite, organisée, disciplinée, reprendrait tout naturellement la place qui lui revenait? On conçoit que l'Allemagne, où subsistent, en dépit de l'union sacrée, les divergences politiques et sociales d'avant la guerre, discute longuement et passionnément cette question capitale pour son avenir tout entier, — question infiniment complexe, qui ne comporte pas seulement les deux solutions radicales de l'*Etat fermé* ou de la *porte ouverte* mais une série à peu près indéfinie de compromis entre les deux tendances antagonistes.

On voit aussi maintenant comment le problème de l'Europe centrale vient se superposer à la question de l'expansion allemande. Dans quelle mesure la constitution d'une Europe centrale est-elle avantageuse ou au contraire dangereuse au point de vue de l'expansion économique de l'Allemagne? Peut-elle faciliter à l'Allemagne cette autarchie économique à laquelle il lui est à peu près impossible de parvenir si elle reste confinée dans ses limites de 1871? Ne risque-t-elle pas, d'autre part, de mettre en péril l'exportation allemande et d'accroître le danger de l'encerclement après la guerre? L'examen de ces questions va faire l'objet du livre suivant.

1. C'est le titre d'une brochure de Lujo Brentano.

LIVRE III

COMMENT ACCORDER L'EUROPE CENTRALE ET L'EXPANSION ALLEMANDE

Nous avons vu comment l'Allemagne tend à la fois et d'un double élan vers l'autarchie économique et vers l'expansion mondiale. Elle s'efforce, d'une part, de se suffire à elle-même dans la mesure du possible et incline en conséquence à protéger par une barrière douanière la production nationale contre la concurrence étrangère. Elle s'applique, d'autre part, à donner la plus grande extension possible à ses échanges, à développer toujours davantage son exportation de produits ouvrés, à accroître ses entreprises à l'étranger, et, par suite, à se maintenir ouverts les marchés mondiaux et à favoriser la diffusion au dehors de l'activité économique allemande. Nous avons à examiner, maintenant, comment se pose, dans ces conditions, la question de l'Europe centrale et plus spécialement du rapprochement austro-allemand.

Nous nous proposons d'abord de voir comment la question se pose dans les diverses parties constitutives de l'Europe centrale et dans quelle mesure l'opinion publique, en Allemagne, en Autriche, en Hongrie, se passionne pour la réalisation d'un grand Empire du

Centre, ou fait des réserves à l'endroit de ce projet au nom du particularisme national.

Nous examinerons après cela le grand obstacle à la réalisation de l'Europe centrale : la diversité fondamentale de la structure économique de l'Allemagne, de l'Autriche et de la Hongrie. Et nous verrons si et comment il est possible de triompher de cette difficulté.

Nous discuterons ensuite les avantages et les inconvénients de l'Europe centrale soit au point de vue de l'autarchie, soit au point de vue de l'expansion économique.

Nous passerons enfin en revue les diverses modalités par lesquelles peut être réalisé le rapprochement économique austro-allemand.

CHAPITRE I

Attitude des nationalités et des partis.

I

Si nous essayons, d'abord, de préciser l'attitude de l'opinion allemande en présence de la conception de l'Europe centrale, nous remarquons qu'elle n'est nullement celle de l'adhésion unanime et enthousiaste.

Assurément la réalisation de l'Europe centrale apporterait, à certains égards, des satisfactions considérables à l'instinct impérialiste allemand. Depuis longtemps les Allemands admettaient que l'*Empire allemand* d'avant la guerre n'était qu'une solution incomplète et provisoire de la question allemande et que, par delà la « Petite-Allemagne » créée par les guerres de 1866 et 1870, il faudrait s'efforcer de réaliser une « Grande-Allemagne » qui s'étendrait partout où florissait la culture allemande, partout où régnait la langue allemande, qui déborderait donc largement les frontières de l'Empire, qui engloberait les vastes groupements allemands restés en dehors de l'Etat allemand, qui considérerait comme siens tous les intérêts allemands politiques et économiques, scientifiques et littéraires, matériels et spirituels, en Allemagne et hors d'Allemagne. Mais cette conception d'une « Grande-Allemagne » restait *nationale*. L'impérialisme allemand tendait à constituer un groupement fondé sur l'unité de race, de culture, de langue. Il ne renonçait pas, certes, à annexer des populations non allemandes, Polonais, Danois ou Alsaciens-Lorrains. Mais pas un instant, il ne songeait à traiter sur pied d'égalité avec les allogènes réfractaires à la domination allemande. Son point de vue restait celui de la germanisation forcée, comme en Alsace-Lorraine, ou celui de la lutte de races, comme en Pologne. Les pangermanistes extrêmes, à la fois très annexionnistes et très nationalistes, n'hésitaient pas à demander que les populations que l'on annexerait à l'Empire agrandi fussent privées, au moins pour un temps assez long, des droits politiques. Dès avant la guerre, J.-L. Reiner p. ex. (1906), exhortait l'Allemagne à fonder un vaste Empire de l'Europe centrale qui engloberait la Belgique, la Hollande, les Etats scandinaves, l'Autriche-Hongrie, la France, ainsi qu'un vaste Empire colonial comprenant l'Amérique du Sud jusqu'à l'Amazone. Mais s'il réclamait, dans cet Empire, le droit de citoyen pour tout individu de race germanique, même non allemand, il refusait expressément ce droit à tous les allogènes slaves ou romands des pays conquis. Certains projets annexionnistes éclos au début de la guerre allaient même plus loin encore et prévoyaient *l'expulsion en masse* des populations non allemandes dans les régions qu'on se proposait d'incorporer à l'Empire. Tant il est vrai que, dans la conception pangermaniste, l'Europe centrale était considérée comme un *Empire national allemand* où l'élément allemand et la culture allemande devraient exercer une domination exclusive et absolue et où les éléments allogènes seraient assimilés, éliminés ou réduits en une demi-servitude.

Certains vont même plus loin encore dans l'exclusivisme. En Allemagne même, il y a, selon eux, un élément dominateur qui est la Prusse. L'Allemagne qui est l'objet de leur culte n'est pas l'Allemagne romantique, rêveuse ou philosophique du début du XIXe siècle, dont le foyer principal se trouvait dans les Etats du Sud, mais *Preussendeutschland*, la Prusse-Allemagne, l'Allemagne imprégnée de l'esprit militariste et impérialiste prussien. L'idéal vers lequel ils tendent c'est le triomphe de l'Allemagne en Europe centrale et de la Prusse en Allemagne. Et ils s'efforcent en conséquence non pas tant d'absorber la Prusse dans l'Allemagne que de maintenir intact dans ses traits essentiels *l'esprit prussien* qui est l'âme même de l'Empire allemand et dont l'affaiblissement ou l'adoucissement serait, à leurs yeux, une calamité nationale.

Pour cet élément nationaliste et conservateur, prussien ou prussianisé, le but de guerre essentiel, dans le conflit mondial présent, est la consolidation de l'Empire allemand par des conquêtes ou, selon la phraséologie consacrée en Allemagne, par l'acquisition de « garanties » à l'Est et à l'Ouest. Si l'on parcourt des journaux comme la *Kreuzzeitung*, la *Deutsche Tageszeitung*, la *Tægliche Rundschau*, si l'on considère les manifestations au Reichstag du parti conservateur et du parti national libéral, si l'on examine les déclarations de puissantes associations comme le *Comité indépendant pour une paix allemande* que préside le professeur Dietrich Schæfer et où se groupent des politiciens, des hommes publics, des intellectuels de tendance nationaliste et conservatrice, si l'on prend le Mémoire des six associations économiques où s'affirmaient, au printemps de 1915, les aspirations des agrariens et des puissants groupements de l'industrie lourde, on constate que leur tendance commune est d'accroître par des conquêtes la puissance et la sécurité de l'Empire allemand. Les annexionnistes font opposition au chancelier v. Bethmann-Hollweg qu'ils accusent de modérantisme et de « sentimentalité ». Ils demandent que l'on stimule l'ardeur guerrière des Allemands en étalant ouvertement, devant l'opinion publique, des buts de guerre somptueux : annexions à l'Est et à l'Ouest ; mainmise sur la Belgique; amélioration de la frontière militaire sur le front russe ; acquisition de bases navales et de point d'appui pour la flotte; constitution d'un vaste empire colonial d'un seul tenant, etc. Ils sont, en général, « orientés vers l'Est », c'est-à-dire que, tout en affirmant hautement l'opposition fondamentale entre le slavisme et le germanisme, ils estiment néanmoins que l'antagonisme entre la Russie et l'Allemagne n'est pas irréductible, qu'il a été artificiellement exaspéré par des erreurs diplomatiques et par les intrigues anglaises, que les deux pays, loin d'être fatalement ennemis, sont au contraire complémentaires au point de vue économique, que la Russie ne trouvera jamais un meilleur client que l'Allemagne pour absorber l'excédent de sa production agricole, ni un meilleur fournisseur pour lui procurer, en échange, à bon compte, les machines et produits ouvrés dont elle a besoin pour son développement industriel ou pour sa consommation. Ils concluent de là à la nécessité pour la politique allemande de réparer les erreurs du passé, de ne pas laisser s'envenimer le différend russo-allemand comme s'est envenimé l'antagonisme franco-allemand, de chercher à dénouer l'intimité contre nature qui unit la Russie à l'Angleterre et de préparer les voies à une réconciliation de la Russie et de l'Allemagne. Ils insistent, en revanche, sur l'antagonisme irréductible qui sépare l'Allemagne non pas seulement de l'Angleterre, mais d'une façon plus générale des peuples anglo-saxons. Ils combattent avec acharnement, en Allemagne, les groupements libéraux dont la tendance avouée ou secrète va à renouer le plus rapidement possible, après la guerre, les relations commerciales avec l'Angleterre et l'Amérique. C'est eux qui ont réclamé et finalement obtenu la guerre sous-marine à outrance, en dépit du risque qu'elle comportait de la rupture avec les Etats-Unis. C'est eux qui s'opposent avec le plus d'âpreté à une paix par compromis sur la base du *statu quo*, qui priverait l'Allemagne des « garanties » propres à assurer sa sécurité, qui ne lui donnerait pas l'accroissement de puissance indispensable à son expansion future et la frustrerait de l'indemnité de guerre nécessaire à son prompt relèvement économique.

Les représentants de cette tendance sont très loin de repousser l'idée d'une Europe centrale. L'alliance austro-allemande n'a pas, en effet, de plus chauds partisans qu'eux. Ils ne demandent donc pas mieux que de la voir subsister et même se resserrer après la guerre. Ils se rendent compte, en outre, qu'une intimité plus étroite entre les deux Empires est la meilleure façon d'assurer en Autriche la prépondérance fort menacée de l'élément allemand et de maintenir dans l'orbite du germanisme des éléments allogènes, Magyars, Tchèques, Slaves, Italiens, etc., qui, autrement, risqueraient d'aller renforcer des groupements rivaux. Ils conçoivent fort bien les avantages d'une combinaison qui réaliserait l'hégémonie germanique sur l'immense domaine allant de la mer du Nord au golfe Persique. Mais ils ne peuvent se dissimuler en revanche que la réalisation de ce plan impliquerait de leur part des renoncements assez douloureux.

Les promoteurs de l'idée de l'Europe centrale ne font pas mystère que si les Allemands veulent atteindre le but poursuivi, ils doivent renoncer à l'idée d'une expansion nationale et ethnique du germanisme. Il ne s'agit plus de lutter pour la réalisation de la « Grande-Allemagne » ni pour le triomphe de la « culture germanique ». Dès l'instant où l'on veut créer une *Europe centrale* dont le lien serait non plus la communauté de langue, de race, de culture, mais une *organisation économique et sociale*, une *administration commune*, il devient impossible d'afficher de semblables prétentions. Le premier devoir de l'Allemagne est, désormais, de rassurer ses associés en leur montrant qu'elle ne songe pas à les asservir, qu'elle est résolue, au contraire, à respecter leur individualité propre. Il faudra que l'Allemand apprenne un art qu'il a été jusqu'à présent très malhabile à pratiquer — qu'on voie plutôt ses insuccès notoires en Alsace-Lorraine et en Pologne : l'art de ménager les populations allogènes, de leur accorder les libertés nécessaires pour qu'elles ne se révoltent pas contre le pouvoir central qui les dirige, l'art de les amener à consentir les sacrifices indispensables au maintien de l'union, sans les inquiéter au sujet du maintien de leur personnalité historique et ethnique. La création de l'Europe centrale a pour corollaire immédiat le renoncement sincère aux ambitions pangermanistes, au prosélytisme germanique. La grande firme nouvelle que l'on veut mettre sur pied a bien comme noyau principal l'Allemagne. Mais elle a pour raison sociale non plus *Germanie*, mais *Germanie et Cie*. Et il ne faut pas que les associés étrangers se sentent traités en frères inférieurs et éprouvent la tentation de dénoncer le contrat d'association.

La prédication de l'Europe centrale devient ainsi, pour certains, une sorte d'apostolat moral. On sait que Gœthe, dans son *Faust* et dans son *Wilhelm Meister*, a prêché la morale du renoncement et de la victoire sur soi-même, qu'il a montré les sacrifices matériels et spirituels de toute sorte auxquels l'*individu* devait se plier pour atteindre à l'*humanité* véritable et devenir enfin un citoyen utile. Dans *Wilhelm Meister*, l'aristocratie de mérite se constitue en une société de « Renonçants » qui s'imposent volontairement les privations par lesquelles il faut que l'homme passe pour obtenir la maîtrise de soi, et elle s'unit finalement en une « Association » qui se donne pour tâche la création de la société rationnelle. Les partisans de l'Europe centrale estiment que la doctrine qu'ils prêchent est, au fond, identique à cette morale gœthéenne des renoncements nécessaires. La contrainte que chacun exerce sur soi-même pour s'adapter au Tout, l'abdication graduelle de l'égoïsme individualiste au profit du bien commun, l'effort pour adoucir, en vue d'une harmonie supérieure des nationalités, l'intransigeance de l'instinct germanique national, toutes ces tendances de l'européanisme proviennent au fond de la même source que la religion classique de la limitation. Le fervent de l'Europe centrale est une sorte d'ascète qui, après avoir plié son individualisme natif à la discipline de l'effort *national* vers la puissance et la richesse, opère sur son germanisme originel les retranchements nécessaires pour rendre possible la coopération de *plusieurs* nations à une mission supra-germanique plus vaste et plus haute.

Et cet idéal, sans doute, n'est pas absolument inconciliable avec la conception pangermaniste. Les partisans de l'Europe centrale revendiquent eux aussi une

« primauté », dans le groupement futur, pour l'Allemagne et la culture allemande. Jusqu'à un certain point, les pangermanistes peuvent donc envisager la réalisation de l'Europe centrale comme un triomphe de leurs ambitions. D'autre part, les conservateurs concilient fort bien leur impérialisme conquérant avec un certain particularisme. Loin d'être des apologistes de la centralisation à outrance, ils insistent au contraire à tout instant sur le caractère *fédératif* de l'Empire, sur la nécessité qu'il y a à laisser, dans le cadre de l'Empire, la plus grande autonomie possible aux Etats particuliers. Ils ne repoussent donc nullement en principe l'idée d'un grand Empire dont les diverses parties conserveraient une indépendance relative. — Mais on voit fort bien, en revanche, que la mentalité du pangermaniste et celle du partisan de l'Europe centrale sont, sur des points essentiels, nettement divergentes. Chez le premier prédomine le particularisme allemand ou même prussien, l'intérêt pour la grandeur de la patrie allemande, pour le maintien et le développement de la culture allemande, voire même une certaine défiance à l'égard de tout internationalisme, une répugnance pour le cosmopolitisme qui tend à atténuer les traits distinctifs d'une race ou d'un peuple. Chez le second l'esprit européen subsiste à côté du sentiment national ; il tend à subordonner le patriotisme spécifiquement allemand et surtout le particularisme prussien à un patriotisme plus large et plus tolérant.

Il résulte de là que la conception de l'Europe centrale a quelque chose d'ambigu qui contribue à sa diffusion, mais qui lui ôte en même temps un peu de sa force. Elle est acceptable pour le nationaliste conservateur comme pour le démocrate internationaliste. Seulement elle est, pour l'un, une extension de la

Grande-Allemagne, pour l'autre, une étape vers les Etats-Unis d'Europe. L'un insiste sur son caractère *allemand* et refuse délibérément de subordonner les intérêts particuliers de l'Allemagne aux intérêts de l'Europe centrale. L'autre met en relief son aspect international et fédératif et somme le particularisme allemand ou surtout prussien d'abdiquer tout égoïsme excessif et de consentir, en faveur de la collectivité, les sacrifices nécessaires. Il est donc, dans la pratique, fort difficile de s'entendre dès qu'il s'agit de donner à l'Europe centrale une forme concrète et précise. Car le conservateur pangermaniste de tendance prussienne ne veut rien savoir de l'Europe centrale telle que la rêvent les démocrates de tendance internationaliste. Et ceux-ci, à leur tour, s'élèvent de façon plus ou moins intransigeante contre les appétits de conquête des partis « nationaux » dans lesquels ils voient un danger capital pour le présent comme pour l'avenir et répudient avec plus ou moins de netteté le germanisme exclusif et agressif qui leur paraît incompatible avec la mission européenne et mondiale que doit, selon eux, poursuivre l'Allemagne.

Et tandis que l'Europe centrale est critiquée par certains comme une concession à l'internationalisme et par d'autres comme un reniement de l'internationalisme, d'autres encore la considèrent avec scepticisme en se plaçant au point de vue de l'intérêt économique allemand. Dans les milieux industriels et commerçants on se demande assez souvent s'il est vraiment avantageux pour l'Allemagne de lier partie avec un Etat rétrograde comme l'Autriche-Hongrie, qui, au point de vue politique comme au point de vue économique est, comme nous le verrons plus en détail tout à l'heure, *en retard* sur l'Allemagne. On calcule que l'alliance avec l'Autriche-Hongrie serait une force nouvelle donnée à toutes les tendances réactionnaires. On verrait de nouveau les intérêts agrariens prévaloir sur les intérêts industriels; ce serait, pour des années, le triomphe du protectionnisme; ce serait un retard de plus apporté à l'expansion mondiale de l'industrie allemande. L'Europe centrale serait sans aucun doute moins *moderne*, au point de vue économique, que l'Empire allemand. Il faut ajouter à cela que l'industriel et l'ouvrier allemand redoutent la concurrence possible d'un pays où la main-d'œuvre est à bon marché et se demandent si la fusion ne risquerait pas d'amener une diminution des salaires et une baisse du niveau général de l'existence pour la classe ouvrière allemande. Il est assez naturel que, dans ces milieux, on manque d'enthousiasme pour l'Europe centrale. On comprend fort bien l'intérêt que peut avoir l'Autriche, au lendemain de la crise mondiale dont elle sortira terriblement ébranlée et affaiblie, à se cramponner à l'Allemagne comme à une planche de salut. On voit moins bien l'intérêt que peut avoir l'Allemagne à s'encombrer d'une alliée fort mal en point, qui ne lui apporterait aucune force nouvelle mais qu'elle serait condamnée à traîner derrière elle, pendant des années, comme un poids mort.

II

Du côté autrichien le projet de l'Europe centrale a, comme il est naturel, ses partisans les plus enthousiastes parmi les Allemands d'Autriche.

Ils font valoir, d'abord les motifs politiques très puissants qui poussent l'un vers l'autre les Empires du Centre. L'Autriche-Hongrie, par suite de son caractère composite, est exposée, plus que d'autres pays, à des tendances séparatistes qui peuvent mettre en péril son unité, voire même son existence. Pour subsister, elle a besoin de pouvoir s'appuyer sur un allié fort et cet allié elle ne peut le trouver que dans l'Allemagne. De son côté l'Allemagne a besoin pour réaliser pleinement les virtualités qu'elle porte en elle, d'une base territoriale supérieure à l'Empire actuel. C'est pour cela que, depuis un quart de siècle toute la politique allemande est orientée dans le sens de la *conservation* de l'Autriche-Hongrie et de la Turquie et de la constitution d'une sphère d'influence politique et d'un champ d'action économique *relié par terre* à l'Allemagne. Tout domaine colonial reste en effet précaire pour l'Allemagne tant que l'Angleterre reste maîtresse des mers et peut couper la métropole de ses possessions d'outre-mer. Or l'Autriche-Hongrie est le seul pays en qui l'Allemagne puisse trouver une alliée vraiment sûre. Elle y possède en effet une base d'influence solide qu'elle ne trouverait ni en Russie, ni en France : celle des 10 millions d'Allemands qui vivent en Autriche-Hongrie. Sans doute le germanisme n'est pas *dominant* dans la monarchie dualiste. Son influence est faible en Hongrie où les Magyars accaparent le pouvoir politique. En Autriche même il doit compter avec des influences slaves puissantes et qui ont maintes fois mis en péril l'existence même de la monarchie. Mais la guerre a montré tout à la fois l'impuissance de l'agitation panslaviste aussi la nécessité vitale qu'il y avait pour la double monarchie à être régie par une administration *centraliste* à noyau *allemand*. Ainsi l'alliance austro-allemande garantit à l'Allemagne la fidélité de sa seule alliée naturelle ; à l'Autriche-Hongrie, l'hégémonie *nécessaire* de l'élément germanique en Cisleithanie. Et c'est pourquoi elle est réclamée avec une ardeur enthousiaste par les Allemands d'Autriche. La guerre, disent-ils, a sorti la double monarchie de l'état de misère politique où elle se débattait. La vie commune dans les tranchées a cimenté l'union des nationalités naguère en perpétuel conflit et rapproché les Allemands d'Empire des Allemands d'Autriche. On a appris à se connaître et à s'estimer. Les Autrichiens, naguère hypnotisés par leurs mesquines querelles intérieures, ont vu s'ouvrir devant eux les vastes horizons de la politique mondiale. Ils ont senti l'importance de l'État qu'ils méconnaissaient jadis dans leurs conflits. A aucun prix il ne faut, au jour de la paix, retomber dans la condition ancienne, reprendre les luttes déplorables des nationalités les unes contre les autres. Pour cela l'union intime avec l'Allemagne est nécessaire. Elle seule peut favoriser cette rénovation interne de l'Autriche que tous les patriotes appellent de leurs vœux et qui est la condition essentielle du relèvement de la double monarchie après la guerre.

L'entente austro-allemande apparaît, d'autre part, comme la condition préalable de la solution du problème oriental dans un sens favorable aux Empires du Centre.

Chacun sait que le but — avoué ou inavoué — de la politique allemande depuis de longues années, c'est la création d'un domaine d'influence germanique allant de la mer du Nord jusqu'au golfe Persique. C'est la seule possibilité que voient les dirigeants allemands de sortir de l'encerclement où ils se sentent enserrés et de constituer pour la nation un champ d'action économique d'un seul tenant et à l'abri des atteintes de concurrents envieux. Les plus positifs font observer que le succès immédiat de cette combinaison est douteux, et que la réalisation du Berlin-Bagdad serait une mauvaise affaire si elle devait être achetée au prix d'une diminution de l'exportation mondiale allemande. A quoi les fervents du « Mitteleuropa » répliquent que, en effet, il ne faut pas se laisser éblouir par le mirage oriental, que les résultats peuvent sembler médiocres de prime abord, mais qu'il est impossible de préparer par une autre voie un avenir *assuré* à l'Allemagne, et que, par conséquent, il faut éviter avec soin de se laisser fermer les issues. Pour le présent : il faut s'attendre à une ère de guerre commerciale où, par tous les procédés du mercantilisme d'autrefois, les ennemis de l'Allemagne s'efforceront de l'empêcher de se ravitailler en matières premières. Elle n'est sûre d'en obtenir que des peuples politiquement alliés avec elle. De là l'importance très actuelle qu'elle attache à juste titre à faire rentrer dans sa sphère d'influence politique une région où l'on peut trouver du blé, du maïs, des bœufs, des moutons, de la laine, du coton, du pétrole, du cuivre. Il faut compter qu'après la guerre la haine et l'envie des Alliés pourront fermer brutalement à l'Allemagne une série de marchés importants. Il y a des chances pour que, pendant un temps assez long, les amitiés politiques et les amitiés économiques aillent de pair. Il est donc *utile* pour l'Allemagne de prolonger son influence à travers les Balkans jusqu'en Turquie et en Orient. L'Allemagne *peut* être, pour les Balkans, un acheteur important de produits agricoles et elle a intérêt à les acheter *de préférence* là, puisqu'elle n'a pas de colonies à elle. Elle est en situation de s'attacher la Bulgarie qui est la porte de Constantinople et de l'Asie Mineure. Elle peut gagner la Grèce en l'associant au commerce oriental, puisque Salonique et Athènes sont sur la ligne droite qui va de Berlin ou Hambourg à Suez.

Les ambitions orientales de l'Allemagne ne sont donc pas une simple chimère.

Et pour l'Autriche-Hongrie, d'autre part, l'entente avec l'Allemagne ouvre la possibilité de régler ses rapports commerciaux avec les Balkans. Ce règlement a jusqu'à présent toujours été très laborieux pour une cause toute naturelle. L'Autriche-Hongrie n'est plus un pays exclusivement agricole mais elle n'est pas encore un pays de grande industrie. Elle n'a pas à exporter de matières premières qu'on soit *forcé* de lui acheter. Elle tend donc à *protéger* son agriculture et n'achète que très peu de produits agricoles. Elle se trouve donc en très mauvaise posture pour négocier des accords commerciaux avec les pays balkaniques qui ont à placer de gros excédents de produits agricoles. De là la diminution des exportations austro-hongroises en Serbie; de là l'état de guerre commerciale où elle se trouve périodiquement soit avec la Serbie, soit avec la Roumanie. L'Autriche-Hongrie, inférieure à l'Allemagne au point de vue du commerce mondial, estime néanmoins que sa situation géographique lui confère une sorte de droit à fournir aux peuples balkaniques les produits industriels dont ceux-ci ont besoin. Or même sur ce domaine « réservé » elle a dû constater les succès croissants de l'exportation allemande. Les Allemands ont étudié des combinaisons qui leur permettent d'assurer le transport par mer de leurs marchandises, depuis Anvers, dans des conditions de bon marché telles qu'elles peuvent rivaliser victorieusement avec les produits austro-hongrois.

Les Autrichiens, qui sont obligés de veiller avec soin sur leur exportation afin de ne pas laisser s'accroître leur émigration, considèrent dès lors les Allemands avec « un mélange d'estime, d'envie et de rancune ». Or si une entente se noue entre les Empires du Centre, tout s'arrange aussitôt. L'Europe centrale devient gros importateur de produits alimentaires et gros exportateur de produits industriels. Elle peut sans aucun dommage absorber tout l'excédent agricole des Balkans et l'Allemagne peut, par des conventions commerciales, garantir à l'industrie austro-hongroise une situation privilégiée sur le marché balkanique, au lieu de s'engager dans une guerre de tarifs qui risque de devenir ruineuse pour tout le monde.

Et ce ne sont pas seulement des considérations politiques, mais aussi des considérations économiques qui poussent l'Autriche à rechercher une union plus intime avec l'Allemagne. L'Autriche va avoir, après la guerre, à supporter des charges énormes et qui seront d'autant plus accablantes qu'elles pèseront sur un plus petit nombre d'épaules. Pour pouvoir les porter sans en être écrasée, il faut qu'elle travaille plus et de façon plus productive. Or cela n'est réalisable que par la constitution d'une vaste base économique qui rende possible l'intensification de la production. L'Autriche-Hongrie a dû, pendant la guerre, accroître considérablement sa dette extérieure pour se procurer les vivres et le matériel de guerre nécessaires, et elle devra l'accroître encore après la guerre pour assurer à son industrie les matières premières dont elle ne peut se passer. Pour compenser ces dépenses inévitables qui ont fait baisser dans des proportions inquiétantes le change autrichien, elle n'a qu'un moyen : exporter des marchandises. Et pour cela l'union avec l'Allemagne est indispensable. L'extension du marché intérieur qui résulterait de cette fusion permettrait en effet une meilleure division du travail et une spécialisation industrielle plus rationnelle. Elle serait profitable aux industries actuellement déjà prospères en Autriche, agriculture, industrie du bois, industrie électrique (exploitation des forces hydrauliques des Alpes), industrie céramique et industrie du verre, industrie d'art diverses, etc. Elle permettrait en outre de créer en Autriche des spécialités qui, dans l'état actuel des choses, ne pourraient pas s'y développer faute d'une clientèle suffisante. L'Allemagne, d'autre part, où l'esprit d'entreprise est plus développé qu'en Autriche, saurait sans aucun doute tirer meilleur parti encore que son associée de l'extension du marché. Ceci d'autant plus que l'industrie autrichienne n'est, dans aucune branche, assez puissante pour que l'entente économique risque de provoquer la surproduction comme ce serait le cas, pour l'industrie textile par exemple, si l'Allemagne s'annexait les districts industriels de la Pologne russe.

Le rapprochement économique, en dépit de la supériorité manifeste de l'Allemagne, doit, tout compte fait, profiter aussi à l'Autriche.

Au point de vue agricole, d'abord, les deux pays sont, comme nous le verrons tout à l'heure avec plus de détail, complémentaires plutôt que concurrents. L'Allemagne a besoin d'un supplément important de produits agricoles que l'Autriche-Hongrie pourrait arriver à lui fournir le jour où elle aurait réussi, par une culture plus rationnelle, à améliorer le rendement de ses terres. L'Allemagne n'a d'ailleurs pas à craindre de voir ses produits agricoles dépréciés par la concurrence austro-hongroise. L'Europe centrale, même en y comprenant les Balkans resterait en effet, pour un temps très long en tout cas, un pays d'*importation* au point de vue alimentaire. Il n'y a donc pas de risque qu'une entente économique avec l'Autriche-Hongrie fasse baisser les prix, puisque celle-ci est incapable de satisfaire à elle seule les besoins existants. Au point de vue industriel, d'autre part, l'Autriche-Hongrie, qui a un intérêt vital à accroître ses échanges avec l'Allemagne, ne peut que gagner à un rapprochement. L'impression qui dominait, en mars 1915, à la Conférence de Berlin entre les industriels allemands et austro-hongrois et que reflètent aussi nombre de publications autrichiennes, c'est que l'industrie autrichienne a besoin, pour se développer, d'être stimulée par une concurrence un peu âpre. Ce qui lui a fait défaut, c'était l'énergie, l'application au travail qui sont choses usuelles en Allemagne. Loin d'écarter l'importation allemande, il conviendrait donc plutôt de la faciliter. L'industrie autrichienne, qui est surtout une industrie de produits *finis*, a besoin de trouver à bon compte soit les matières premières, soit le mi-ouvré. Son intérêt bien entendu lui conseille donc de ne pas fermer son marché à l'Allemagne. La concurrence de la grosse industrie allemande aura pour effet de briser en Autriche le monopole de fait des grands cartels, notamment du cartel du fer[1], qui maintenaient à une hauteur ruineuse le prix des chemins de fer, des maisons, des fabriques, et entravaient par suite l'effort industriel du pays. De même la concurrence des banques allemandes libérera le monde des affaires de la domination des grands banquiers autrichiens et permettra aux industriels d'obtenir du crédit ou des capitaux en plus grande abondance et à meilleur compte. L'intérêt de l'Autriche lui commande, au total, d'accepter courageusement la concurrence

1. Le cartel autrichien du fer est dissous depuis le 1er janvier 1917.

allemande et de renoncer à un nationalisme protectionniste étroit qui renchérit inutilement l'existence pour elle, lui impose une foule de dépenses improductives et paralyse son essor économique.

Il va de soi, d'ailleurs, que si des voix assez nombreuses s'élèvent en Autriche pour réclamer ou l'union économique complète avec l'Allemagne ou une association intime, d'autres, nombreuses et influentes aussi, se font entendre, qui signalent les dangers de ce mariage trop inégal. L'enthousiasme pour l'Europe centrale se rencontre, disent les sceptiques, plutôt parmi les théoriciens et les intellectuels que parmi les hommes d'affaires, plutôt dans la classe moyenne que parmi les dirigeants du mouvement économique. Ceux qui se sont bien trouvés de l'ancien régime, ceux qui ont prospéré ou même simplement végété de façon honorable en appliquant le principe « vendre peu et cher » — et ils sont nombreux en Autriche où un certain romantisme conservateur et vaguement pessimiste est fort répandu — se montrent beaucoup plus réservés. Ils se rendent fort bien compte que le rapprochement politique aurait pour conséquence à peu près inévitable une mise en tutelle politique et économique de l'Autriche ou en tout cas un amoindrissement marqué de son indépendance. Ils disent que l'Allemagne, ayant perdu ses colonies d'outre-mer, cherche à se dédommager en utilisant l'Autriche-Hongrie comme une colonie qu'elle aurait à ses portes. Ils appréhendent en outre, ce rythme accéléré du travail qui est caractéristique pour l'Allemagne moderne et se soucient peu de le voir appliqué en Autriche. Surtout ils redoutent un effondrement de l'industrie austro-hongroise qui, dans bien des branches, est notoirement incapable d'affronter la rude concurrence allemande. La spécialisation industrielle, disent-ils, est un beau programme et fait très bien sur le papier. Dans la réalité elle ne peut se produire que petit à petit, en période calme, par progrès successifs et non dans une période de crise intense où chacun, la paix revenue, s'efforcera de trouver à tout prix n'importe quel travail. Une expérience tentée dans ces conditions risquerait d'amener la mort de l'industrie autrichienne avant qu'elle fût en état de se spécialiser utilement. Ou bien encore elle pourrait aboutir à ce résultat, c'est que les grandes industries, celles du fer, des machines, etc., — qui constituent en quelque sorte l'ossature industrielle d'un pays et sont pour lui une nécessité vitale comme l'a montré l'expérience de la guerre — émigreraient en Allemagne, tandis que l'Autriche se spécialiserait dans des industries de luxe, d'agrément ou d'art. Bref les praticiens autrichiens demeurent sceptiques : ils se moquent des gens « sans salle de machines, ni cheminée d'usine » qui sont prompts à l'enthousiasme parce qu'ils n'ont pas grand'chose à risquer et ne portent pas de responsabilités. Ils traitent avec ironie les « maîtres d'école et gynécologues » qui votent des résolutions en faveur de l'union douanière! Et ils estiment, au total, que tout finira par un bon traité de commerce et par des réformes partielles qui faciliteront les relations entre les deux pays sans les lier trop indiscrètement l'un à l'autre. Qui l'emportera en définitive, des « idéalistes » germanophiles qui rêvent une régénération de l'Autriche par la cure radicale de l'union avec l'Allemagne ou des « réalistes » plus défiants des innovations et plus attachés au particularisme autrichien? Il est manifeste que l'issue de la guerre exercera sans doute une action décisive dans un sens ou dans l'autre, en sorte qu'il serait parfaitement vain, à l'heure qu'il est de vouloir établir un pronostic.

III

Si les Allemands d'une part, les Autrichiens de l'autre, font valoir contre le rapprochement économique austro-allemand des objections assez graves, les Hongrois lui témoignent en général une hostilité à peine déguisée.

On sait la force élémentaire que revêt chez les Magyars le besoin d'indépendance. Ce peuple « étonnamment moderne, ambitieux, capable, orgueilleux, dominateur et politique, obstiné surtout dans ses instincts nationaux »[1], qui a résisté d'abord pendant des siècles à l'oppression turque, qui ensuite, ayant été délivré par les Allemands, a tourné sa force de résistance contre ses « libérateurs » et a réussi à s'émanciper définitivement de leur domination à la faveur de la guerre de 1866, est parfaitement décidé à maintenir à tout prix l'autonomie qu'il a conquise et à la développer largement tant au point de vue politique qu'au point de vue économique. Non seulement il n'est pas disposé à sacrifier quoi que ce soit de son indépendance présente, mais il estime qu'elle n'est pas encore assez complète et il aspire à desserrer encore à certains égards des liens déjà fort lâches qui l'unissent à l'Autriche.

Les Magyars, en effet, qui au point de vue politique ont obtenu, pour l'essentiel, l'autonomie qu'ils souhaitent, trouvent que, au point de vue économique, ils sont encore dans un état de fâcheuse dépendance. On sait que la Hongrie est un pays à peu près exclusivement agricole où les trois quarts de la population

1. NAUMANN, *Mitteleuropa*, p. 84.

étaient adonnés à l'agriculture en 1890 et où les deux tiers le sont encore aujourd'hui. L'industrie y était jusqu'à ces derniers temps fort peu avancée. Or, les Hongrois sont décidés à se libérer aussi à ce point de vue de la dépendance vis-à-vis de l'étranger. Et ils ne sont appliqués à créer de toutes pièces une industrie nationale. Mais pour lui assurer une protection qui faciliterait son développement, les Hongrois réclament depuis longtemps déjà la rupture de l'union douanière avec l'Autriche et l'établissement de tarifs protecteurs contre l'industrie autrichienne. L'union douanière étant consacrée par le Compromis de 1867 qui est renouvelé tous les dix ans, l'agitation en faveur de l'indépendance douanière de la Hongrie se reproduit périodiquement et augmente sans cesse d'intensité. Un de ses partisans, le Dr Béla Rajnik, a même pu dire récemment (1916) que *tous* les économistes hongrois étaient en réalité d'accord pour réclamer l'indépendance économique, et qu'ils se séparaient seulement sur la question de l'opportunité d'une séparation *immédiate*. Du côté autrichien on proteste avec la plus grande énergie contre la séparation qu'on juge désastreuse au point de vue de l'unité nationale. Le gouvernement hongrois, d'autre part, qui est partisan du renouvellement du Compromis, paraît d'ores et déjà résigné à l'ajournement de la séparation, le Compromis n'étant possible, pour l'instant au moins, que sous le régime de l'union douanière. Les aspirations autonomistes hongroises ont donc peu de chance d'obtenir immédiatement satisfaction. Elles ont continué néanmoins à se manifester avec énergie. L'établissement de droits de douane hongrois a été réclamé par les industriels hongrois aux congrès récents qui se sont occupés du rapprochement économique austro-allemand. Même les agrariens hongrois naguère hostiles à l'établissement d'une barrière douanière qui risque de rendre plus difficiles leurs exportations, ont été ébranlés et l'on a vu au congrès du *Mitteleuropæischer Wirtschaftsverband* tenu à Berlin en août 1915, un des chefs du mouvement agrarien déclarer que l'essentiel était de favoriser le développement du pouvoir d'achat de la population et qu'il se ralliait dans ces conditions à l'idée d'un tarif protecteur pour l'industrie hongroise.

Les économistes autrichiens combattent vigoureusement les tendances séparatistes des Hongrois. Ils font valoir que l'établissement d'un droit de douane hongrois frappant l'industrie autrichienne aurait pour conséquence nécessaire, l'établissement d'un droit autrichien sur les produits agricoles hongrois. Or, ce droit n'aurait aucune répercussion sur les prix de la vie en Autriche, car le pays peut sans difficultés s'approvisionner *autre part* qu'en Hongrie à des conditions sensiblement identiques. Il causerait donc une perte sèche à l'agriculture hongroise. — Les droits de douane hongrois sur les produits de l'industrie devraient, d'autre part, pour être efficaces, amener une *hausse* de ces produits en Hongrie, puisque c'est précisément pour amener cette hausse que le tarif protecteur aurait été introduit. Ainsi, les agriculteurs et les consommateurs hongrois se verraient également grevés. Le dommage financier serait incontestable. Et cela sans qu'on fût assuré de voir la population s'accroître et l'aisance augmenter. La Hongrie est un pays *essentiellement* agricole. Sur un revenu national net de 6,75 milliards de couronnes, 5 milliards, soit 75 %, proviennent de l'agriculture. Les mines, l'industrie et le commerce n'occupent au total que 13,4 % de la population! Pour soutenir artificiellement une industrie métallurgique et textile placée dans des conditions d'existence défectueuses, sans avenir et, pour une bonne partie, aux mains d'étrangers, la Hongrie sacrifierait, par vanité autonomiste, son avenir certain qui est dans le développement de son agriculture et des industries annexes! C'est là, concluent les économistes autrichiens, une pure folie. Un pays de la taille de la Hongrie ne peut pas se suffire à lui-même sans nuire à son développement. Son intérêt bien entendu lui commande de s'intégrer dans un tout plus vaste dont il deviendrait un élément.

A leur tour, les Hongrois répliquent que leurs produits agricoles n'ont jamais joui d'aucune « protection » sous le régime de l'union douanière austro-hongroise, qu'ils ont toujours vendu leur blé aux cours « mondiaux » sans bénéfice supplémentaire, qu'ils ne seront donc pas embarrassés pour le vendre, à ce cours aussi, sous le régime de la séparation et que les Autrichiens ne commettront pas l'erreur de le frapper d'un droit de douane qui ferait hausser les prix pour eux! — On exhorte les Hongrois, disent-ils, à développer leur agriculture en obtenant de leurs terres un meilleur rendement. Rien de mieux. Mais pourquoi la réforme de l'agriculture hongroise a-t-elle toujours été impossible, sous le régime de l'union douanière, en dépit de tous les efforts faits pour la mettre en train? — Ne serait-ce pas parce qu'un pays agricole doit, s'il veut dépasser un certain niveau de civilisation, devenir *aussi* pays d'industrie? Donc il faut que la Hongrie protège son industrie naissante et la développe. Rien alors n'empêchera que, sous le régime de la séparation, l'agriculture hongroise, devant l'accroissement de la consommation intérieure résultant du progrès industriel et de l'arrêt de l'émigration, parvienne à améliorer ses rendements et fasse le pas en avant qu'elle n'a pu réussir à faire jusqu'à présent pendant l'ère de l'union douanière. Dans ces conditions, nombre de Hongrois insistent malgré tout sur l'indépendance douanière de la Hongrie et de l'Autriche. Et si ces tendances séparatistes n'ont pas prévalu, si, après de longues négociations, le Compromis austro-hongrois a été, au cours de 1917, renouvelé pour une période qui, d'après les derniers renseignements, ne serait pas de vingt ans, comme on l'avait d'abord annoncé, mais seulement d'une année, il est certain que les milieux industriels hongrois acceptant à grand'peine l'union douanière avec l'Autriche, se montrent à plus forte raison très mal disposés pour l'idée d'un rapprochement économique avec l'Allemagne.

Il semblerait à première vue qu'elle dût être plus sympathique aux agrariens hongrois. L'Allemagne, nous l'avons vu, est incapable de produire elle-même les aliments nécessaires à sa consommation et est obligée chaque année d'importer des quantités considérables de céréales, légumes et fourrages. Or, la Hongrie n'est pas seulement en état d'exporter actuellement déjà de notables quantités de produits agricoles : elle pourrait, en perfectionnant ses méthodes de culture, accroître dans des proportions considérables ses rendements à l'hectare, qui sont très faibles par rapport à ceux de l'Allemagne. Alors que, pour le blé par exemple, on récoltait en Allemagne 23,6 quintaux à l'hectare en 1913, le rendement en Hongrie n'atteignait que 12,8; et pourtant on y trouve les terres les plus favorables du monde entier pour les céréales. On a calculé que si l'agriculture austro-hongroise atteignait simplement les mêmes rendements que la Norvège (17,9 quintaux à l'hectare), elle réaliserait un supplément de bénéfices annuel de 800 millions kr., et que si elle obtenait les rendements de l'agriculture allemande, elle accroîtrait sa production en céréales de 9 millions de tonnes (26,9 millions de t. au lieu de 17,9). Naumann estimait que si la seule Hongrie améliorait du tiers ses rendements elle serait en état, non seulement d'alimenter l'Autriche, mais de combler le déficit alimentaire allemand et d'assurer ainsi l'indépendance économique des deux Empires. Il envisageait dès lors la Hongrie comme le siège de la future Centrale des blés de *Mitteleuropa*. Il y avait là, semblait-il, pour la Hongrie, un rôle considérable à jouer et une source de profits assurés en cas de rapprochement économique avec l'Allemagne.

Les Magyars, en fait, ne se sont pas laissé éblouir par ces perspectives. Ils ont calculé, très réalistement, que, pour élever leurs rendements agricoles, il fallait engager des dépenses qui se chiffraient par milliards. Or, avant de se lancer dans une entreprise de cette importance, ils tenaient à savoir si elle « payerait », et s'ils pourraient compter sur l'écoulement *durable* de leur excédent de production en Allemagne. Ils ne se souciaient nullement de faire un effort considérable en pure perte ni de courir le risque de voir au bout de quelques années leur travail cesser d'être lucratif. Or, les dispositions des agrariens allemands n'étaient pas faites pour les rassurer. Ils n'ignoraient pas que ceux-ci ne tenaient nullement à abandonner les tarifs protecteurs qui leur avaient si bien réussi; s'ils ne refusaient pas absolument de les laisser diminuer vis-à-vis de l'Empire voisin, c'était uniquement parce qu'ils considéraient ce dernier comme hors d'état d'acquérir un développement agricole gênant avant de longues années ; ils ne dissimulaient, d'ailleurs, nullement que le rapprochement économique ne servirait de rien. Les propriétaires magyars inféraient de là que les dispositions conciliantes des agrariens allemands prendraient fin dès que ceux-ci pourraient craindre, de la part de l'agriculture hongroise, une concurrence sérieuse. Ils se souvenaient en outre que, en 1905, ils avaient développé leur production de blé et que, dès l'année suivante, le traité de commerce avec l'Allemagne rendait impossible l'exportation de ces blés. Ils constataient aussi que l'Allemagne avait réussi, en faisant jouer l'inspection vétérinaire, à entraver de façon purement artificielle l'importation du bétail hongrois. Tout cela n'était pas fait pour leur donner confiance. A l'égoïsme des agrariens allemands ils opposaient un égoïsme non moins déterminé. Les uns refusaient de renoncer aux bénéfices qu'ils tiraient de la protection agricole. Les autres ne consentaient à devenir fournisseurs de l'Allemagne que si on leur garantissait qu'ils trouveraient dans l'Empire allié un débouché stable et rémunérateur. On voit que, dans ces conditions, un rapprochement austro-allemand se heurtait de la part des Hongrois à une mauvaise volonté assez marquée.

IV

Pour le socialisme, la question du rapprochement économique avait un autre sens que pour les partis bourgeois des diverses nations en cause. Et il a pris position très nettement, notamment dans un congrès qui, au début de 1916, réunissait à Berlin les délégués du socialisme allemand et autrichien, du syndicalisme et des associations de consommateurs.

Les socialistes, explique le rapporteur Renner, se trouvent en présence d'une contradiction assez embarrassante. Ils sont partisans de l'*internationalisme économique*, c'est-à-dire de l'entente complète, intime et durable de tous les peuples entre eux au point de vue des relations commerciales, et ils ne seraient pas embarrassés de trouver la formule de cet accord s'ils possédaient le pouvoir. Seulement ils ne le possèdent pas : il appartient aux partis bourgeois et capitalistes. Dans chaque Etat les socialistes se trouvent ainsi dans une dépendance complète vis-à-vis du capital national, de la vie économique nationale, de telle sorte que la ruine de la bourgeoisie capitaliste ou le ralentissement du commerce national sont aussi une calamité pour le prolétaire qui voit s'avilir pour lui les conditions du travail et s'abaisser le niveau d'existence. Les antagonismes économiques qui se font jour dans le monde impérialiste d'aujourd'hui ne sont pas des antagonismes entre *les peuples* et n'intéressent donc pas, en principe, le prolétariat. Mais il ne peut pas, toutefois, se désintéresser de ces luttes qui ont une répercussion immédiate et directe sur les conditions de son existence matérielle.

Quel jugement devra-t-il dès lors porter sur le phénomène de l'impérialisme moderne qui tend à diviser l'univers en un petit nombre de gigantesques domaines économiques hostiles les uns aux autres et à l'intérieur desquels les participants sont liés par l'octroi de tarifs préférentiels?

Les socialistes, d'abord, considèrent que l'impérialisme est une conséquence nécessaire et normale de l'évolution capitaliste, un aspect de la grande loi de *concentration* qui régit le capitalisme. Elle substitue à la multiplicité des « petits » Etats une oligarchie de vastes groupements d'Etats, tout comme elle tend, dans l'industrie, à substituer à la multiplicité des petites usines concurrentes une oligarchie de puissantes entreprises, de gigantesques « combinaisons », de grands cartels. Sous toutes ses formes le capitalisme demeure fidèle à l'esprit qui l'anime, il maintient dans l'univers la concurrence, l'égoïsme, la haine et doit donc être condamné. Le socialisme tend nécessairement à l'internationalisme et à la socialisation des moyens de production et réprouve donc l'impérialisme comme il réprouve les cartels. Seulement il se trouve en face de ce *fait* que l'impérialisme économique, comme l'organisation des cartels, est un stade nécessaire de l'évolution capitaliste. Ce fait il doit le reconnaître et en tenir compte, sans d'ailleurs l'accepter ni le tenir pour définitif.

Les socialistes, d'autre part, considèrent avec quelque ironie les bourgeois allemands et autrichiens dans leurs perplexités au sujet de l'Europe centrale. Ils veulent la créer et ne veulent pas. Ils sentent bien que, au lendemain de la guerre, leur situation sera très critique et qu'ils ne se tireront d'affaire que par l'entente. Mais au fond de leurs âmes ils sont tous protectionnistes. Chacun voudrait maintenir et si possible renforcer la barrière qui le défend contre son voisin. L'industriel autrichien ne pardonne pas au fabricant allemand de le supplanter dans les Balkans et de le concurrencer jusque sur le marché de Vienne. Et le junker de Transelbie ne pardonne pas au gentilhomme-campagnard magyar un seul des cochons que ce dernier réussit à introduire en Allemagne! Ils se trouvent les uns et les autres dans la situation de fabricants qui se disposent à conclure un cartel. Ce sont des concurrents, dont chacun veut mal de mort au voisin. Et pourtant sous la pression d'une nécessité économique, ils oublient les divergences qui les séparent et concluent un accord.

Aux yeux des socialistes, l'*Europe centrale* selon le cœur de Naumann n'apparaît nullement comme un idéal : ce qu'on médite là n'est pas du *socialisme* mais un *cartel*. Or le cartel n'est pas un idéal socialiste, c'est une forme perfectionnée de l'*exploitation capitaliste*. Mais c'est, tout de même, aussi une forme d'*organisation* qui vaut mieux que la concurrence anarchique. Il en est de même de l'Europe centrale. Ce n'est pas la réalisation de l'Etat socialiste et il n'y a pas lieu de l'accueillir avec des cris d'allégresse. Mais c'est une forme d'organisation économique supérieure à l'individualisme national d'avant la guerre. Le travailleur peut espérer y trouver plus de sécurité dans le présent et de meilleures chances de développement pour l'avenir.

L'union économique de l'Allemagne et de l'Autriche-Hongrie — qui n'est pas seulement dictée par une nécessité de l'heure présente mais qui est aussi une nécessité historique — doit donc être favorisée par les socialistes. Ce n'est pas leur œuvre propre, c'est entendu, puisqu'ils sont internationalistes. Mais l'union des Empires centraux est un premier pas vers l'internationalisme. Et ils ont, dès lors, intérêt à favoriser cette union de toutes leurs forces, à contrôler la bourgeoisie de manière à l'empêcher de déformer cette idée ou de la faire dévier. Il ne faut pas que, comme le souhaitent certains agrariens, les deux Empires laissent subsister entre eux les taxes existantes et s'entourent vis-à-vis de l'étranger d'une barrière douanière exhaussée, plus infranchissable que jamais : l'Europe centrale ne doit pas devenir le bastion du protectionnisme ! Il est indispensable que l'union soit aussi large que possible et il faudra, si possible, y comprendre les Balkans et la Turquie.

Il faut s'opposer aussi à ce que l'on superpose à la question économique une question militaire ou politique, à ce que l'Europe centrale soit conçue comme un vaste camp retranché défendu par une armée unique et gouvernée par un pouvoir unique : l'esprit militariste et centralisateur est incompatible avec l'esprit socialiste. Il est nécessaire, enfin, par-dessus tout, que le rapprochement économique ne s'allie pas à des tendances nationalistes : le jour où, comme le veulent les impérialistes fanatiques ou les pangermanistes exaltés, l'Europe centrale apparaîtrait comme la réalisation de l'hégémonie politique allemande ou comme le triomphe de la langue et de la culture allemandes, l'idée serait ruinée, notamment en Autriche-Hongrie, où le respect des nationalités est la condition fondamentale de l'Etat. Il ne faut pas, au total, que l'Europe centrale soit une création de l'esprit nationaliste et impérialiste, mais qu'elle naisse d'une association spontanée entre des peuples libres et égaux.

Jusqu'où peut aller la coopération entre socialistes et bourgeois en vue de la réalisation de l'Europe centrale? Le socialisme doit-il exiger l'union douanière *absolue* entre l'Allemagne et l'Autriche-Hongrie, éventuellement aussi le Balkan et la Turquie? Peut-il au contraire tolérer le maintien d'une barrière douanière entre les deux Empires? Peut-il admettre des tarifs préférentiels entre les participants de l'Europe centrale? Sur ces points des divergences très manifestes apparaissent au sein du parti. Les socialistes majoritaires insistent sur la nécessité d'une certaine coopération avec les partis bourgeois, sur la stérilité d'une politique de négation pure et simple, d'intransigeance absolue, sur l'opportunité qu'il y a pour le socialisme de prendre part à l'œuvre de l'union économique et de la contrôler. L'aile droite du parti va, comme on sait, très loin dans l'opportunisme : elle accepte le protectionnisme comme elle reconnaît la solidarité entre la bourgeoisie capitaliste et le prolétariat, et elle s'associe à la campagne en faveur de l'Europe centrale comme elle préconise le vote des crédits de guerre, le maintien de la puissance militaire allemande ou la réconciliation avec la Russie. Les minoritaires au contraire se montrent beaucoup plus défiants. Ils repoussent la collaboration avec les partis bourgeois. Ils voient dans le projet de l'Europe centrale un piège. Comme, selon eux, la probabilité d'une paix sans décision militaire s'accroît sans cesse et que, sans la victoire finale, il ne peut être question ni d'annexions ni d'indemnité de guerre, les dirigeants allemands présentent l'union austro-allemande comme un dédommagement à offrir à l'opinion publique, au lieu des conquêtes promises. Or le socialisme ne doit pas mordre à cet appât grossier. Il ne doit pas aider la bourgeoisie à atteindre ses « buts de guerre », pas plus au point de vue économique qu'au point de vue politique. Il n'a pas le droit, surtout, de faire des concessions au protectionnisme, de laisser mettre des impôts sur les denrées de consommation populaire ou sur les transports, et de compromettre ainsi les intérêts des travailleurs.

***

On voit, en définitive, les forces considérables qui, dans les deux Empires, travaillent à l'union économique austro-allemande. L'Europe centrale n'est pas seulement voulue par des économistes convaincus de la nécessité d'accroître la base territoriale de la puissance allemande et par des hommes d'affaires soucieux d'étendre le domaine de leurs opérations ou désireux de se rattacher à un organisme économique plus vaste et plus vivant. Elle donne satisfaction aussi à des aspirations d'un caractère plus idéaliste. Elle plaît aux partisans d'une Grande-Allemagne qui engloberait l'Autriche dans ses limites; aux romantiques qui rêvent de la restauration du Saint-Empire; aux pangermanistes avides d'étendre l'hégémonie allemande; aux impérialistes qui y voient la possibilité de constituer un groupement germanique équivalent aux grands groupements mondiaux anglais, américains ou slaves; aux démocrates qui y voient un Etat supra-national où s'atténueraient les antagonismes nationaux et les défiances particularistes; aux socialistes majoritaires qui tiennent l'Europe centrale pour un acheminement vers l'internationationalisme et le libre-échange. Elle n'est guère combattue que par les extrêmes de droite et de gauche, les uns au nom d'un particularisme résolument allemand ou prussien, autrichien ou magyar et de convictions protectionnistes intransigeantes, les autres en vertu de leur hostilité irréductible à tout impérialisme et parce qu'elle est à leurs yeux une conception trop nationaliste encore et trop capitaliste. Ces éléments « radicaux » forment, dans les deux Empires, une minorité assez remuante et bruyante mais dont l'opposition ne saurait prévaloir contre la masse imposante de ceux qui, en Allemagne comme en Autriche-Hongrie, voient dans l'Europe centrale l'un des buts de guerre essentiels auxquels doit tendre à l'heure présente le germanisme menacé dans son expansion légitime par le « monde d'ennemis » et d'envieux qui s'est ligué pour l'étouffer.

CHAPITRE II

Le contraste économique entre l'Allemagne et l'Autriche-Hongrie.

Ce ne sont pas seulement les rivalités nationales qui font obstacle à la constitution d'une Europe centrale. Les difficultés d'ordre économique ne sont pas moindres que les difficultés politiques. Si nous considérons les deux Empires qui constituent le noyau solide de l'Europe centrale, l'Allemagne et l'Autriche-Hongrie, elles apparaissent aussitôt. On reconnaît du premier coup d'œil l'extrême contraste qui existe, au point de vue économique, entre les deux pays : ils ne sont pas au même stade de l'évolution. L'Allemagne est l'un des pays où le capitalisme a atteint son développement le plus complet, où l'industrie est la plus avancée, où l'organisation est la plus parfaite. L'Autriche-Hongrie est manifestement en retard sur elle à presque tous les points de vue : on y est bien plus près du système patriarcal, de la mentalité romantique. Entre ces deux organismes économiques si disparates est-il possible d'instituer une coopération efficace? Si l'on essaye de les associer, la fusion n'aura-t-elle pas des effets fâcheux soit pour le plus puissant qui se trouvera retardé dans son expansion, soit pour le plus faible qui se trouvera écrasé par la concurrence et hors d'état de marcher à la même allure que son compagnon? Tel est le problème qui se pose.

Notons de façon précise les symptômes matériels par lesquels se manifeste cette disparité fondamentale que nous constatons entre les deux Empires alliés.

Il est certain d'abord qu'au point de vue de la situation géographique et des richesses naturelles, l'Allemagne avec ses larges débouchés sur la mer, ses belles voies fluviales, son riche sous-sol est naturellement avantagée par rapport à l'Autriche-Hongrie. Cette dernière manque de charbon et possède peu de minerais, puisqu'elle en extrait seulement pour une valeur de 446 millions de mk par an, alors que l'Allemagne en produit pour 2.086 millions de mk. Il ne faudrait pas conclure de là, toutefois, que l'Autriche-Hongrie soit un pays déshérité de la nature et voué irrémédiablement à l'infériorité. A l'encontre du pessimisme de certains économistes, divers auteurs assurent que la monarchie dualiste ne le cède à aucun pays d'Europe pour la *variété* de ses richesses minérales et n'est surpassée, au point de vue de la *quantité*, que par l'Angleterre et l'Allemagne. On constate en tout cas que, dans bien des cas, les richesses naturelles existent, mais ne sont pas exploitées. C'est ainsi que la région de Cracovie-Dabrowa renferme des gisements de houille estimés à 25 milliards de tonnes, mais dont l'exploitation est insuffisamment poussée encore. Les forces hydrauliques de l'Autriche-Hongrie (6.468.000 PS, soit 138 par mille habitants) sont très supérieures à celles de l'Allemagne (1.425.000 PS, soit 24,5 pour mille habitants); mais tandis que l'Allemagne a mis en valeur 30 °/₀ des siennes, l'Autriche-Hongrie en exploite 5 °/₀ seulement. La richesse en pétrole de la monarchie est très notable : mais la vente ne représente encore que 3 °/₀ de la production mondiale et le gaz naturel des puits commence à peine à être utilisé. Il n'est donc pas exact de dire que l'Autriche-Hongrie soit pauvre; elle est susceptible de se développer un jour. Mais elle est, pour l'instant, très en retard.

Elle l'est, au point de vue de l'organisation des transports. Sa position, sans doute, ne vaut pas celle de l'Allemagne. Elle n'a d'accès à la mer que par un seul port convenablement outillé, Trieste. Ses voies de transport naturelles ne sont pas orientées d'une façon propice, encore que le Danube puisse faciliter l'exportation vers la Turquie et les pays balkaniques. Du moins l'Autriche-Hongrie aurait-elle pu essayer de compenser par l'organisation les désavantages de sa situation. Il ne semble pas qu'elle ait fait l'effort nécessaire.

Alors que le réseau des chemins de fer allemands comprend 61.400 km., soit 1 km. de voie ferrée par 9 km², et dont 37 °/₀ sont des lignes à double voie, l'Autriche-Hongrie n'a que 44.000 km., soit 1 km. par 15 km², avec moins de 12 °/₀ de lignes à double voie. Le service est assuré en Allemagne par un matériel plus abondant : 47 locomotives, 106 wagons de voyageurs, 1.066 wagons de marchandises par 100 km., contre 31 locomotives, 63 et 627 wagons en Autriche-Hongrie. En raison de la moindre densité du réseau, le transport des marchandises à la gare la plus proche est plus onéreux dans la double monarchie. La distance moyenne des transports est plus considérable en Autriche (144 km.) qu'en Allemagne (114 km.). Les tarifs allemands sont moins élevés et plus rationnels. Le taux moyen par tonne transportée se monte, soit en raison de la cherté des tarifs, soit par suite de la distance moyenne plus considérable des transports à 3 mk. 75 en Allemagne contre 6 kr. 68 en Autriche. Les transports par chemins de fer sont donc plus aisés, mieux assurés, moins coûteux en Allemagne que dans la monarchie dualiste.

Pour la navigation intérieure, l'infériorité de l'Autriche-Hongrie est plus manifeste encore. Le réseau fluvial et le système des canaux atteint en Allemagne 15.300 km., contre 2.600 en Autriche et 3.100 en Hongrie. On y transporte 93 millions 1/2 de tonnes (soit 17 °/₀ de la totalité des marchandises mises en circulation) à des prix notablement inférieurs à ceux des chemins de fer, si bien que l'économie réalisée de ce chef est évaluée à 214 millions mk par an. En Autriche-Hongrie, en revanche, le total des transports par eau ne dépasse pas 8 millions de tonnes (3 °/₀ du total) et les tarifs sont si élevés que le transport du blé russe d'Odessa à Vienne, par Galatz à Orsova coûte 40 kr. tandis que le même blé allant d'Odessa à Mannheim par Gibraltar et Rotterdam ne revient qu'à 17,5 mk. — Au point de vue de la navigation maritime, la supériorité de l'Allemagne, avec les 5.100.000 tonnes de sa flotte marchande, est naturellement écrasante, l'Autriche-Hongrie ne possédant que 1 million de tonnes et un seul port, Trieste, qui en 1909, occupait le 20e rang au point de vue du commerce mondial.

L'infériorité de l'Autriche-Hongrie au point de vue agricole n'apparaît pas moins nettement. On trouvera à l'annexe I les chiffres qui résument la production agricole des deux Empires et qui établissent de façon indiscutable la supériorité de l'Allemagne. Ce n'est pas que la monarchie dualiste soit le moins du monde désavantagée, à cet égard, par la nature. Bien au contraire : la Hongrie, notamment, possède les plus belles terres du monde pour la culture des céréales. Mais, dans ce domaine aussi de l'activité humaine, les Austro-Hongrois se sont laissé devancer. Les rendements à l'hectare qu'ils obtiennent sont, comme nous l'avons vu plus haut, très inférieurs à ceux de l'agriculture allemande. Leur récolte de céréales à pain est inférieure à la récolte allemande (1912 : 11,3 millions de tonnes contre 16 millions) ; inférieur aussi le total absolu de leur production agricole ; inférieure de même la quantité des produits du sol disponible par tête d'habitant. Cette situation tient à des causes très diverses : emploi insuffisant des engrais artificiels que les droits de douane renchérissent de façon exorbitante ; cherté des machines agricoles (une moissonneuse qui vaut 300 mark en Russie coûte 700 kr. en Autriche) ; charges fiscales considérables qui répondent dans certaines régions à près de 26 mark par tonne de récolte réelle, alors qu'elles n'atteignent en Allemagne que 6 mark par tonne ; tarifs onéreux qui renchérissent démesurément les transports par chemins de fer ; dette hypothécaire considérable ; organisation défectueuse du crédit agricole ; qualité médiocre du travailleur agricole pauvre, mal nourri et ignorant ; en Hongrie, prédominance de la grande propriété en fidéicommis, où vit une population rurale tout à fait misérable, etc. Alors que l'agriculture allemande a accompli pendant ces dernières années des progrès extraordinaires, l'agriculture austro-hongroise obtenait à la veille de la guerre des résultats voisins de ceux que l'Allemagne présentait environ trente ans auparavant. La double monarchie était naguère en situation d'exporter au dehors un excédent de production important. Mais la population et la consommation nationale se sont accrues ces dernières années bien plus rapidement que les rendements agricoles. En sorte que l'Autriche-Hongrie est devenue aujourd'hui importatrice de denrées alimentaires. Malgré cela, d'ailleurs, elle ne peut fournir à sa population, comme nous allons la voir tout à l'heure, qu'une quantité insuffisante de nourriture.

Dans le domaine de l'industrie et du commerce, des constatations analogues s'imposent de façon plus frappante encore. L'Autriche-Hongrie, sans doute, a suivi elle aussi le mouvement général qui, ces derniers temps a entraîné d'une allure si rapide tous les peuples civilisés vers le progrès matériel. Mais le rythme de son développement est beaucoup plus lent que celui de l'Allemagne de sorte que son retard va toujours en augmentant.

De 1900 à 1913, la participation de la monarchie au commerce mondial est tombée de 3,6 % à 3,2 %. Pendant que l'exportation allemande passait de 4,6 millions mk à 10,1 millions mk, augmentant ainsi de 110 %, l'exportation autrichienne passait de 1,9 million de kr. à 2,8 millions de kr. en augmentation de 40 % seulement. Pendant la même période, la balance du commerce qui présentait d'abord un *actif* de 313 millions de kr. montrait finalement un *passif* de 637 millions de kr. soit au total un déficit de 950 millions de kr., s'élevant à 15 % de l'ensemble des échanges : ce rapide changement était dû à la diminution constatée tout à l'heure des exportations agricoles, diminution qui n'était pas compensée par un accroissement correspondant des exportations industrielles. Par suite de la lenteur de son développement économique, l'Autriche-Hongrie voyait sans cesse grandir l'écart qui la séparait de l'Allemagne. Pendant la période de 1887 à 1912, elle accroissait bien sa production de charbon et de fer de 150 %

et 250 %; mais dans le même laps de temps l'Allemagne augmentait la sienne de 240 % et 340 %. Si on examine la consommation moyenne par tête d'habitant des produits les plus caractéristiques du développement économique d'un peuple, on note que, pour l'année 1912, elle est en Allemagne de 3.650 kilos pour le charbon, de 253 kilos pour la fonte brute, de 7,56 kilos pour le coton, de 3,6 kilos pour le cuivre, alors que les chiffres correspondants pour l'Autriche-Hongrie sont 1,100 kilos, 53,4 kilos, 4,35 kilos, 0,9 kilo. Ils correspondent à peu près à la consommation de l'Allemagne vers 1878. De sorte que l'on peut dire que la monarchie dualiste est aujourd'hui au niveau que l'Empire allemand avait atteint il y a environ trente-cinq ans.

Si nous envisageons plus spécialement les échanges entre l'Allemagne et l'Autriche-Hongrie, l'infériorité de cette dernière apparaît avec évidence. En 1900, elle vendait pour 724 millions mk à sa voisine et lui achetait pour 511 millions mk, ce qui lui laissait un *actif* de 213 millions mk. Or, en treize ans, son exportation augmentait bien de 17,5 %. Mais, dans le même temps, l'exportation allemande s'accroissait de 127,3 %, de sorte que, en 1913, elle vendait pour 828 millions mk mais achetait pour 1.105 millions mk. La balance commerciale, qui jusqu'en 1907 se soldait en sa faveur devenait passive et accusait finalement un écart de 277 millions mk au profit de l'Allemagne. A la veille de la guerre la situation de celle-ci était absolument dominante. Pour l'Autriche-Hongrie, l'Allemagne était de beaucoup le principal fournisseur et le principal client : ses échanges avec elle représentaient 43,9 % des exportations, 40,1 % des importations. Pour l'Allemagne au contraire les échanges avec l'Autriche n'ont pas, à beaucoup près, le même intérêt. Ils représentaient 10,9 °/₀ des exportations, 7,7 °/₀ des importations. Comme client l'Autriche-Hongrie restait le plus important après l'Empire britannique, mais les achats de la Russie et de la France augmentaient plus rapidement que ceux de la monarchie dualiste. Comme fournisseur, l'Autriche-Hongrie ne venait qu'au 4ᵉ rang, bien loin après l'Empire britannique, les Etats-Unis et la Russie. L'Allemagne reçoit de l'Autriche-Hongrie surtout des denrées alimentaires et des matières premières, des produits fabriqués pour 1/5 seulement de ses achats. Elle fournit en revanche à l'Autriche-Hongrie pour 50 °/₀ d'objets fabriqués. Elle est même, à cet égard, presque son unique fournisseur : la double monarchie, en raison de son faible pouvoir d'achat, n'achète que fort peu de marchandises fabriquées ailleurs; on assure que leur valeur totale n'excède guère 150 millions mk, encore s'agit-il en général de spécialités que l'Allemagne ne saurait fournir et s'inquiète peu de conquérir.

Au total l'Autriche-Hongrie, vers 1913, se trouve dans un état de stagnation économique indéniable. Ses principaux articles d'exportation sont des denrées ou matières premières comme le sucre (257 millions mk), le bois (134 millions de mk), les œufs (117 millions de mk), les peaux (73 millions mk) et quelques marchandises fabriquées par quantités assez modestes, comme les objets de cuir (50 1/2 millions mk), de verre (38 millions mk), de fer (28 millions mk) ou de terre (23 millions mk), le papier (22 millions mk) ou les meubles (18 millions mk). Ces chiffres font piètre figure à côté des résultats impressionnants qu'enregistrent les statistiques allemandes. Ils attestent que la situation économique de la double monarchie laisse beaucoup à désirer et qu'une rénovation s'impose pour elle.

Essayons maintenant de démêler les causes principales de cette faiblesse économique.

Certains voient la cause principale du mal dans le traité de commerce de 1905 avec l'Allemagne qui a réduit une partie des taxes douanières et sacrifié l'industrie autrichienne à l'espoir d'un accroissement d'exportation pour les produits agricoles. Or, non seulement l'industrie n'a pu se développer, mais les ventes agricoles ont diminué par suite de l'accroissement de la population, de sorte que le résultat final a été désastreux à tous égards.

D'autres, moins empiriques, rejettent sur le protectionnisme excessif auquel s'est adonnée l'Autriche-Hongrie la responsabilité de la situation présente. Ils font remarquer que la plupart des taxes douanières austro-hongroises sont parmi les plus élevées qui existent, que la protection douanière a été répartie d'une façon peu rationnelle et que, tandis que certaines industries végétaient ou dépérissaient, d'autres favorisées par les circonstances ont prospéré et ont même accru leurs exportations. Et ils concluent de là que le protectionnisme de principe n'est pas une saine conception, qu'il engourdit les initiatives et rend plus coûteuses l'installation et l'exploitation des usines en renchérissant les matériaux, les machines, les produits divers qui leur sont indispensables. Ils constatent que les fers, les tuiles, les briques, les tuyaux, les machines, les installations et jusqu'aux emballages coûtent plus cher en Autriche qu'en Allemagne. Ils calculent qu'une construction en fer de 1.000 kilos revient en Autriche à 413 kr., en Allemagne à 208 kr., qu'une même machine coûte 10.000 kr. en Allemagne mais 15.000 en Autriche.

que le prix de revient d'une fabrique de lainage se monte en Allemagne à 10,5 kr. le mètre cube, en Autriche à 14,5 kr. Dans ces conditions, les dépenses d'installation et aussi les frais de main-d'œuvre étant plus élevés en Autriche Hongrie, ses chances de pouvoir affronter la concurrence allemande avec quelque succès sont très réduites.

On observe aussi que les impôts sont bien plus élevés en Autriche-Hongrie (48,26 mk par tête) qu'en Allemagne (37,35 à 45,94 mk selon les Etats) et qu'ils frappent plus lourdement l'industrie. On calcule que, pour les contributions directes, les citadins payent à peu près 6 fois plus que les ruraux. Les Sociétés par actions, qui sont la forme par excellence de la grande industrie, ont été tout spécialement accablées par la loi de 1898. Alors qu'en Allemagne on estime les impositions à 16 °/₀ des dividendes distribués, les sociétés autrichiennes payent 26 ou 27 °/₀ et jusqu'à 50 °/₀ du produit net (qui dépasse sensiblement le chiffre du dividende). Le résultat est, naturellement, un ralentissement marqué du développement des grandes sociétés. Si bien qu'en 1911/12 l'Allemagne compte 3.417 sociétés avec 12 milliards mk de capital ou d'obligations, tandis que l'Autriche en compte 546 avec 1 1/2 milliard de mk et la Hongrie 833 avec 3/4 de milliard de mk de capital.

On note, de même, que les capitaux manquent, dans la double monarchie, pour assurer la mise en valeur du pays, à plus forte raison pour faire de la « pénétration économique » dans les pays neufs. Alors que l'Allemagne émet chaque année pour 3 milliards de mk de valeurs, dont 89 °/₀ sont à des entreprises *allemandes*, l'Autriche-Hongrie n'arrive guère qu'à 1 milliard ou 3/4 de milliard de kr.

d'émissions. Ce n'est pas à dire qu'elle n'ait pas besoin de capitaux, bien au contraire. Mais elle n'en trouve ni chez elle ni à l'étranger. Alors que la somme totale des valeurs allemandes est estimée à 75 milliards mk presque entièrement placés dans le pays, le total des valeurs austro-hongroises ne dépasse guère 33 milliards de kr., dont 10 se trouvent à l'étranger. Si aux valeurs indigènes on ajoute les valeurs étrangères on peut estimer le portefeuille allemand à 85 milliards de mk, le portefeuille austro-hongrois à 20 milliards mk seulement. Et de même que l'Allemagne l'emporte sur la double monarchie par l'abondance de ses capitaux elle l'emporte plus encore par la supériorité de ses banques, au point de vue de la puissance financière (3,8 milliards de mk de capital-actions d'une part, 1,8 milliard de kr. de l'autre), comme au point de vue de l'organisation, de l'esprit et de la méthode.

L'infériorité de l'Autriche-Hongrie est flagrante aussi au point de vue des conditions du travail. Les salaires, sans doute, sont plus bas qu'en Allemagne, mais le travail de l'ouvrier austro-hongrois est moins productif, de sorte qu'au total les frais de main-d'œuvre se trouvent être plus élevés dans la double monarchie qu'en Allemagne. Cette infériorité du travailleur austro-hongrois ne tient d'ailleurs pas à une inaptitude naturelle. Elle est le résultat des conditions de vie misérables qui lui sont faites. Naumann cite le mot cruel d'un économiste autrichien : « Chez nous les deux tiers de la population sont encore *des mendiants* ». Et en effet, il y a toujours encore dans la grande monarchie danubienne des millions d'existences non pas simplement médiocres mais misérables, des gens qui ne possèdent presque rien, qui ne savent presque rien, qui ne demandent presque rien et dont le travail, lent et improductif ne vaut pas plus, en effet, que les salaires de famine dont il est payé. L'ouvrier austro-allemand qui reçoit un salaire inférieur à celui de son congénère allemand et cela dans un pays où les aliments sont chers et les loyers exorbitants et où le coût de la vie s'accroît plus rapidement qu'ailleurs est trop souvent encore le miséreux ignorant et maladroit du « bon vieux temps », le prolétaire sans volonté et sans ressort dont Lassalle déplorait la « maudite résignation ». L'économiste calcule que sa consommation moyenne est en tout inférieure à celle de l'Allemand : 207 kilos de blé ou seigle contre 231, 300 kilos de pommes de terre contre 656, 30 kilos de viande contre 52, 13 kilos de sucre contre 19,2, 1,15 kilo de café contre 2,5, 42 litres de bière contre 101, 6,2 litres de pétrole contre 17,3. Pour un seul article il l'emporte — pour l'alcool dont il consomme 7,2 litres, alors que l'ouvrier allemand n'en boit que 5,4 litres. Exprimée en calories la nourriture de l'Allemand se chiffre par 2.708 calories (87,7 grammes d'albuminoïdes, 61 grammes de graisse) celle de l'Austro-Hongrois par 2.486 calories (82,6 grammes d'albuminoïdes, 27,5 de graisse) : il vient immédiatement après l'Italien (2.607 calories), un peu avant le Russe (2.414 calories). Mal nourri, il offre une moindre résistance aux « maladies de la faim », la tuberculose et le typhus. D'une façon plus générale, l'Autriche-Hongrie avec une natalité un peu supérieure à celle de l'Allemagne (31,5 pour mille en Autriche, 35 en Hongrie contre 29,5 en Allemagne), a une mortalité beaucoup plus forte de telle sorte que l'excédent des naissances sur les décès y est de moins de 10 pour mille, alors qu'il est en Allemagne de 14. Et tandis qu'elle se peuple moins parce qu'on y meurt trop, elle se dépeuple par suite de l'émigration. Le nombre des émigrants qui ne dépassait pas une moyenne de 30.000 par an en 1881/85, s'est élevé en 1913 à 310.000 auxquels il faut ajouter 301.000 ouvriers saisonniers. On estime que pendant les cinq années comprises entre 1909 et 1913 la double monarchie a fait, par l'émigration, une perte brute d'*un million* d'habitants. Indice manifeste que la production ne s'accroît pas en proportion de la population et qu'il naît dès lors un excédent de population que le pays ne peut pas nourrir et qui est obligé de s'expatrier pour chercher au dehors des conditions d'existence acceptables.

L'Allemagne, enfin, ne l'emporte pas seulement par le nombre et la qualité de ses travailleurs mais encore et surtout par une meilleure organisation du travail. Les usines y sont plus modernes, la production y est plus intensive, partant plus économique, la spécialisation y est mieux réalisée, l'alliance de la science et de l'industrie y est plus intime, l'instruction professionnelle des ouvriers, des employés, des commerçants, des techniciens y est plus abondamment dispensée, le commerce en gros y est plus fortement constitué, les cartels y sont plus développés. — Alors que, en Allemagne, il s'est produit un nivellement des conditions d'existence qui favorise la production en gros, il règne en Autriche-Hongrie un esprit d'individualisme, un particularisme régional qui est une entrave redoutable au développement de la grande industrie. Non seulement chaque région, mais chaque vallée dans les Alpes, le Carso ou les Carpathes veut avoir *ses* marchandises spéciales fabriquées conformément au goût, aux modes, aux traditions locales. La fabrication en gros, selon des types uniformes, qui seule permet l'abaissement du prix de revient, est ainsi une impossibilité dans la double monarchie.

Chaque industriel se voit obligé, par la petitesse du marché, de multiplier à l'infini le nombre des articles qu'il produit, de renoncer aux bénéfices du machinisme. Fabriquant des articles très individualisés, et en petite quantité, il a nécessairement des prix de revient élevés et se trouve hors d'état d'affronter la concurrence des industriels qui produisent en gros pour le commerce mondial.

Le contraste est donc absolu entre les deux Empires. L'Allemagne était, à la veille de la guerre, dans un état de prospérité matérielle qui faisait l'orgueil de ses économistes. La production totale annuelle y était estimée à 51 ou, en faisant certaines réductions, à 37 milliards mk (produits du sol : 12 milliards mk) ; (produits de l'industrie : 25), le revenu annuel à 43 milliards mk, soit environ 642 mk par tête d'habitant, la richesse nationale à 310 milliards mk d'après Helfferich, à 400 milliards d'après Steinmann-Buchers, soit un capital de 4.630 mk par tête, l'épargne annuelle à 10 milliards mk. Pour l'Autriche-Hongrie, la production est évaluée à 16,7 milliards kr. le revenu à 22 milliards kr., soit 440 kr. par tête, la richesse à 126,2 milliards kr., soit 2470 kr. par tête, l'épargne à 2 ou 3 milliards kr. En gros on peut dire que l'Allemagne, avec une population qui ne dépasse guère que d'un tiers celle de l'Autriche-Hongrie, est environ deux à trois fois plus riche que celle-ci.

Et la situation est d'autant plus critique pour la double monarchie qu'elle n'est pas seulement stationnaire, mais s'appauvrit progressivement depuis un certain nombre d'années. Bien que la balance d commerce de l'Allemagne soit passive, son bilan total est cependant *actif*, car elle compense et au delà son passif par le revenu des capitaux placés à l'étranger 20 milliards mk d'après Helfferich; 35 ou même

40 milliards de mk selon d'autres estimations) et par les bénéfices de ses sociétés de navigation. Cet *actif net* (obtenu en retranchant le chiffre total des importations du chiffre des exportations augmenté du produit des placements à l'étranger et des bénéfices de navigation) est estimé en 1905 déjà à 584 millions mk, et a dû s'accroître pendant les années suivantes de plusieurs centaines de millions par an. Il se décèle par l'excédent des importations d'or qui de 1901 à 1913 se monte à près de 2,7 milliards mk et par l'accroissement du portefeuille de valeurs étrangères. La situation de l'Autriche-Hongrie est exactement inverse : son bilan national se solde depuis une série d'années par un *passif* dont l'existence se décèle par des exportations d'or (323 millions kr. de 1910 à 1913) et surtout par l'émigration des valeurs autrichiennes à l'étranger : sur les 48 milliards kr. de valeurs austro-hongroises, l'étranger en possède environ 10 milliards et demi, dont *la moitié* environ se trouve en Allemagne. La monarchie dualiste est au-dessous de ses affaires et vit sur son capital.

Entre deux nations aussi foncièrement disparates que l'Allemagne et l'Autriche-Hongrie, une alliance économique peut-elle se nouer utilement?

Notons d'abord que la difficulté d'associer deux organismes économiques même très dissemblables ne peut pas être regardée *a priori* comme insurmontable. Entre les diverses régions qui se trouvent aujourd'hui réunies dans l'Empire allemand, on constatait naguère des divergences profondes. *L'organisation allemande* telle que nous l'avons définie plus haut est un phénomène récent, qui a son point de départ dans l'Allemagne du Nord et du Centre. L'Allemagne philosophique du début du XIXe siècle encore est idéaliste et résolument anti-utilitaire. L'Allemagne romantique de même est foncièrement individualiste. L'Allemagne capitaliste a pris naissance beaucoup plus tard et a été cordialement détestée, au premier moment, par l'idéalisme philosophique et le romantisme. Les résistances et les antipathies ont été particulièrement vives dans l'Allemagne du Sud où le romantisme et le libéralisme individualiste avaient des racines plus fortes. La Bavière, le Wurtemberg, le pays de Bade, la Hesse, Francfort ont été pendant longtemps les foyers d'un particularisme tenace et fort méfiant à l'égard de la Prusse tout spécialement. Au lendemain de 1870 encore le Bavarois regardait le nouvel Empire comme la terre classique des casernes et des Juifs et traitait sans aménité les gens de Berlin. Or, en dépit de ces défiances et de ces antipathies l'unification économique du Nord et du Sud s'est faite d'une manière complète. On se querelle encore parfois, au point de vue politique, on s'injurie parfois ; les divergences entre le « féodal » Prussien et le « démocrate » du Sud subsistent toujours. Mais les grandes associations économiques — Ligue des agriculteurs, Ligue des industriels allemands, Centrale des Industriels, Association du Commerce allemand, Syndicat social-démocrate, etc. — sont communes au Nord et au Sud. Il n'y a pas de « ligue du Main » industrielle, pas de particularisme économique du Sud. Le Sud, bien que moins avancé, n'a pas souffert économiquement de son union avec le Nord; il ne se tient pas pour opprimé; il ne regrette en aucune façon son ancienne indépendance. C'est la preuve historique irrécusable que la fusion économique entre des régions même fort dissemblables est réalisable et peut être profitable aux deux parties.

Il faut reconnaître toutefois que le contraste entre l'Autriche-Hongrie et l'Allemagne est infiniment plus accusé que celui entre l'Allemagne du Nord et l'Allemagne du Sud. Aussi les chances de réussite d'un rapprochement économique ont-elles été appréciées de façons fort diverses. Nous avons résumé plus haut ces jugements, lorsque nous avons indiqué en nous plaçant au point de vue national, l'attitude des Allemands, des Autrichiens et des Hongrois sur la question de l'Europe centrale. Nous renvoyons donc le lecteur à cet exposé. Après notre analyse des données économiques du problème, il comprendra plus aisément comment, en partant des mêmes faits, on peut arriver à des conclusions fort opposées. De part et d'autre, et pour des motifs opposés, on hésite devant la fusion. Du côté allemand on craint de se solidariser trop étroitement avec un associé de ressources médiocres et qu'on traînera à sa suite comme un poids mort. Du côté autrichien, on se demande si l'union avec un partenaire aussi formidable que l'Allemagne ne risque pas fort de ressembler à une mise en tutelle. Le pessimisme romantique des Austro-Hongrois garde une certaine tendresse pour le patriarcalisme du temps passé et demeure défiant à l'égard du « modernisme », du « militarisme économique » exact, discipliné, affairé, trépidant qui prévaut dans le monde industriel allemand. Et leur prudence réaliste se demande si la fusion avec la grande firme allemande n'entraînerait pas bien des ruines et s'il serait très avantageux pour la double monarchie de devenir une sorte d'annexe coloniale de l'Empire allemand. Inversement il ne manque pas d'esprits plus hardis, plus entreprenants, plus confiants dans l'avenir pour prêcher la fusion. On constate que l'Autriche-Hongrie *se trouve déjà*, en fait, sous la dépendance économique et financière de l'Allemagne et que, par la force des choses, elle le sera bien davantage encore au lendemain de la paix. Dans ces conditions bien des Allemands se disent que leur intérêt de créanciers leur commande de soutenir le plus possible leur débiteur, de faciliter son relèvement, de l'aider à rétablir ses affaires, fût-ce même au prix de sacrifices temporaires. Et nombre d'Austro-Hongrois, à leur tour, calculent qu'après tout il ne saurait être désavantageux pour eux de devenir les associés de leur puissant créancier et que leur meilleure chance de se « refaire » c'est, au fond, de se mettre à l'école du germanisme et de se faire une place, fût-ce même assez modeste, dans le vaste Empire du travail germanique.

CHAPITRE III

L'Europe centrale peut-elle réaliser l'autarchie économique?

L'Allemagne est, comme nous l'avons constaté, hors d'état de se procurer par ses propres moyens les vivres nécessaires à sa subsistance et les matières premières indispensables à son industrie.

La question se pose maintenant de savoir si l'*Europe centrale* serait en état de réaliser cette autarchie économique que l'expérience de la guerre présente fait apparaître comme particulièrement souhaitable. Si au terme de la grande crise que nous traversons la plus grande partie de l'univers civilisé est aux mains des trois puissances mondiales, l'Angleterre, la Russie, les Etats-Unis qui peuvent toutes, à la rigueur, se suffire à peu près à elles-mêmes, si l'Allemagne se voit imposer, après la lutte militaire, la guerre économique décidée à la conférence de Paris, il se peut que, si elle veut rester grande puissance et maintenir son indépendance, elle soit *obligée* de s'unir à ses alliés actuels pour résister au blocus dont on la menace. Sans doute il n'est pas très vraisemblable que l'Angleterre renie les principes qui ont fait sa grandeur commerciale et se convertisse brusquement à la théorie de l'*Etat fermé*. A la veille de la guerre encore, elle était fort loin de réaliser ce programme. Pendant les trente dernières années, son commerce avec ses colonies ne représentait que le quart environ de ses échanges (20,1 à 23,5 °/₀ des importations; 28,8 à 32,5 °/₀ des exportations). L'Angleterre se trouvait donc profondément impliquée dans l'économie mondiale. Et il n'est pas vraisemblable qu'après la guerre elle ait plus d'*intérêt* à s'isoler qu'avant. Il est certain, toutefois, que si, pour des raisons politiques elle *veut* s'isoler, il n'est pas inconcevable qu'elle *puisse* arriver à une autarchie économique plus ou moins complète. On sait dans tous les cas que ces aspirations ont depuis quelque temps déjà pris une forme concrète et que, sous la conduite habile de Chamberlain, un parti puissant s'est donné pour tâche de les réaliser. Il est donc important de voir si l'Allemagne pourrait accepter la lutte sur ce terrain et quelles seraient ses chances de succès.

Si pour augurer de l'avenir on consulte le passé, les perspectives ne sont pas très favorables à une autarchie de l'Europe centrale. Pour que l'Europe centrale puisse remplacer pour l'Allemagne le marché mondial, il faut qu'elle y trouve d'une part les denrées et matières premières qui lui sont indispensables, d'autre part les débouchés dont elle a besoin pour écouler l'excédent de sa protection industrielle. Or il n'apparaît pas qu'il puisse en être ainsi.

Supposons le programme de l'impérialisme allemand réalisé dans toute son étendue : imaginons une entente économique englobant, de Hambourg à Bagdad, l'Allemagne, l'Autriche-Hongrie, la Grande-Bulgarie (y compris les parties annexées de la Serbie), la Turquie d'Europe et d'Asie. Un coup d'œil jeté sur les statistiques des douanes nous montre tout aussitôt qu'à la veille de la guerre cette « Europe centrale » ne fournissait à l'Allemagne qu'une très faible partie des matières premières dont elle avait besoin. Elle n'y trouvait ni coton, ni jute, ni caoutchouc, ni cuivre, ni fer, ni riz, ni café, ni cacao, ni coprah : pour l'ensemble de tous ces produits, le total de ce que fournissait l'Europe centrale n'atteignait pas 1 °/₀ des importations allemandes. Sa participation aux achats de l'Allemagne était plus considérable pour d'autres produits, tels que la soie (2,2 °/₀), les peaux (10 à 11 °/₀), le chanvre (13 °/₀) et surtout le bois (26 °/₀) et le pétrole (17 °/₀). Elle était importante pour certaines denrées alimentaires comme l'orge de brasserie (85 °/₀), les œufs (43 °/₀), les bœufs (35 °/₀), la volaille (18 °/₀). Mais précisément pour les denrées essentielles à l'alimentation humaine et animale, pour le blé (3 °/₀), pour les graisses (1 °/₀), pour les fourrages, son, tourteaux, maïs, etc. (5 à 8 °/₀) elle s'abaissait jusqu'à des fractions minimes. En un mot : comme fournisseur de matières premières l'Europe centrale n'atteignait pas, à beaucoup près, pour l'Allemagne, l'importance des grands pays agricoles comme les Etats-Unis, la Russie, l'Argentine, l'Australie, le Brésil, les Indes. On arrive à des résultats identiques si, au lieu de considérer le chiffre absolu des importations allemandes on considère l'excédent des importations sur les exportations. Il n'apparaît pas que, pour l'instant tout au moins, l'Allemagne puisse trouver à s'approvisionner chez ses alliés dans la mesure de ses besoins et que, par conséquent, une autarchie économique de l'Europe centrale soit beaucoup plus avantageuse ni même réalisable que l'autarchie allemande.

Les perspectives d'avenir sont-elles plus favorables? Et peut-on admettre, du moins, qu'au bout d'un certain nombre d'années l'Europe centrale sera en état de se suffire à elle-même? Sur ce point, les opinions sont assez divergentes et les possibilités de développement que présentent les divers alliés de l'Allemagne sont fort diversement appréciées.

Certains sont assez nettement optimistes. Ils voient dans une Autriche régénérée, grâce à l'appui de l'Empire allié, un complément économique précieux de l'Allemagne. Sans doute l'Autriche-Hongrie n'arrive plus, aujourd'hui, à se nourrir elle-même. Mais c'est uniquement en raison de l'état arriéré de son agriculture. Avec les terres et la population rurale dont elle dispose, elle pourrait, nous l'avons vu, par l'amélioration de ses rendements à l'hectare, devenir la pourvoyeuse en grains des deux Empires réunis.

La Grande-Bulgarie, telle que doit la constituer la présente guerre, a une valeur économique considérable. La Serbie orientale qui doit lui être rattachée, d'après les promesses de Guillaume II, est une contrée riche et susceptible d'un développement intéressant. En dehors de gisements de cuivre qui sont parmi les plus riches du monde, elle possède des mines d'or, de plomb, de zinc, de manganèse. Comme productions agricoles elle a le tabac, le chanvre, la laine, et son bétail est renommé. Elle serait en état de fournir à l'Allemagne des céréales, des fourrages, des œufs et des fruits, des peaux, du chanvre et de la soie. Il ne serait pas téméraire d'estimer à 60 millions mk les fournitures futures rien qu'en produits végétaux ou animaux. La Bulgarie proprement dite possède elle aussi des possibilités de développement exceptionnelles, car elle a du charbon, des minerais, des forêts, des forces hydrauliques; son sol et son climat permettraient la culture du café et du coton ainsi que celle des vers à soie l'élevage du mouton y est déjà prospère. La population est travailleuse, énergique, active. Le Bulgare est le premier jardinier du monde : il cultive avec succès les fruits, les légumes, les oliviers, aussi bien que la vigne et le tabac. La valeur globale du sol en culture a passé de 1,5 milliards en 1895 à 6,6 milliards en 1912. On estime que la Bulgarie, qui fournissait à l'Allemagne pour 18 millions seulement de produits (auxquels il convient toutefois d'ajouter une bonne partie de ses exportations belges qui ne faisaient que transiter en Belgique pour passer en Allemagne), serait bientôt en état d'élever ses exportations à 150 millions sans épuiser la productivité de son sol. Quand à la Macédoine et à la Thrace, sur lesquelles les renseignements sont peu abondants, elles comptaient dès l'antiquité parmi les contrées les plus riches d'Europe. Le climat est sain, la population énergique. Si le pays est moins prospère aujourd'hui, cela tient aux circonstances politiques défavorables, Le jour où il sera aux mains des Bulgares, ceux-ci, aidés par le capital, les techniciens et l'esprit d'organisation de leurs alliés, y trouveront un champ d'activité fécond et productif.

Pour ce qui est de la Turquie, on reconnaît que sa capacité de production est médiocre. Elle est faiblement peuplée (19 millions d'habitants) et sa situation économique est encore fort arriérée. Au point de vue culture, une petite portion du sol arable seulement est exploitée, et par des moyens rudimentaires. Bien qu'il y ait de bonnes terres, notamment en Mésopotamie, la plus grande partie de la population en est encore, dans l'intérieur, à la période pastorale. La principale richesse consiste en troupeaux de moutons qui se déplacent en même temps que le berger; c'est le mouton qui fournit l'unique viande consommée et la laine pour les vêtements. Dans beaucoup de régions les populations vivent dans une insécurité complète, n'étant pas protégées contre les incursions des Kurdes et des Bédouins. Leur mode d'existence est tout à fait primitif : à quelque distance des côtes, les habitants broient encore leur blé et, dans chaque maison, on tisse la laine pour les vêtements et les tapis. Dans ces conditions l'industrie est dans l'enfance. Le commerce est entièrement aux mains des Arméniens, des Grecs du Levant et des étrangers, surtout en Asie Mineure. Ceux-ci ont cherché jusqu'ici à tenir l'indigène sous leur dépendance : grâce au système des avances au producteur, on peut le forcer à céder le fruit de son travail à bas prix et on arrive à le déposséder; c'est ainsi que se sont créées de grandes propriétés agricoles gérées par des intendants qui pressurent leurs fermiers. Le système fiscal turc est archaïque puisqu'il comprend la dîme prélevée en nature sur la récolte, et sa valeur réelle est de 12 à 15 °/₀ de celle-ci. La législation agraire n'est guère moins défectueuse, et la grande propriété soit féodale soit religieuse constitue un sérieux obstacle au progrès économique. Le système douanier est défavorable aux importations intéressantes, car il comporte uniquement une perception *ad valorem* qui, de 5 °/₀ en 1838, a été portée à 8 °/₀ en 1861 puis à 11 °/₀ en 1911, et enfin, depuis la guerre, à 15 °/₀, la Turquie ayant pu, alors, se passer du consentement des puissances, si difficile à obtenir auparavant.

Celles-ci, du reste, ont toujours empêché toute rénovation sérieuse de la Turquie en s'opposant soit au relèvement des taxes douanières, soit à l'annulation des Capitulations, soit notamment à la suppression de la dispense des impôts turcs accordée aux étrangers. Elles paralysaient, par cette attitude, de façon systématique, toute tentative de l'Empire ottoman d'accroître ses recettes.

On ne s'étonnera pas que, dans ces conditions, les échanges avec l'Allemagne soient demeurés de médiocre importance : en 1912, ils n'atteignirent que 200 millions mk, les exportations de l'Allemagne vers la Turquie se chiffrant par 113 millions mk et les importations venant de l'Empire ottoman s'élevant à 78 millions mk. L'Allemagne ne tirait guère de la Turquie que du tabac (24 millions mk), des tapis (9 millions mk) et divers produits agricoles parmi lesquels les fruits secs, raisins, figues, avelines, etc., tenaient le premier rang (près de 12 millions mk); le coton brut ne figurait que pour 1 à 2 millions mk, l'importation totale de cette matière première en Allemagne représentant environ 600 millions mk. Au total la Turquie n'est pour l'Allemagne qu'un très petit marché.

Elle peut assurément prospérer dans l'avenir, car elle possède des ressources considérables. L'Asie Mineure est extrêmement riche au point de vue minier, et le cuivre en particulier y est largement représenté ; toutes ses ressources à cet égard sont d'ailleurs loin d'avoir été prospectées. Au point de vue agricole ce n'est pas tant le manque d'eau qui gêne que le défaut de régulation. Par des travaux d'asséchement de marais et d'irrigation on a déjà mis en valeur des surfaces importantes et on pourra aller beaucoup plus loin dans cette voie. En dehors du blé et de l'orge, cultures traditionnelles, on peut récolter dans de bonnes conditions du sésame et d'autres graines oléagineuses précieuses pour l'Allemagne, du coton qui pousse surtout vers Adana et la Mésopotamie et que les experts considèrent comme équivalent à celui de l'Egypte. Si la Turquie est pauvre en charbon, elle possède en revanche des gisements abondants de pétrole aux frontières de Mésopotamie et de Perse, et elle pourra utiliser ce produit comme force motrice, soit pour la navigation de l'Euphrate et du Tigre, soit pour la filature et le tissage du coton indigène. Les perspectives d'avenir sont donc bonnes. Les chemins de fer créés depuis quelques années exercent l'influence la plus heureuse sur la richesse du pays, car le long du rail le produit des dîmes a presque triplé en 20 ans. Il se passera évidemment bien du temps avant que le paysan turc emploie les machines agricoles et les procédés de culture modernes; mais on a bien réussi à introduire les machines en Sibérie où le niveau intellectuel de l'indigène n'est pas supérieur à celui de l'indigène de l'Asie Mineure. Une régénération de la Turquie est possible et peut devenir fructueuse.

Nous avons vu d'ailleurs, plus haut, que, d'après le programme allemand, c'est la Turquie elle-même qui doit prendre en main cette œuvre de réforme intérieure. L'Allemagne peut l'aider dans cette œuvre en lui fournissant du capital et des conseillers, en lui envoyant des chefs d'entreprise et des techniciens, des instructeurs et des professeurs, en mettant à sa disposition du matériel de chemin de fer, des machines industrielles et agricoles. Ce rôle elle est prête à l'assumer, ou plutôt à le continuer puisque les Jeunes-Turcs ont depuis longtemps fait appel à son concours. Elle ne veut pas aller au delà. Elle disposait, à la veille de la guerre déjà, d'une influence économique considérable. La valeur du capital allemand engagé en Turquie atteignait à ce moment près d'un milliard mk., soit plus de 500 millions mk. en valeurs d'Etat (20 % environ de la dette ottomane), près de 250 millions mk. comme participation aux chemins de fer, le reste dans des sociétés privées et entreprises diverses. La *Deutsche Bank* et la *Deutsche Orientbank* (au capital de 32 millions mk.) avaient des agences dans tout le Levant. Or l'Allemagne ne veut pas user de cette puissance pour opprimer la Turquie, pour la vassaliser, la réduire à l'état de colonie. Elle ne veut pas imposer aux Turcs des manières de voir et des institutions allemandes qui ne leur conviennent pas, mais les aider à développer leur mentalité et leurs ressources propres. Le but essentiel qu'elle envisage n'est pas tant de favoriser la création d'industries allemandes ou le développement de l'exportation allemande que d'apprendre aux Turcs l'utilisation de leurs éléments de production. A la différence des autres puissances étrangères, elle veut une Turquie forte, régénérée, prospère, qui puisse devenir un membre autonome et utile du système de l'Europe centrale. Elle ne se dissimule pas que c'est là une entreprise de longue haleine. Il s'agit de préparer une refonte *totale* au point de vue de l'agriculture comme de l'industrie, de l'administration comme de l'instruction publique de la Turquie ; certains vont même jusqu'à envisager une transformation de la population, dégénérée en diverses régions, et qu'il s'agirait de remplacer par de nouvelles races plus saines et plus travailleuses. Une pareille œuvre ne s'improvise évidemment pas, et l'on ne peut pas compter sur l'intégration de la Turquie dans l'Europe centrale comme sur une éventualité prochaine. On ne tend pas à un rapprochement aussi intime avec la primitive Turquie qu'avec l'Autriche-Hongrie : on sait qu'il faudra du temps pour que l'Empire ottoman puisse devenir pour l'Allemagne un pourvoyeur vraiment important de matières premières ou un gros acheteur de produits d'industrie. Et l'on ne songe pas, dans ces conditions, à se lier avec lui par l'octroi d'un traitement préférentiel. Mais on considère que l'alliance politique et économique avec un pays riche d'avenir est un avantage certain et ouvre à l'Europe centrale une issue vers l'Orient dont elle ne doit à aucun prix se laisser couper.

Au total, d'ailleurs, et avec quelque optimisme qu'ils considèrent les possibilités de développement de leurs alliés, nombre d'Allemands conviennent franchement que l'Europe centrale, même en y agrégeant la Grande-Bulgarie et toute la Turquie, ne pourrait guère avoir la prétention, d'ici longtemps au moins, de se suffire à elle-même. Si l'on considère, en effet, les produits principaux dont l'Allemagne a besoin soit pour son alimentation soit pour son industrie, on est bien obligé de constater qu'elle ne peut espérer les trouver chez ses alliés.

Pour le coton, la Turquie en envoyait avant la guerre 1.868 tonnes à l'Allemagne, 571 tonnes à l'Angleterre, en tout moins de 2.500 tonnes ; ce n'est pas même 1 1/2 °/₀ de l'importation allemande annuelle. Comment admettre que l'Asie Mineure puisse arriver jamais à *centupler* sa production, ce qui serait nécessaire si l'Allemagne voulait se passer des Etats-Unis, des Indes ou de l'Egypte? Pour la laine il en est de même. La Bulgarie et la Turquie possèdent de grands troupeaux de moutons mais exportent peu de laine. La Turquie par exemple exporte 1.000 tonnes de laine en Allemagne et 3.500 en Angleterre. En supposant même que tout le contingent anglais soit accaparé par l'Allemagne — que sont 4.500 tonnes en regard des 199.000 tonnes qu'elle est obligée d'importer annuellement (pour 411 millions mk)? — Pour les céréales les perspectives sont un peu plus favorables, mais n'en restent pas moins bien incertaines. A la veille de la guerre l'Allemagne couvrait son déficit en blés auprès de trois producteurs principaux : l'Amérique (726.188 t.), la Russie (528.978 t.), l'Argentine (496.603 t.). Or les Balkans, la Roumanie, la Serbie, la Bulgarie, Grèce) et la Turquie réunies produisaient 5,24 millions de tonnes. Pour couvrir le déficit allemand (2 millions de t.) il faudrait que ces divers pays pussent céder à l'Allemagne plus du tiers de leur production. Or il ne semble pas qu'ils soient en état de le faire. Leur exportation vers l'Allemagne atteignait 210.000 t., celle vers l'Angleterre 240.000. En supposant la totalité de l'importation vers l'Angleterre dérivée vers l'Allemagne, on n'obtiendrait que 450.000 t., c'est-à-dire moins du quart des besoins allemands. Evidemment on peut concevoir que les Hongrois améliorent leurs rendements de manière à pouvoir exporter de grandes quantités de blé — que la Lithuanie et les provinces baltiques, annexées à l'Empire allemand, lui fournissent la superficie de bonnes terres arables nécessaires pour produire un jour le supplément de céréales dont elle a besoin, que la féconde vallée de l'Euphrate et du Tigre donne aux générations à venir de l'Europe centrale le pain et la viande en abondance. Mais ce sont là des possibilités lointaines, incertaines et qui ne doivent pas faire perdre de vue le fait certain, c'est que pour la période qui suivra la guerre, l'Allemagne ne peut compter trouver en Europe centrale ce qu'elle achetait naguère sur le marché mondial en fait de céréales. La situation est la même en ce qui concerne les graines, les fourrages, bien entendu aussi les produits exotiques tels que le riz, le café ou le cacao. C'est au point de vue de la production du bétail et de la viande que l'Europe centrale pourrait le plus aisément satisfaire les besoins de l'importation allemande : mais nous avons reconnu plus haut que, sur ce chapitre, l'Allemagne se trouvait en présence d'un déficit assez faible, qu'elle pouvait espérer combler un jour, sans trop de peine par ses propres ressources; dans ces conditions elle n'aurait pas grand intérêt à développer ses importations en bétail et l'assistance qu'elle pourrait trouver dans l'Europe centrale lui est ainsi d'une assez médiocre utilité.

Supposons d'ailleurs que l'Allemagne réussit, en constituant l'Europe centrale, à réaliser un groupement capable théoriquement de subvenir à tous ses besoins. Il resterait encore à voir si l'on arriverait à produire les denrées et marchandises essentielles à l'existence des masses populaires à des prix satisfaisants. Il est clair que si le groupement de l'Europe centrale ne pouvait produire sur son domaine propre la quantité suffisante d'aliments et spécialement de céréales qu'au prix d'un travail disproportionné à son effet utile et, par suite, à des prix dépassant de façon sensible le prix mondial, elle paierait fort cher l'avantage de réaliser l'autarchie économique. Or à ce point de vue aussi les perspectives d'avenir ne sont pas très rassurantes.

On a constaté, par exemple, que le prix du blé qui en 1901 était à Budapest de 133 mk. les 1.000 kilos et ne dépassait guère le prix mondial moyen, avait augmenté beaucoup plus rapidement en Hongrie qu'en Allemagne. Alors qu'il passait, entre 1901 et 1913, à Berlin de 164 à 199 mk., soit une augmentation de 21 °/₀ et à Londres (prix mondial) de 132 à 158 mk. soit une augmentation de 19 °/₀, il s'élevait à Budapest de 133 à 188 mk. soit un accroissement de 41 °/₀. Dans ces conditions l'agriculture allemande n'aurait évidemment pas à redouter un abaissement du prix des céréales en cas de rapprochement économique avec l'Autriche-Hongrie. S'il avait la perspective de trouver dans l'Empire voisin un débouché assuré de ses produits, le paysan hongrois s'efforcerait d'accroître ses bénéfices non pas du tout par une *production plus intensive*, mais par une *hausse aussi considérable que possible* des prix. Le fait s'est vérifié au cours de la guerre présente. La hausse des prix a été bien plus forte en Autriche-Hongrie qu'en Allemagne (*double* pour le blé presque *quadruple* pour le seigle), alors que le déficit à combler était plus considérable en Allemagne (2 millions de tonnes en année moyenne) que dans la double monarchie, qui en temps normal produit en général le blé nécessaire à sa consommation. Il n'est pas téméraire, dès lors, de conjecturer que l'union économique austro-hongroise aurait pour conséquence une hausse notable du prix du pain.

Et cette hausse ne pourrait guère être atténuée par l'importation (hypothétique) de céréales venant des Balkans, de Turquie ou de Mésopotamie. Les grains, en effet sont au nombre de ces marchandises dont la valeur est faible par rapport au volume et qui ne peuvent être transportés économiquement que par eau et non par chemin de fer. Or, on sait que pour l'instant au moins, le transport par eau sur le Danube est difficile et onéreux. Le passage des célèbres *Portes de fer*, en dépit des améliorations qu'il a reçues, se prête mal à la circulation intense des vastes bateaux qui seuls peuvent assurer le trafic en grand des céréales. Le jour où, selon le vœu du député Gothein, l'on aura régularisé le cours du Danube de manière à ce que les bateaux remorqués de 3.000 à 3.600 tonnes et les vapeurs de 1.800 à 2.000 tonnes puissent aller sans rompre charge de la mer Noire à Budapest, le jour où l'on aura relié par des canaux et des travaux d'approfondissement le Danube à l'Elbe et à la Vistule, à l'Oder, au Rhin, le commerce des céréales entre l'Orient et l'Allemagne pourra se faire dans des conditions avantageuses. Alors que le fret du Danube est évalué pour l'instant à 1 pf. la tonne-kilomètre, soit le triple environ de celui du Rhin (0,26 à la montée, 0,35 à la descente), il pourrait être abaissé, le jour où les travaux de canalisation auraient été faits à 0,40 à la montée et 0,30 à la descente; en sorte que, selon le calcul de Rosenmeyer, le transport des grains roumains à Cologne reviendrait, par le Danube, à 9 mk. 50 la tonne avec 24 jours de trajet, tandis qu'il s'élève par mer à 14 mk. avec 33 jours de trajet. Mais la jonction des voies fluviales austro-allemandes est une opération gigantesque, qui coûtera des sommes énormes[1] et demandera de longs délais. Si bien que, pour longtemps encore, le trafic des céréales entre l'Orient et l'Allemagne atteindra des prix fort désavantageux.

Les probabilités sont donc pour que, pendant une longue période en tout cas, le blé soit cher dans une Europe centrale qui s'efforcerait de réaliser l'autarchie économique. Or on a remarqué que la hausse des céréales entraîne presque toujours à sa suite une hausse correspondante de la viande, puis aussi des autres denrées alimentaires. On voit ainsi que la constitution d'un groupement des puissances cen-

1. A la conférence des *Mitteleuropäische Wirtschaftsvereine* qui s'est tenue à Budapest les 11 et 12 décembre 1916, le rapporteur Russ évaluait à 700 millions kr. ou, en tenant compte de la majoration des prix après la guerre, à 900 millions kr. l'établissement d'un réseau de 775 kilom. de voies fluviales (canal Danube-Oder; canal Oder-Vistule; canal Prerau-Pardubitz; canalisation Elbe moyen).

trales isolé du marché mondial aurait pour conséquence un renchérissement général du coût de la vie. Ajoutons que le jour où la Mésopotamie par exemple deviendrait un grenier d'abondance relié à l'Europe centrale par des voies de communication avantageuses, et où, par conséquent le prix du blé tendrait à baisser, les agrariens allemands et hongrois s'empresseraient de réclamer une protection contre cette concurrence incommode et tâcheraient ainsi de maintenir par tous les moyens ces prix élevés dont ils profitent.

Pour que l'Europe centrale soit pour l'Allemagne une combinaison avantageuse, il ne suffit pas qu'elle puisse y trouver de quoi se nourrir et de quoi alimenter son industrie. Il faut qu'elle y trouve en outre les débouchés nécessaires pour les marchandises qu'elle produit. Nous avons vu quelle nécessité vitale représentait pour l'Allemagne son commerce d'exportation. Si au lendemain de la guerre elle ne parvient pas à le maintenir, c'est pour elle, en tout état de cause, un échec, qui peut tourner au désastre. Il est donc capital de se rendre compte des possibilités qu'offre, à ce point de vue, l'Europe centrale pour le commerce allemand. Or on constate du premier coup d'œil qu'elle ne pourrait en aucune façon compenser, pour l'Allemagne, la perte des marchés mondiaux.

Assurément l'Autriche-Hongrie est un des plus gros clients de l'Allemagne. Si l'on jette un coup d'œil sur la statistique des exportations allemandes[1], on voit que, en 1913, elle arrivait au second rang avec 1.105 millions mk (10,9 % du total des exportations), immédiatement après l'Empire britannique qui venait

1. V. Annexe II.

en tête avec 1.884 millions mk (17,5 %), et avant la Russie (977 millions mk; 9,1 %), la France 790 millions mk; 7,8 %) et les Etats-Unis (757 millions mk; 7,1 %). Mais lorsqu'on examine la natur (es exportations allemandes en Autriche-Hongrie, on s'aperçoit qu'elles consistent pour une part importante en matières premières et en mi-ouvrés, pour une part moindre en marchandises terminées. L'Autriche reçoit de l'Allemagne 23 % du total de ses exportations de matières premières et mi-ouvrés contre 7,5 % seulement de ses exportations en produits ouvrés. Or, l'intérêt de l'Allemagne est, *avant tout*, de vendre les produits de son industrie : sa richesse a sa source moins dans les ressources naturelles de son sol que dans l'industrie de sa population. En 1907, on comptait 1.631.466 personnes occupées à la production des matières premières et, par suite, ntéressées à leur exportation, contre 7.514.803 employées à la fabrication de marchandises et 2.063.634 adonnées au commerce, soit en tout 9.620.417 personnes intéressées à l'exportation de produits ouvrés! L'Autriche-Hongrie qui achète à l'Allemagne pour 504,4 millions mk seulement de manufacturés sur un total d'exportations de 6.786,7 millions mk (soit 7,5 %), n'est donc nullement un client capable de suppléer les autres. Son importance n'est pas en voie de croissance : depuis 1901 la part de l'Autriche dans le total de l'exportation allemande s'est maintenue de façon constante aux environs de 11 %. Evidemment le jour où se produirait le rapprochement économique austro-hongrois, les deux pays pourraient s'efforcer d'acheter l'un chez l'autre des articles qu'ils importaient naguère des pays aujourd'hui hostiles, comme les textiles et machines du textile qu'ils trouvaient en Angleterre, les machines agricoles ou industrielles qu'ils faisaient venir d'Amérique, les articles de mode ou les automobiles qu'ils cherchaient en France ou en Angleterre. Mais le supplément que l'industrie allemande pourrait trouver de la sorte est évalué en général assez bas, au moins dans les années qui suivront la guerre. Eulenburg ne l'estime guère à plus de 150 millions mk (moins de 1/2 °/₀ de l'exportation totale). On voit donc combien peu un avantage aussi mince compenserait pour l'Allemagne la perte de clients comme l'Angleterre, la France, la Russie ou les États-Unis !

Les choses ne se présentent guère mieux si, au lieu de considérer une union avec l'Autriche-Hongrie seule, on évalue le profit d'une alliance où entreraient aussi les Balkans et la Turquie. Sans doute l'exportation allemande s'est considérablement accrue dans ces pays, notamment en Bulgarie où, de 1901 à 1913, elle a passé de 6 à 30 millions mk, et en Roumanie où elle s'est élevée de 42 à 140 millions mk ; et cette exportation consiste presque entièrement en objets fabriqués (machines, locomotives, tuyaux, etc.), qui intéressent spécialement l'Allemagne. Mais si nous considérons que les exportations allemandes en Turquie, Roumanie, Bulgarie, Grèce, Serbie, atteignaient en 1913 un chiffre global de 311 millions mk seulement, soit près de 3 °/₀ du total, il est clair que si haut que nous estimions l'accroissement possible de trafic résultant pour l'Allemagne de la réalisation d'une Europe centrale même très agrandie, on ne voit pas qu'elle puisse jamais trouver dans l'intensification de ses exportations vers l'Orient l'équivalent de son commerce d'exportation mondial. En 1913 le commerce extérieur de l'Allemagne se résume par le tableau suivant :

	Importation		Exportation	
	—		—	
Totale.	10.770.3		10.097	
Dont :				
Ses alliés	910.3	= 8.4	1.233.5	=12 2
Neutres limitrophes. . .	1.272 7	=11.8	2.004.0	=20 0
Neutres éloignés	241.7	= 2.2	174.1	= 1.7
Neutres Sud-Amérique. .	940.8	= 8.7	533.0	= 5.2
Entente.	7.337.0	=68.1	6.063.8	=60.0

Ces chiffres se passent de commentaire. Ils disent avec éloquence le danger que constituerait pour l'Allemagne la prédominance dans le monde de demain d'un nationalisme économique intransigeant et la folie qu'elle commettrait si elle s'obstinait dans la poursuite d'une autarchie impossible.

On voit donc comment se pose, en définitive, le problème de l'Europe centrale pour l'Allemagne. Elle se rend parfaitement compte qu'elle a tout à perdre à la continuation de la guerre commerciale et à l'avènement d'une ère de protectionnisme à outrance. Elle n'ignore pas que l'autarchie serait plus facile à réaliser pour la Russie, pour la Grande-Angleterre, pour l'Amérique, voire pour la France, que pour elle-même. Elle recherchera donc évidemment une solution moyenne. La réalisation de l'Europe centrale s'impose à elle comme une nécessité politique primordiale. Si elle ne croit guère à la possibilité d'une union économique étroite entre les nations de l'Entente, et affecte de ne pas redouter la prolongation après la guerre du blocus qu'elle subit en ce moment ou d'un boycottage qui la mettrait au ban des grandes nations commerçantes, elle voit fort bien que les tendances protectionnistes serontrenforcées au lendemain de la guerre chez la plupart des nations et risquent de prévaloir même en Angleterre. L'effort vers une *certaine* autarchie économique qui, par le développement de la production agricole, par l'acceptation de certaines restrictions volontaires, par la recherche systématique de succédanés permettant de se passer de certains produits exotiques, la mettrait à même de pourvoir à ses besoins plus largement que par le passé lui semble nécessaire et salutaire. Elle aspire à la réalisation de l'Europe centrale qui lui assurera pour son ravitaillement une base territoriale plus étendue et lui assurera une sphère d'influence économique où elle espère trouver des compensations à la perte vraisemblable de certains marchés. Mais elle n'envisage pas un seul instant l'abandon d'une politique *mondiale*. Elle sait que l'Europe centrale elle-même n'est pas assez vaste pour donner satisfaction à son besoin d'expansion industrielle et commerciale. Il est donc certain qu'elle cherchera non pas seulement à mieux assurer son indépendance économique mais aussi à sauvegarder le développement de ses exportations et qu'elle se gardera bien de sacrifier son intérêt économique à ses ambitions politiques.

CHAPITRE IV

Modalités du rapprochement economique entre les Empires du Centre.

Après avoir examiné les raisons qui, aux yeux des Allemands et des Austro-Hongrois, militent pour ou contre le projet du rapprochement économique, nous avons maintenant à voir comment, dans les deux Empires centraux, on envisage l'organisation des échanges après la guerre, en d'autres termes dans quel sens on se propose de modifier le régime douanier qui règle ces échanges.

Notons d'abord que le régime en vigueur avant la guerre sera sûrement modifié lors de la paix.

Les relations commerciales entre l'Allemagne et l'Autriche-Hongrie sont réglées par le traité de commerce du 6 décembre 1891 conclu à l'époque du chancelier von Caprivi et prolongé par la convention du 25 janvier 1905. Comme les relations économiques austro-allemandes dépendent essentiellement des rapports entre l'Autriche et la Hongrie et que ceux-ci sont réglés par le Compromis (Ausgleich) de 1867 qui doit être renouvelé tous les dix ans et arrive par conséquent à expiration le 31 décembre 1917, les deux Etats ont stipulé que l'accord commercial austro-allemand pourrait être dénoncé le 31 décembre 1915 pour prendre fin le 31 décembre 1916. Cette dénonciation n'ayant pas eu lieu, le traité reste en vigueur et peut être dénoncé le 1er janvier 1917 pour prendre fin le 31 décembre 1917. En sorte que le 1er janvier 1918 un nouveau régime peut entrer en vigueur, soit pour les relations entre l'Autriche et la Hongrie, soit pour les relations entre l'Autriche-Hongrie et l'Empire d'Allemagne. Les négociations entre l'Autriche et la Hongrie paraissent avoir abouti récemment au renouvellement provisoire du Compromis. Sur celles entre l'Allemagne et la monarchie dualiste on n'a pas de renseignements certains. Il est d'ores et déjà certain, toutefois, que le traité existant ne sera pas renouvelé sans subir des modifications considérables.

L'Allemagne se trouve en effet en face d'une possibilité unique pour elle de faire en quelque sorte table rase de son passé. *Tous* les traités de commerce qui la lient à d'autres puissances (Belgique, Russie, Roumanie, Suisse, Serbie, Italie, Bulgarie, Portugal, Suède, Japon, Grèce) peuvent être dénoncés le 31 décembre 1916 et prendre fin le 31 décembre 1917. D'autre part, le traité de Francfort qui réglait les relations commerciales franco-allemandes et assurait à chacune des deux parties le traitement de la nation la plus favorisée (article XI) devient caduc par suite de la guerre. Par l'effet de cette coïncidence providentielle, l'Allemagne se trouve donc en situation de reconstituer intégralement son système douanier et d'inaugurer une ère entièrement nouvelle à partir du 1er janvier 1918. Il est certain qu'elle fera usage de cette faculté et ne se liera pas les mains par une prolongation nouvelle du traité avec l'Autriche-Hongrie.

L'Autriche-Hongrie, d'autre part, est médiocrement

satisfaite des résultats du traité de 1905 qui semble avoir été unilatéralement avantageux aux Allemands. Les négociateurs de 1905 avaient été avant tout guidés par la préoccupation d'assurer aux produits agricoles et spécialement au bétail austro-hongrois un débouché en Allemagne. Et pour obtenir ce résultat ils n'avaient pas hésité à faire des concessions importantes aux Allemands. Or, leur attente a été déçue. Par suite du développement général de la richesse, la consommation intérieure de produits alimentaires a augmenté en Autriche-Hongrie, de telle sorte que l'exportation agricole a perdu beaucoup de son importance. L'*industrie* austro-hongroise, d'autre part, ne s'est pas développée de manière satisfaisante, soit qu'elle ait été insuffisamment protégée par les nouveaux tarifs douaniers, soit en raison des conditions générales de la production industrielle dans la monarchie dualiste. L'importation allemande a, au contraire, augmenté dans des proportions formidables et la balance de commerce qui était *active* en faveur de l'Autriche-Hongrie en 1905 est, comme nous l'avons vu plus haut, devenue fortement *passive* en 1913. En présence de ce résultat, il n'est pas douteux qu'un renouvellement du traité de commerce eût donné lieu à des discussions très vives et aurait abouti à peu près fatalement à un relèvement marqué de droits de douane assez élevés déjà parfois qui protègent l'industrie austro-hongroise.

Or, la guerre a créé entre les Empires du Centre non pas seulement une intimité politique et militaire mais aussi une union économique très étroite. Ils n'ont pas seulement combattu coude à coude l'adversaire commun : ils se sont entr'aidés et soutenus l'un l'autre, au point de vue de leur ravitaillement et de la fabrication du matériel de guerre, ils ont coopéré à l'œuvre de défense économique qui leur a permis de résister au blocus anglais. Il n'est pas douteux, dès lors, qu'au moment de la paix ils s'efforceront, de part et d'autre, de maintenir cette alliance et d'abaisser le plus possible les barrières qui les séparaient l'un de l'autre avant la guerre. Tout le monde, en Allemagne comme en Autriche-Hongrie est d'accord sur ce point. Il n'y a point à proprement parler d'*adversaires* du rapprochement économique. Si, cependant, il y a entre les auteurs qui se sont occupés de ce problème des divergences considérables, cela tient d'une part à la difficulté qu'il y a à concilier le projet d'une Europe centrale avec les intérêts de l'expansion industrielle et commerciale de l'Allemagne. C'est, d'autre part, aussi parce que l'on aborde cette question avec des préoccupations fort diverses. Les uns, et ce sont les plus nombreux, se placent au point de vue politique et national. Ils souhaitent l'entente douanière pour resserrer l'intimité politique, pour multiplier les liens et les organes communs entre les deux Empires; tandis qu'inversement ceux chez qui domine le sentiment particulariste allemand, autrichien ou hongrois se montrent plutôt soucieux de ne pas compromettre la bonne entente politique en y greffant des accords économiques susceptibles de devenir onéreux pour l'une ou l'autre des parties. — D'autres, partant de principes économiques, se laissent guider par des théories libre-échangistes et voient dans un accord austro-allemand un premier pas fait vers un idéal d'internationalisme industriel et commercial dont la pleine réalisation apparaît évidemment comme assez chimérique à l'époque de particularisme national et économique que nous traversons. — D'autres encore ont surtout en vue le danger de l'isolement économique des Empires du Centre après la guerre et se demandent jusqu'à quel point un rapprochement économique austro-hongrois peut aider ou au contraire desservir les négociateurs qui seront chargés de régler, lors du traité de paix, la reprise des relations commerciales entre les belligérants. — Certains, enfin, se préoccupent surtout du développement économique des deux Empires et s'attachent à voir jusqu'à quel point il pourra être favorisé ou risque d'être entravé par un rapprochement plus ou moins étroit.

I

Les procédés techniques par lesquels le rapprochement peut être réalisé peuvent se ramener aux types suivants : 1° Union douanière complète; 2° Union douanière avec maintien d'une ligne de douane intérieure; 3° Traitement préférentiel réciproque ; 4° Maintien du *statu quo*, c'est-à-dire renouvellement du traité de commerce austro-allemand. Jetons un coup d'œil sur ces diverses solutions.

1. **L'union douanière** complète sur le modèle du Zollverein allemand compte aujourd'hui fort peu de partisans. Elle n'est plus guère préconisée que par les partis et personnalités politiques qui estiment que la conclusion de la paix sera le moment favorable pour réparer l'erreur commise naguère lorsqu'on a rejeté l'Autriche-Hongrie hors de l'Allemagne et de parachever, par l'union des deux pays, la grande œuvre de l'unité allemande. Il ne semble pas que ce radicalisme pangermanique ait une bien grande influence, ni en Autriche, ni en Allemagne. L'idée d'un Zollverein austro-allemand est en revanche com-

battue d'abord par les « particularistes » allemands, autrichiens ou hongrois, qui estiment malaisée la conciliation d'une union douanière avec le maintien de l'autonomie de leurs pays respectifs. Les inconvénients de cette solution apparaissent comme plus grands encore lorsqu'on observe que la Hongrie et l'Autriche ne sont plus liées depuis 1907 que par un traité de commerce qui peut être dénoncé tous les dix ans et que, par conséquent, l'union devrait en réalité être conclue non point entre les deux Empires mais entre les trois Etats, l'Allemagne, l'Autriche et la Hongrie. Les économistes, enfin, font observer les conséquences désastreuses qu'aurait, en particulier pour l'industrie austro-hongroise, la suppression *immédiate* de toute barrière douanière entre deux régions aussi dissemblables au point de vue de leur développement économique que l'Allemagne et l'Autriche-Hongrie. Les partisans les plus déterminés même de l'entente tels que Naumann ont soin de souligner expressément qu'ils ne réclament nullement l'union économique *totale* mais qu'ils admettent parfaitement le maintien d'une ligne de douane intérieure entre les deux moitiés de l'Europe centrale. D'autres encore se bornent à prévoir que les droits protecteurs provisoirement nécessaires pour le maintien de l'industrie austro-hongroise pourraient être progressivement abaissés de manière à ce que l'unification douanière de l'Europe centrale se trouvât réalisée dans un laps de temps de vingt années par exemple (Spiethoff).

2. **L'union partielle** (Zollverband) avec maintien d'une ligne de douanes intérieures est en revanche une des solutions les plus en faveur. Dans cette hypothèse l'Europe centrale forme, au point de vue doua-

nier, un domaine protégé par un tarif unique. Les deux pays unis restent d'ailleurs libres de percevoir, chacun à sa frontière, des droits supplémentaires sur tels ou tels articles qu'ils désireraient protéger plus spécialement. Entre l'Allemagne et l'Autriche-Hongrie subsiste une ligne de douanes permettant d'assurer, à l'aide de tarifs aussi modérés que possible, la protection strictement indispensable aux industries des deux pays. On estime que la suppression ou l'abaissement des droits entre l'Allemagne et l'Autriche-Hongrie entraînerait pour l'une une perte de 60 millions mk, pour l'autre une perte de 90 à 100 millions de kr. Chacun des deux Etats se verrait garantir cette somme sur le produit total des douanes de l'Europe centrale. Le surplus des recettes serait affecté à des dépenses d'utilité commune.

Les partisans de cette solution, parmi lesquels il faut citer au premier rang Naumann, reconnaissent que la réalisation de l'union douanière présente au premier abord des difficultés de mise en train assez considérables. L'élaboration du tarif douanier commun de l'Europe centrale, la négociation commune de traités de commerce entre l'Europe centrale et les autres puissances, l'adjonction éventuelle d'autres participants à l'Europe centrale sera certainement fort malaisée à régler et à organiser. — Ce sera, pour l'Allemagne, une grave résolution à prendre que d'accepter une solidarité économique nécessairement assez étendue avec l'Autriche-Hongrie. Pour cette dernière le pas à franchir est plus redoutable encore. Il n'est pas douteux que l'Allemagne, en vertu de son immense supériorité économique, revendiquera une part prépondérante dans la direction de l'Europe centrale. L'Autriche-Hongrie ne peut se dissimuler qu'elle sera prise à la remorque, qu'elle perdra une partie de son autonomie économique. Même si l'union n'est conclue que pour un temps donné et peut être périodiquement dénoncée, sa réalisation n'est pas sans comporter des risques sérieux : c'est une grosse partie à jouer. Naumann prévoit en effet qu'elle entraînera de profondes modifications dans la vie économique tout entière des deux pays. Il admet que l'union ne sera pas réalisée par un simple traité de commerce, mais par trois groupes de traités : 1° Des stipulations relatives aux approvisionnements : l'expérience de la guerre a en effet appris qu'il faudra constituer en temps de paix des stocks considérables de grains, peut-être aussi de fourrages; il conviendra donc de prévoir la constitution d'une Centrale d'approvisionnements communs, l'édification de puissants entrepôts, l'établissement d'une organisation et d'un plan de travail agricole communs pour l'Europe centrale tout entière. — 2° Des stipulations relatives aux syndicats : le point de départ sera la constitution d'un syndicat minier et métallurgique de l'Europe centrale où, avec la participation de leurs gouvernements, les industriels autrichiens et hongrois se verront assigner leur contingent et garantir leur rayon de vente. Sur le modèle de ce syndicat les autres industries se constitueront peu à peu en cartels qui réglementeront par des procédés analogues la production et la vente. — 3° Le traité de commerce proprement dit qui déterminera le tarif douanier vis-à-vis de l'extérieur et les droits encore perçus à la frontière austro-allemande. — On voit, en définitive, que l'union douanière doit, dans la pensée de ses partisans, s'accompagner d'une véritable révolution qui, dans les deux pays modifierait profondément le régime économique tout entier et substituerait à la libre concurrence une sorte de socialisme d'Etat inspiré par les expériences faites au cours de la guerre.

3. **Traitement préférentiel.** — On peut concevoir encore que l'Allemagne et l'Autriche-Hongrie gardent chacune son indépendance au point de vue de leurs tarifs douaniers mais se consentent l'une à l'autre des avantages spéciaux. Les deux pays contractent donc ensemble une association économique plus intime. Et pourtant chacun conservera la faculté d'organiser à son gré ses relations commerciales avec les autres nations.

Les économistes ont fait observer que cette solution n'est pas en opposition de principe avec le système en vigueur dans les traités de commerce actuels de l'Allemagne et qui est basé sur la clause de la nation la plus favorisée. Cette clause spécifie que *en droit* on ne doit pas faire de différences entre les marchandises provenant de pays différents. Mais des différences existent *en fait*. Il est évident, par exemple, que les frais de transport ne sont pas les mêmes pour les divers pays, selon leur situation géographique. Or il est possible, par divers procédés techniques d'accroître sensiblement ces différences de fait. 1° Par la *spécialisation des tarifs* on peut arriver à frapper les produits de tel pays particulier tout en épargnant les produits similaires mais point identiques des autres. Toutes les nations se sont engagées dans cette voie. L'ancien tarif allemand comportait 387 articles seulement; le tarif français de 1892 en contenait 654; le tarif allemand de 1902 en énumérait 946; le tarif suédois de 1911 élevait le nombre de ses rubriques à 1.325, établissant ainsi un record qu'on n'a guère intérêt à dépasser. Par l'artifice de la spécialisation des tarifs on atteint aisément les pays qui, comme l'Angleterre, produisent un petit nombre d'articles bien individualisés. On frappe un peu plus malaisément les pays comme l'Allemagne dont l'exportation est très diverse. Les Allemands se plaignent toutefois que la France se soit servie efficacement de ce procédé pour éluder à leur détriment la clause du traité de Francfort et entraver leur exportation par des chicanes douanières. 2° En appliquant aux marchandises des tarifs douaniers différents selon qu'elles entrent par voie de terre ou par voie de mer, on peut également favoriser telle nation au détriment de telle autre sans contrevenir à la clause de la nation la plus favorisée. On voit tout de suite, par exemple, que la France dont le commerce avec l'Angleterre se fait pour 99 % par mer favoriserait efficacement l'Angleterre en abaissant le tarif de sa douane maritime. Inversement, comme son commerce avec l'Allemagne se fait pour 85 % par voie de terre, elle assurerait à l'Allemagne une place privilégiée par un abaissement du tarif de ses douanes terrestres. 3° L'établissement de surtaxes d'entrepôt sur des marchandises ne provenant pas directement du pays d'origine ou encore de surtaxes sur les marchandises d'un pays étranger quand elles sont importées sur des navires d'une autre nationalité permettrait de même, sans contrevenir à la clause de la nation la plus favorisée, d'atteindre directement l'Angleterre qui a un énorme commerce de transit et un commerce maritime considérable. 4° Mais on peut aller plus loin encore. La distinction entre la marchandise indigène et la marchandise étrangère doit, en principe, cesser, une fois que celle-ci a franchi la ligne douanière. Mais on peut exiger que la distinction subsiste aussi dans le commerce intérieur. C'est ainsi que l'Angleterre, à partir de 1887, a imposé aux produits allemands la fameuse marque « made in Germany » et que la France, depuis 1892, appose la marque « importé » sur les marchandises étrangères. On voit les dangereuses facilités que cette pratique crée en vue du boycottage de tel ou tel produit étranger.

On conçoit donc finalement aussi qu'un pays, au lieu d'éluder par des artifices divers la clause de la nation la plus favorisée, puisse être amené à se réserver *en principe* le droit d'accorder un traitement de préférence soit à ses colonies (c'est le cas de l'Angleterre vis-à-vis de son empire colonial), soit à un pays voisin (par exemple, les Etats-Unis à l'égard du Brésil ou du Canada), soit à un pays à qui il veut marquer une sympathie spéciale (traité entre la France et le Canada). Et l'on comprend que l'Allemagne estime pouvoir, de même, accorder un tarif préférentiel à ses alliés politiques sans que cette mesure doive être envisagée par les tiers comme agressive ou inamicale. Elle établirait, dans ces conditions, comme le propose Schumacher par exemple, un triple tarif : 1° *Un tarif général* appliqué seulement dans les cas où un accord commercial n'a pas pu s'établir et qui est considéré surtout comme une arme destinée à amener les autres nations à entrer en négociation. 2° *Un tarif intermédiaire* qui correspondrait à l'ancien tarif minimum et à la clause de la nation la plus favorisée. 3° *Un tarif préférentiel* accordé seulement à un petit cercle d'intimes avec lesquels on est lié non pas seulement par des traités de commerce mais par une véritable alliance économique et politique.

4. Convention commerciale avec clause de la nation la plus favorisée. — Par le traité de commerce actuellement en vigueur, l'Allemagne et l'Autriche-Hongrie se sont accordé, sans restriction, le traitement de la nation la plus favorisée. Et nombre d'hommes d'affaires, dans les deux pays, estiment que c'est là, après tout, le système le plus pratique. Il laisse à l'Allemagne la plus grande liberté dans ses négociations avec les autres Etats, l'Autriche-Hongrie bénéficiant néanmoins de toute concession douanière accordée par son alliée à un tiers. Il a l'avantage, en outre, de ne pas fournir aux pays de l'Entente un motif de prolonger la guerre commerciale entre les Empires du Centre. Si l'Allemagne accordait à l'Autriche un traitement de faveur elle risquerait, en effet, de voir les pays avec qui elle est liée par des traités de commerce s'emparer de ce prétexte pour user de représailles contre elle.

Assurément il ne faut pas s'exagérer ce risque. L'évolution générale tend à la constitution de vastes groupements supra-nationaux formés par des Etats spécialement liés entre eux. Le système préférentiel apparaîtra donc après la guerre comme quelque chose de tout à fait naturel : on n'exigera plus qu'un pays accorde exactement les mêmes avantages commerciaux à ses alliés et aux indifférents. En fait, d'ailleurs, des droits préférentiels, par exemple entre une métropole et ses colonies, ont été depuis longtemps concédés sans soulever d'objections de la part des tiers. Il est clair, enfin, que l'exportation allemande se trouvera menacée, au lendemain de la guerre, non pas du tout parce qu'on aura accordé un traitement de faveur à l'Autriche-Hongrie, mais en raison des haines nationales soulevées par la guerre. Il n'en reste pas moins évident que le rapprochement douanier des Empires du Centre peut rendre plus difficile la conclusion de traités de commerce et être allégué par les malveillants pour motiver des mesures dommageables à l'exportation allemande. Mieux vaut donc conclut-on, s'en tenir, vis-à-vis de l'Autriche-Hongrie, au traité de commerce usuel.

Ce qu'on peut faire utilement, dans ces conditions, c'est de reviser les tarifs, surtout du côté austro-hongrois, car ils ont été établis dans une pensée de protection aveugle et avec des tendances que l'événement n'a pas justifiées. On comptait sur une augmentation des exportations de produits agricoles vers l'Allemagne, et il s'est produit une diminution dans les dix dernières années. On a mis des taxes élevées sur des articles comme les machines, les matières colorantes dont le pays a besoin et qu'il ne produit pas; inversement, certaines industries ont été privées de la protection nécessaire au premier stade de leur développement. Il ne s'agit pas, en revisant le tarif, de supprimer toute taxe protectrice, mais seulement de procéder à un remaniement rationnel, en diminuant ou en supprimant celles qui ne protègent aucune industrie existante, quitte à maintenir ou au besoin à accroître celles qui ont véritablement une raison d'être. Il ne faut d'ailleurs pas perdre de vue que des taxes douanières, quelles qu'elles soient, ne pourront jamais à elles seules provoquer dans la double monarchie un développement industriel capable de concurrencer l'industrie allemande sur le marché mondial.

L'Allemagne, d'autre part, n'a pas un intérêt capital à obtenir en Autriche-Hongrie un traitement de préférence. Elle n'est, en effet, guère gênée par la concurrence étrangère sur le marché austro-hongrois. Elle fournissait en 1913 la moitié de l'importation totale de l'Autriche-Hongrie en matières premières, mi-ouvré ou marchandises fabriquées (1.246 millions kr. sur 2.483). Or la moitié fournie par les autres pays étrangers consiste, pour la plus grande part, ou bien en matières premières que l'Allemagne ne produisait pas ou bien en spécialités qu'elle ne songeait pas à concurrencer. L'octroi par l'Autriche-Hongrie de tarifs préférentiels n'offrirait donc à l'Allemagne en tout état de cause qu'un avantage illusoire. Elle ne cherche pas à éliminer les concurrents étrangers sur le marché autrichien, non plus que sur les marchés balkaniques ou turcs. Ni la double monarchie ni l'Orient ne représentent pour elle un débouché qui puisse être mis en comparaison avec ses gros clients d'Europe. Le but qu'elle poursuit en travaillant à un rapprochement c'est de favoriser le développement économique de ses alliés, de façon à accroître, de façon durable, leur productivité, leur richesse, par conséquent aussi leur puissance d'achat. Dans ces conditions l'Allemagne ne se refuserait pas à abaisser ses propres tarifs douaniers, quand bien même certaines de ses industries, comme les filatures de coton notamment, devraient être plus gênées qu'elles ne le sont actuellement par les exportations autrichiennes. Et elle tâchera, d'autre part, de faire insérer dans le traité de commerce des clauses tendant à améliorer et à faciliter les relations entre les deux pays, telles que : l'adoption d'une classification commune des deux tarifs douaniers et de tarifs des chemins de fer, la suppression des tarifs de pénétration ainsi que des tarifs spéciaux sur les réseaux des compagnies privées, l'unification de la législation sur les brevets, les marques et modèles déposés, le rapprochement des législations en matière commerciale, l'amélioration des conditions de paiement, les facilités accordées soit pour les admissions temporaires soit pour le transit vers les Balkans.

Il semble, au total, que l'Allemagne incline aujourd'hui à organiser le rapprochement avec l'Autriche-Hongrie plutôt par le moyen d'un traité de commerce avec clause de la nation la plus favorisée ou avec traitement préférentiel, que par la constitution officielle d'une Europe centrale formant un domaine économique unifié. Et l'on conçoit fort bien les raisons qui la poussent dans ce sens. Elle évalue sans aucune sentimentalité les ressources du partenaire avec lequel on lui propose de lier partie. Elle calcule qu'elle ne peut trouver chez lui ni les denrées nécessaires pour assurer sa subsistance, ni les immenses stocks de matières premières dont elle a besoin pour son industrie, ni les débouchés indispensables à son commerce d'exportation. L'avantage positif et immédiat que l'industrie allemande pourrait retirer d'une union avec l'Autriche-Hongrie serait donc tout à fait insignifiant, au moins dans les premiers temps, et ne compenserait en aucune façon le désastre que serait pour l'Allemagne la fermeture des marchés extérieurs et l'arrêt de son commerce d'exportation. Dans ces conditions l'Allemagne ferait un marché de dupe si elle compromettait l'avenir de son commerce mondial pour le seul plaisir de resserrer les liens qui l'unissent à l'Autriche-Hongrie. L'isolement — même à deux avec l'Autriche-Hongrie et même à quatre avec l'Autriche, la Bulgarie et la Turquie — est ce qu'elle redoute par-dessus tout. L'Allemagne vise donc aujourd'hui avant tout à conclure des traités de commerce qui lui permettent de reprendre sa place sur les marchés mondiaux. Cet avantage essentiel passe pour elle avant toutes les satisfactions d'orgueil. Il est probable, aujourd'hui, qu'elle évitera de faire cause commune avec l'Autriche-Hongrie et peut-être même de lui accorder ostensiblement un traitement de faveur si elle peut craindre qu'une mesure de ce genre ne serve de prétexte à ses adversaires pour lui fermer leurs marchés et rendre ainsi plus difficile la conclusion d'accords commerciaux acceptables pour elle. Elle ne se soucie nullement, au lendemain de la paix, de se trouver en tête à tête avec l'Autriche-Hongrie. Elle sait fort bien que la réalisation d'une Europe centrale obligée de se suffire à elle-même et restreinte dans son commerce international signifierait pour l'Allemagne une lourde défaite.

Ce n'est pas à dire, toutefois, qu'elle renonce à son grand projet. Plus que jamais elle garde l'espoir de constituer quelque jour un vaste Empire du Centre, de créer sous la raison sociale « Germanie et Cie » une firme colossale dont elle sera le gérant. Seulement elle ne se flatte plus d'y arriver directement et d'un seul coup, de réaliser sous une forme visible et tangible son projet en instituant tout de suite l'unité politique ou l'unité douanière austro-allemande. Elle admet la nécessité de sérier les difficultés. Et elle envisage, pour atteindre à ses fins, une solution que l'on pourrait appeler la « solution industrielle ».

II

Pour bien comprendre l'intérêt de cette solution, on voudra bien se reporter à ce que nous avons dit plus haut sur l'organisation allemande (p. 48) et le mouvement de concentration par lequel, en vue d'augmenter sans cesse l'intensité de la production, se sont formés les vastes « combinaisons » et les grands cartels qui sont caractéristiques du développement industriel actuel de l'Allemagne. Au terme de cette évolution, l'Empire allemand se présente à nous, aujourd'hui, comme une sorte de gigantesque Société, comme une *combinaison* à la seconde puissance englobant dans une vaste unité tous les syndicats et cartels particuliers ou généraux. Mais le mouvement de concentration peut aller plus loin encore. De même que deux maisons de commerce peuvent avoir intérêt à fusionner pour accroître leur puissance, ainsi on peut imaginer que deux Etats en arrivent à envisager l'éventualité d'une *fusion* industrielle. Or c'est là précisément ce qu'examinent en ce moment les deux Empires centraux. On discute pour savoir si la Société « Allemagne » et la Société « Autriche-Hongrie » ne pourraient pas utilement s'entendre pour étendre le marché, pour réglementer la production et la vente, pour préparer pour plus tard l'unification du marché intérieur, pour accroître, en attendant, les possibilités d'exportation vers les autres pays et peser davantage, dès à présent, dans les tractations commerciales avec les tiers.

Dans ces conditions les gérants de la Société « Allemagne » s'appliquent, comme il est de règle avant de conclure une combinaison ou une fusion industrielle, à évaluer au plus juste les apports de l'associé qui vient proposer son concours, à apprécier la force que son accession ajouterait à la Société, ou au contraire les causes de faiblesse qui pourraient résulter de la jonction des deux affaires. Ils procèdent, bien entendu, à cet inventaire en faisant abstraction de toute considération sentimentale, avec l'objectivité froide de praticiens qui débattent une affaire industrielle et qui, instinctivement, déprécient l'apport du partenaire afin de rabattre autant que possible ses prétentions.

L'affaire austro-hongroise est ainsi jaugée sans indulgence et estimée au total assez médiocre. Les conditions naturelles de production sont peu favorables : presque pas de charbon, peu de minerais ; une seule issue sur la mer, Trieste ; des voies de transport naturelles qui ne sont pas orientées de façon propice, si ce n'est toutefois que le Danube peut faciliter l'exportation vers la Turquie et les pays balkaniques ; de bonnes terres mais mal cultivées et ne donnant que de faibles rendements ; de belles forêts mais que l'on exploite sans méthode et de façon ruineuse ; des richesses naturelles assez importantes (pétrole, forces hydrauliques des Alpes) mais dont on commence à peine à tirer parti. Le matériel humain est défectueux : une population très mêlée, formée d'éléments hétérogènes, disparates, parfois hostiles les uns aux autres, fort arriérée au point de vue de l'instruction (33 °/₀ d'illettrés en Hongrie et jusqu'à 75 °/₀ dans certains districts de l'Autriche), adonnée en majeure partie à l'agriculture. Peu de villes, partant, peu d'industrie. Ajoutez à cela des voies de communication insuffisantes ; peu de chemins de fer, avec des tarifs trop élevés ; une législation fiscale déplorable frappant de façon ruineuse les entreprises industrielles ; une administration routinière et tyrannique étouffant toutes les initiatives intelligentes ; une organisation industrielle à peu près inexistante. On comprendra sans peine que l'Allemagne éprouve pour l'associé qu'elle songe à s'adjoindre une assez mince considération.

Elle admet toutefois qu'il est susceptible de progresser. L'Autriche-Hongrie peut aisément améliorer son agriculture, peut-être en doubler les rendements, perfectionner l'exploitation de ses forêts et créer chez elle une industrie du bois florissante. Ses sources de pétrole et ses forces hydrauliques peuvent être mises en valeur. Elle peut céder de la main-d'œuvre qu'elle possède en excédent à son associé. L'établissement de la jonction Rhin-Danube ou Elbe-Danube donnerait une excellente voie d'eau pour les relations commerciales non seulement entre l'Allemagne et l'Autriche-Hongrie mais encore entre l'Allemagne et les Balkans, la Turquie et l'Orient.

Et dans ces conditions une entente peut être fructueuse. L'Allemagne veut bien promettre à l'Autriche-Hongrie le concours de son capital, de ses banques, de ses techniciens. Mais il faut d'abord que la double monarchie se réforme elle-même, qu'elle écarte les obstacles qui entravent son essor économique, qu'elle amende son régime douanier, ses tarifs de chemins de fer, sa législation industrielle, son système fiscal. Il faut ensuite qu'elle accepte, pour la Société nouvelle, un gérant allemand, qu'elle modère ses désirs de protection industrielle, qu'elle se prête de bonne grâce aux réformes plus profondes qui seront nécessaires pour préparer l'unification des deux pays. L'union économique ne sera pas constituée d'une pièce après la guerre : on y travaillera, de part et d'autre, chacun pour soi, selon un plan arrêté en commun. Et cela jusqu'au moment où, après une évolution plus ou moins prolongée, la grande firme industrielle « Allemagne, Autriche-Hongrie et Cie » se trouvera constituée en fait et n'aura plus qu'à notifier officiellement au monde son existence.

Cette solution « industrielle » du problème du rapprochement économique n'est pas simplement à l'état de projet. On peut dire que sa réalisation est, sinon commencée, du moins amorcée par les dispositions qui sont prises ou étudiées pour l'après-guerre dans les Empires du Centre.

En Autriche, le président de l'Association centrale des industriels a fait, au début de 1916, un rapport détaillé sur cette question, visant plus particulièrement l'approvisionnement en matières premières dans la période intermédiaire entre la guerre et la paix. Il préconisait la création, pour les deux Empires alliés, d'un Syndicat général et d'une Banque spéciale fondée par les grands établissements de crédit austro-allemands. Le Syndicat émettrait des traites gagées sur les titres des emprunts de guerre appartenant à ses membres, et les remettrait à la Banque. Celle-ci, ajoutant encore comme garantie supplémentaire ses propres titres d'emprunts d'Etats, émettrait à son tour du papier, payable en or, et qui serait remis pour les paiements à l'étranger, en échange des devises nécessaires. Les règlements pourraient ainsi se faire sans émission de billets de banque et sans sortie d'or. On créerait alors au Ministère du Commerce une section spéciale assurant, pour une année par exemple, les approvisionnements de toute l'industrie en matières premières étrangères et se procurant les devises nécessaires pour effectuer le paiement de ses achats. Les Centrales instituées depuis la guerre seraient maintenues pendant quelque temps encore et se chargeraient d'effectuer la répartition entre les diverses industries intéressées. Cette combinaison a été réalisée, mais en réduisant l'initiative privée à un simple rôle de répartition. L'organisation créée par les industriels est remise aux mains de l'Etat. Celui-ci la complète en imposant même s'il le faut, l'adhésion *obligatoire de tous* les industriels à ce groupement. Il assume alors la charge de faire les achats, de les payer et d'en assurer le transport jusqu'à la frontière nationale.

En Allemagne, d'ores et déjà, on a créé un office spécial chargé de régler cette question, et le commissaire impérial, qui en est le chef, a été désigné en août 1916. Le système qu'il envisage pour la règlementation de l'importation pendant la période intermédiaire entre la guerre et la paix a été récemment précisé sur certains points, et le commerce de Hambourg tout entier s'est soulevé d'indignation. Le commissaire a fait connaître, en effet, que les importations autorisées et le tonnage seraient mis *directement à la disposition de l'industrie* et que celle-ci devrait s'arranger avec le commerce pour laisser à ce dernier les devises et le fret qu'il conviendrait de lui céder. Le commissaire impérial ajoutait qu'il avait donné au groupement industriel des instructions pour l'inviter à utiliser les services du commerce, que les industriels étaient tout disposés à se conformer à cet avis, et que, d'ailleurs, des fonctionnaires seraient chargés de surveiller, à ce point de vue, les organisations industrielles. Les représentants du commerce de Hambourg ont protesté « avec la dernière énergie » contre ce *dessaisissement* du commerce; ils ont demandé que le commerce reçût directement une part de devises et de tonnage, correspondant à son activité d'avant-guerre, que l'industrie fût tenue de faire appel au commerce d'importation dans la même mesure qu'avant la guerre et qu'enfin l'importation des marchandises destinées à la consommation immédiate fût réservée au commerce.

On voit les mesures de centralisation et de socialisation très radicales que les Allemands envisagent pour l'après-guerre. En admettant même qu'ils renoncent finalement à faire ravitailler directement l'industrie allemande par l'Etat, en éliminant le commerce, il paraît douteux qu'ils se privent des avantages considérables que présente le système des *achats en commun* faits par l'Etat ou contrôlés par ses représentants. Pour ce qui est du coton, par exemple, ils constatent que les deux Empires du Centre réunis absorbent 700.000 tonnes de matière brute, soit 15 % de la production mondiale; or il est clair qu'un acheteur de cette importance obtiendrait aisément des avantages considérables comme prix en Amérique; la suprématie anglaise serait brisée; des stocks de coton considérables seraient constitués en prévision d'une guerre future; une Bourse de coton pourrait être établie à Hambourg ou Brême et, grâce aux stocks accumulés, serait en état de stabiliser les prix et de prévenir les excès de spéculation. Le même principe pourrait être appliqué à une série d'autres matières premières que les deux Empires alliés sont obligés d'acheter à l'étranger.

Nous voyons, au total, comment se présente la conception « industrielle » du rapprochement économique austro-allemand. Pour créer l'Europe centrale, point n'est besoin de toucher aux frontières politiques ni aux lignes douanières en risquant ainsi de provoquer des mesures de représailles de la part de ceux qui peuvent se croire menacés ou lésés. On modifie le moins possible, pour commencer, l'état de choses existant. L'union souhaitée est réalisée peu à peu, par stades successifs. Elle apparaît d'abord comme une opération d'ordre tout privé, l'institution d'un office central pour l'achat en commun des matières premières nécessaires et leur répartition par les Sociétés de guerre existantes. Un second stade, prévu dès maintenant, comprend une série de réformes tendant à l'unification des tarifs de chemins de fer, de la législation sur les brevets et les marques, à la réduction des taxes douanières avec concession réciproque du traitement de la nation la plus favorisée, etc. Ensuite les banques allemandes interviendront : elles exerceront une pression pour moderniser l'organisation de l'industrie austro-hongroise et l'amener au niveau de l'industrie allemande et, en même temps, déterminer les réformes nécessaires de la part de l'Etat. Ces efforts successifs conduiront peu à peu la double monarchie à une situation économique assez prospère pour que l'union économique avec l'Allemagne devienne une réalité, et cela, sans changement politique apparent. On n'annonce, en industrie, une fusion que lorsqu'elle est faite. La « combinaison » austro-allemande une fois réalisée, elle restera ouverte, de telle sorte que les Balkaniques, la Turquie, les neutres sympathiques pourront y obtenir une participation, puis, si les circonstances s'y prêtent, s'y agréger.

On discerne sans peine le côté réaliste et pratique de cette conception. Elle est réalisable *quelle que soit l'issue de la guerre*. Même en cas de dislocation de la double monarchie il resterait les provinces allemandes d'Autriche reliées encore à l'Allemagne par le Danube, et le royaume de saint Etienne relié par la même voie à l'Autriche d'une part, aux Balkans et à l'Orient de l'autre. En tout état de cause, l'expansion économique de l'Allemagne resterait donc assurée : le degré seul de cette expansion dépendrait de l'issue de la grande lutte. Au début de 1916, quand l'offensive de Verdun faisait croire à l'Allemagne que la guerre serait terminée dans les trois mois, on a vu certains industriels délaisser aussitôt leurs fabrications de guerre pour construire immédiatement de nouveaux modèles pour l'exportation ! Mais si la victoire, qu'ils n'ont pas cessé d'escompter, devait leur échapper, les Allemands ne s'estimeraient pas perdus. Ils constatent que leurs ennemis ne peuvent leur enlever ni la capacité de travail, ni le savoir acquis, ni le sens de la discipline qui expliquent leurs succès passés et leur permettront d'en remporter de nouveaux dans l'avenir. Et ils gardent dès lors confiance dans leur destinée. « Notre industrie, concluent-ils l'emportait hier et l'emportera demain parce qu'elle est organisée plus scientifiquement que celle de nos concurrents et qu'elle arrive par suite à abaisser ses prix de revient plus bas qu'ils ne peuvent le faire. Le secret de notre force c'est que nous offrons à nos clients étrangers *des produits de meilleure qualité et à meilleur marché que ceux qu'ils trouvent chez eux ou ailleurs.* Ils se garderont bien de nous repousser, car ils trouvent leur avantage à acheter chez nous. Les rancunes se taisent vite là où parle l'intérêt. Nous garderons donc, en dépit de la haine qu'on affiche contre nous, la place que nous avons conquise dans le commerce mondial. »

LIVRE IV

LA LUTTE CONTRE L'IMPÉRIALISME ÉCONOMIQUE ALLEMAND

CHAPITRE I

Conditions générales de la lutte.

Il est trop tôt encore pour essayer de déterminer comment devra s'organiser, après la guerre, la résistance contre l'impérialisme économique allemand. Nous ignorons, en effet, pour l'instant, les conditions dans lesquelles s'engagera la lutte. Nous ignorons de même quel sera le statut économique de l'Europe centrale. Le Compromis austro-hongrois semble avoir été renouvelé; mais nous n'en connaissons pas la teneur et ne savons même pas si ses conditions sont dès à présent irrévocablement fixées. Quant aux négociations entre l'Allemagne et l'Autriche-Hongrie, elles restent enveloppées de mystère. Tout ce que l'on peut conjecturer, c'est qu'elles rencontrent des difficultés puisque la retraite du comte Tisza paraît avoir été motivée, en partie au moins, par l'opposition de ses vues avec celles du gouvernement impérial sur cette question. — Nous ne savons pas davantage comment s'organiseront, à l'issue de la guerre, les relations économiques des puissances de l'Entente. L'Angleterre a, dans la conférence de l'Empire britannique tenue à Londres, nettement marqué son intention de resserrer les liens qui uniront les Dominions à la mère patrie. Mais on ne saurait encore indiquer avec certitude à quel degré la Grande-Bretagne renoncera à sa politique traditionnelle de libre-échange pour s'adonner au protectionnisme. Dans quelle mesure la Russie, l'Italie, la France, s'agrégeront-elles au groupement anglais ou garderont-elles leur indépendance économique? Quelle sera l'attitude des Etats-Unis, de la Chine, du Brésil, celle des Etats de l'Amérique du Sud qui n'ont pas encore pris parti dans le conflit mondial, des neutres européens? Il paraît difficile de le prévoir pour l'instant avec quelque précision. Et il va sans dire, aussi, que le problème économique prendra des aspects très différents selon la manière dont se fera la paix, selon la puissance respective que garderont à ce moment les parties en présence, selon le degré d'optimisme ou de pessimisme avec lequel on pourra envisager le maintien de la paix dans l'avenir. Il serait fort vain, dans ces conditions, de proposer des solutions qui peuvent, d'un jour à l'autre, s'avérer comme impossibles. Tout ce que l'on peut essayer, ici, c'est de grouper un certain nombre de données objectives dont il faudra tenir compte dans tous les cas et de quelque manière que tournent les événements.

Voyons d'abord, d'une façon tout à fait générale, les procédés qu'on peut envisager pour parer au danger allemand tel que nous l'avons défini au cours de cette étude.

1. On peut, d'abord, arrêter ou limiter l'expansion allemande par une organisation sérieuse de la protection du travail national dans les divers pays de l'Entente.

La puissance de pénétration de l'industrie allemande sur les marchés étrangers tient essentiellement, nous l'avons vu, à ce qu'elle peut offrir ses marchandises dans des conditions exceptionnelles de bon marché soit par suite de l'intensification de sa production et de l'abaissement du prix de revient qui en est la conséquence, soit par suite de l'emploi du dumping. Or on peut, en premier lieu, combattre le dumping par une législation antidumping appropriée, comme celle que l'on a instituée au Canada par exemple. On peut, de plus, protéger les industries indigènes qui risqueraient d'être étouffées par la concurrence des industries allemandes similaires, au moyen de droits de douane. Il faut d'ailleurs noter que, contre un Etat pratiquant le dumping de façon systématique, les tarifs douaniers ne peuvent être efficaces que s'ils sont très élevés. Et dans ce cas, il importe de prendre des mesures spéciales pour empêcher l'introduction des produits surtaxés grâce à la complaisance intéressée de pays jouissant de tarifs plus modérés. Il faut veiller aussi à déjouer les manœuvres par lesquelles le pays exportateur pourrait s'assurer le contrôle de telle ou telle branche de l'industrie nationale dans le pays où il cherche à pénétrer, ou y empêcher le développement de l'industrie nationale en y établissant des filiales de ses propres industries. Lorsqu'on voit se fonder, en janvier 1917, à Essen, une société au capital de 4 millions mk ayant pour objet l'assistance économique allemande aux régions occupées et se proposant de favoriser les intérêts allemands au point de vue des industries minières, métallurgiques, chimiques, maritimes, etc., en prenant des participations financières dans des entreprises étrangères de manière à les faire passer, éventuellement, en des mains *allemandes*, — on ne saurait douter de la volonté des Allemands d'imposer leur contrôle à certaines industries étrangères.

2. On pourrait, en second lieu, porter un coup plus sensible encore à l'exportation allemande en entravant son ravitaillement en matières premières soit en prohibant la sortie de ces matières, soit en la grevant de droits élevés. Si l'on admettait, par exemple, que, grâce à une taxe de sortie sur le coton établie en Egypte et aux Etats-Unis, l'Allemagne — qui est incapable de produire du coton elle-même — fût obligée de payer plus cher son coton, brut, ses filatures et tissages se trouveraient en état d'infériorité pour concurrencer sur les marchés mondiaux les industries correspondantes de Grande-Bretagne ou de France. On remarquera, d'ailleurs, que des mesures de ce genre ne peuvent être efficaces que si une série de conditions sont remplies. Il faut, d'abord, que l'Allemagne ne puisse ni se procurer en dehors des pays de l'Entente les matières premières en question, ni les remplacer par des succédanés. Il faut, ensuite, qu'elle ne puisse pas contraindre le ou les pays producteurs à lui livrer ces matières premières en les menaçant de les priver de tel produit d'échange qu'elle serait à même de lui procurer dans des conditions avantageuses. Il faut, surtout, que les taxes de sortie sur les matières premières visées s'appliquent également aux achats des neutres, sans quoi ceux-ci pourraient jouer le rôle d'intermédiaires à la commande. La restriction du ravitaillement de l'Allemagne en matières premières ne peut donc s'effectuer que par une vaste organisation internationale englobant les

Alliés et les neutres qui voudraient s'associer à eux.

3. Il est indispensable, enfin, si l'on veut restreindre les exportations allemandes, que l'on organise dans les pays de l'Entente des industries capables de fournir des produits à peu près équivalents au point de vue de la qualité et du prix à ceux que l'on veut écarter. Si l'on veut, par exemple, se passer des produits chimiques, des colorants, des machines que l'Allemagne fournissait en quantités considérables à la veille de la guerre, il est indispensable de susciter au plus vite dans les pays de l'Entente des industries capables de produire ces articles dans des conditions analogues à celles des Allemands. Que nous soyons obligés, au début et pendant un laps de temps donné, de payer certains produits dont l'industrie allemande s'était fait une spécialité, plus cher que si nous nous remettions à les importer, c'est inévitable : il faut laisser aux industries de remplacement le temps de s'organiser, de se développer, de se consolider. Il faut compter aussi que la cherté croissante de la vie aura, particulièrement en Angleterre et en France, sa répercussion sur les salaires et par conséquent aussi sur le prix des marchandises. Mais il ne faudrait évidemment pas que les mesures de protection eussent pour conséquence *durable* de nous faire payer plus cher un certain nombre de produits indispensables. Autrement les restrictions apportées à l'importation allemande deviendraient assez vite dommageables aux pays qui les auraient édictées. En d'autres termes les mesures *négatives* et de pure *défense* économique doivent être complétées par des mesures *positives* qui accroissent notre production et la mettent en mesure de lutter à armes égales le plus rapidement possible contre l'industrie allemande.

Ces principes généraux une fois posés, voyons dans

quelles conditions la résistance à l'expansion économique allemande pourrait s'organiser en France d'abord, puis dans les pays de l'Entente, enfin dans l'Entente accrue des Etats-Unis et des peuples qu'ils ont entraînés à leur suite.

CHAPITRE II

La France et l'impérialisme économique allemand.

Le commerce extérieur de la France avec l'Allemagne représentait en 1913 un total de 1.068,8 millions de francs à l'importation et de 866,8 millions à l'exportation. La situation apparaissait comme extrêmement favorable à l'Allemagne dont les ventes avaient augmenté de 60 °/₀ entre 1908 et 1913, l'accroissement se faisant en grande partie sur les produits manufacturés qui l'intéressent le plus et aussi sur la houille et le coke, matières premières qu'elle produit en abondance et qu'elle a donc intérêt à écouler au dehors. La balance du commerce, après avoir longtemps été en notre faveur, était devenue passive pour nous; et notre déficit, en augmentation constante depuis 1909, dépassait en 1913 200 millions, selon les estimations françaises, et atteignait même 260 millions selon les estimations allemandes. Les transactions franco-allemandes étaient, au total, d'une réelle importance pour les deux pays. Pour la France, ses échanges avec l'Allemagne représentaient environ 1/8e de son commerce total (12,4 °/o de ses importations, 12,1 °/o de ses exportations); l'Allemagne venait au second rang et tout près du premier comme fournisseur, au troisième comme client. Pour l'Allemagne la France (colonies comprises) vient au cinquième rang comme cliente (après l'Empire britannique, l'Autriche-Hongrie, la Russie et la Hollande), au cinquième rang comme fournisseur (après l'Empire britannique, les Etats-Unis, la Russie et l'Autriche-Hongrie); et les échanges avec la France représentaient 6,3 °/₀ de ses importations et 7,2 °/₀ de ses exportations.

Les autres Etats de l'Europe centrale n'ont pas pour nous, à beaucoup près la même importance. L'Autriche-Hongrie nous exporte pour 103,7 millions et importe pour 49 millions; la Turquie nous achète pour 94 millions et nous fournit pour 97 millions; la Grèce nous demande une valeur de 32 1/2 millions et nous livre à peu près l'équivalent; la Bulgarie, la Serbie et le Monténégro représentent à eux trois 7 millions qu'ils nous fournissent et 6 1/2 millions que nous leur vendons. Au total notre commerce avec l'Autriche-Hongrie, les Balkaniques et la Turquie se monte à environ 239 millions à l'importation et 181 millions à l'exportation. Ces échanges ne sont pas, pour nous, d'une importance capitale. Supposons réalisé le projet d'alliance économique de ces divers pays avec l'Allemagne. Il n'apparait pas que ce fait puisse avoir une répercussion vraiment importante sur nos échanges commerciaux. Aucun de ces pays ne nous fournit des produits qui nous soient vraiment indispensables et que nous ne puissions pas trouver ailleurs avec facilité. On peut citer, peut-être, le chêne de Hongrie employé depuis longtemps par notre tonnellerie, ou certaines espèces médicamenteuses venant de Turquie. Mais ce ne sont pas des pertes irréparables et il s'agit d'échanges dont la valeur totale est minime. Pour ce qui est de nos importations dans ces pays, elles portent pour une bonne part sur des produits qualifiés, des objets de luxe, des articles pour lesquels la question de goût joue un rôle prépondérant. Or ce sont là évidemment des marchandises dont il est aisé de se passer et dont la vente deviendra en tout état de cause assez aléatoire après la guerre, que l'Europe centrale se fasse ou non. D'autre part c'est la catégorie d'articles la moins influencée par l'élévation des droits de douane; et nous gardons ainsi, quoi qu'il arrive, une chance de conserver au moins une partie de notre clientèle. Dans tous les cas la question qui nous intéresse en première ligne n'est pas celle du maintien ou de la perte de nos relations commerciales avec l'Autriche-Hongrie, les Balkans ou la Turquie. Le problème capital pour nous, le seul que nous nous proposions d'envisager ici, c'est celui du développement de nos échanges avec l'Allemagne.

Voyons donc comment il se posera. Et pour cela considérons ce qu'étaient avant la guerre les échanges franco-allemands et dans quel sens ils pourront se modifier [1].

I

En ce qui concerne les objets d'alimentation, nos exportations s'élevaient à 81 millions contre 117 millions d'importations.

Il ne semble pas que, sur ce chapitre, nous devions avoir grand'peine à restreindre nos échanges avec l'Allemagne. Dans notre importation, le plus gros chiffre est la rubrique « céréales, malt », qui se monte à 86 1/2 millions. Or il n'y a pas de raison pour

1. V. Annexe III.

que l'Allemagne, qui importe elle-même d'énormes quantités de blé par exemple, nous en vende d'autre part pour plus de 50 millions. Il s'agit, semble-t-il, de blés tendres, pauvres en gluten, produits en Allemagne et que celle-ci nous vend, préférant les remplacer par des blés de Russie ou d'Amérique capables d'améliorer la qualité de ses blés indigènes au point de vue de la panification. Il est manifeste que nous pouvons très aisément nous passer de l'intermédiaire allemand. Ceci d'autant plus qu'il suffirait d'une très légère amélioration de nos rendements à l'hectare pour couvrir entièrement nous-mêmes nos besoins en blé et nous dispenser ainsi d'avoir recours à l'étranger. Même observation pour les légumes secs et pommes de terre, dont l'Allemagne nous vend pour près de 10 millions, et que nous pouvons ou produire nous-mêmes ou faire venir directement de Russie au lieu de recourir aux bons offices des courtiers allemands. Pour la viande salée ou conservée (3 millions), elle peut être produite en France ou importée d'Angleterre : rien ne nous oblige à rechercher les jambons de Westphalie ou de Francfort. De même l'importation de bière allemande qui, pendant les années qui ont précédé la guerre, s'était réduite à environ 70.000 hectolitres par an, est une simple question de snobisme, l'industrie brassicole française étant en état de répondre à tous les besoins des amateurs de bière soit comme quantité soit comme qualité.

Pour nos exportations la perte de la clientèle allemande pourrait en général être envisagée sans inquiétude. Nous écoulerions sans peine en Angleterre les fruits (21 millions), légumes frais (9 millions), beurres et fromages (5 millions) que nous vendions à l'Allemagne, encore que, pour les produits alimentaires, nous puissions craindre, sur le marché anglais, la concurrence italienne. Pour ce qui est des aliments du bétail, tourteaux et drèches, fourrages et sons (16,7 millions) nous aurions tout intérêt à les employer à l'engraissement de notre propre bétail au lieu de les exporter; nos agriculteurs, qui les connaissent aujourd'hui et les apprécient à leur juste valeur sauront bien les utiliser pour leur propre compte. Il faut reconnaître, en revanche, qu'il est plus difficile de trouver des marchés de remplacement pour les vins, la viande, la volaille et le gibier, dont nous exportions pour environ 25 millions. Il est certain, d'autre part, que les Allemands réglementeront sans aucun doute leurs importations au lendemain de la guerre pendant une période plus ou moins longue, afin d'éliminer celles qui ne seraient pas indispensables : or les vins, spécialement les vins fins et le champagne, rentreront sûrement dans la catégorie des produits dont l'importation sera indésirable. Il y aura là un dommage certain pour notre viticulture. Et il est possible aussi qu'une partie de nos huiles végétales (21 millions) et de notre graisse animale (7 millions) trouve difficilement preneur si le marché allemand venait à nous être fermé. Il n'y a guère à compter, pour ces articles, sur l'Angleterre où se sont montées de puissantes huileries.

II

Pour les matières nécessaires à l'industrie, nos importations et nos exportations s'équilibraient à peu près : 316 millions d'une part, 283 millions et demi de l'autre (Annexe III).

Le problème capital qui se pose, à cet égard, est celui des échanges de houille et de minerai de fer entre les deux pays. On sait que, avant la guerre, la France importait pour 165 millions de houille et coke et exportait, d'autre part, pour 27 millions de minerai de fer; des conventions unissaient nos usines aux usines allemandes à qui elles fournissaient du minerai en échange de coke; grâce à cet échange, notre industrie métallurgique évitait la surproduction de la fonte et se procurait sans difficulté le combustible nécessaire. On sait, d'autre part, que si la paix nous rend la Lorraine annexée notre excédent de fer et notre déficit en houille se trouveront encore accrus. L'on peut ainsi se demander si l'Allemagne, qui dispose d'un excédent annuel de houille valant 500 millions mk, et la France qui, par suite de la possession du bassin minier lorrain, des mines de Normandie et d'Anjou, des gisements de l'Ouenza, dispose et disposera de ressources considérables en fer, ne sont pas en quelque sorte condamnées par une sorte de fatalité économique à échanger houille contre fer, et si l'interruption ou le ralentissement des échanges n'aurait pas pour résultat, chez nous, une surproduction de fer et d'acier et une pénurie de combustible, ou n'entraînerait pas, pour nous, l'inconvénient d'empêcher l'exploitation de nos richesses minières.

On ne peut se dissimuler que la question est complexe et d'une importance capitale. Mais il n'apparaît pas qu'elle soit nécessairement insoluble. Nous pouvons réduire nos besoins de combustible par une meilleure utilisation du charbon dans les usines et les ménages, par la création de cokeries centrales distribuant le coke et le gaz dans un rayon étendu, par la mise en exploitation de nos forces hydrauliques. Nous pourrons assurer notre approvisionnement en charbon en activant nos importations soit de houille belge qui avant la guerre déjà se chiffraient par près de 125 millions soit de houille anglaise qui devrait, par une amélioration de notre réseau de voies fluviales et de canaux, être amenée par eau jusqu'à nos usines lorraines, le fret de retour étant assuré par du minerai, dont l'Angleterre importe de grandes quantités. Peut-être serons nous aussi en mesure d'imposer à l'Allemagne, par traité, la fourniture d'une certaine quantité de houille pendant un laps de temps donné et à un prix conventionnel. Nous pourrons, enfin, renoncer à l'envoi de minerais en Allemagne et intensifier notre production de fer et d'acier, quitte, d'une part, à constituer à l'intérieur, des stocks considérables dont l'expérience de la guerre a révélé l'utilité, d'autre part à nous organiser sérieusement en vue de l'exportation, de manière à écouler au dehors l'excédent de production que notre marché intérieur serait hors d'état d'absorber. C'est là un programme fort vaste à coup sûr, mais que notre grande industrie n'estime nullement être irréalisable, et qu'elle *peut* accomplir avec le concours de nos alliés, en se passant de la coopération allemande tant que subsisteront les raisons politiques rendant indésirable cette coopération.

La question de la houille et du fer une fois réglée, le reste ne fait plus de grandes difficultés. L'Allemagne ne nous fournit guère que des matières premières qu'elle ne produit pas elle-même et qu'elle achète ailleurs comme du cuivre (14,6 millions), de l'étain (6,1 millions), de l'or et du platine (5 millions), du nickel (2 millions), du plomb (1,7 million), de la laine (21,1 millions), du coton (5,4 millions), de la soie (1,6 million), de la pâte de bois (10 millions), du caoutchouc (5 millions), etc. Rien ne nous empêchera de nous approvisionner directement aux pays d'origine ou de nous adresser à d'autres intermédiaires. Pour d'autres articles comme les peaux brutes (23,6 millions), le vin ou les poils, il ne paraît pas être difficile de les trouver ailleurs.

Au point de vue de nos exportations, nous perdrons vraisemblablement la vente de nos peaux brutes, laine et déchets, coton et déchets, soie et bourre de soie, et cela représente de gros chiffres, au total 192 millions. On observera toutefois qu'en tout état de cause les Allemands sont décidés à se passer de notre intermédiaire pour ces articles et envisagent la création de marchés allemands de la laine pour remplacer Roubaix et Londres en ce qui les concerne. Nous perdrons de même nécessairement notre exportation d'aluminium puisque l'Allemagne a trouvé des gisements de bauxite soit sur son sol soit en Autriche-Hongrie et qu'elle a monté des usines pour produire ce métal qui lui est nécessaire. Pour ces divers articles, nos commerçants se verront obligés de chercher de nouveaux débouchés.

III

L'échange des produits manufacturés était, à la veille de la guerre, tout spécialement avantageux à l'Allemagne. Alors qu'elle nous en achetait pour 392 millions, elle nous en vendait pour 570 millions, notamment des articles pour lesquels son industrie s'est spécialisée et prétend être en possession d'un véritable monopole de fait, les produits chimiques et colorants (71,3 millions), les machines (132 millions), les outils et ouvrages en métaux (42 millions). Essayons de nous rendre compte des causes qui expliquent le rapide essor pris ces derniers temps par l'exportation allemande en France (Annexe III).

1. On ne peut, d'abord, se défendre de l'impression que l'industrie et la science n'ont pas su contracter chez nous l'alliance étroite qui a fait leur succès en Allemagne. Bien entendu, nous ne songeons pas à contester qu'il existe en France nombre d'affaires pourvues de l'outillage le plus perfectionné, ayant à leur tête des techniciens de premier ordre, conduites selon les méthodes les plus modernes, bref tout à fait au niveau, à tous égards, des meilleures maisons étrangères. Mais à côté de ces établissements bien conditionnés et bien dirigés, chacun sait qu'il en existe beaucoup d'autres d'un type fort différent.

Combien d'industriels chez nous restaient engourdis dans la routine, se refusant systématiquement à introduire un changement quelconque à leur fabrication, considérant comme un gaspillage de risquer quelques billets de mille francs pour étudier une nouveauté proposée par un Français, et se bornant, le jour où l'antique article qui a fait jadis la fortune de la maison ne trouve plus d'acquéreurs, à acheter la licence d'un brevet allemand, quitte à faire venir d'Allemagne les principaux éléments voire même le produit presque achevé! Alors qu'en Allemagne le bureau et le laboratoire d'études sont extrêmement répandus, qu'on y contrôle scientifiquement toute la fabrication, on trouve souvent chez nous l'usine réfractaire au progrès, marchant cahin-caha sous la direction de l'employé qui l'a établie empiriquement d'une façon compliquée ou continue pieusement les traditions léguées par quelque prédécesseur. Que si, dans une de ces maisons archaïques on s'avise, par hasard, pour faire comme le concurrent d'en face, de prendre un chimiste ou un ingénieur, on ne sait pas l'utiliser. On le considère avec défiance, on lui interdit parfois l'accès de l'usine, de peur qu'il ne surprenne les « secrets de fabrication » ; ce qui n'empêche qu'on lui demande de temps en temps de résoudre en une journée des difficultés contre lesquelles l'usine lutte depuis des années. On le trouve toujours payé trop cher. Et, au lieu de l'affecter au travail spécial qu'il est apte à fournir, on fait de lui une sorte de factotum qui doit, à première réquisition, dresser un plan d'installation électrique à moins que ce ne soit d'usine à gaz, travailler à la comptabilité, réparer les jouets des enfants ou vérifier si le laitier ne mouille pas son lait. Il se produit ainsi un malentendu permanent entre nombre de chefs d'usines parfois éminents d'ailleurs, mais ignorants de l'emploi des connaissances et méthodes scientifiques, et les techniciens dont ils mésusent, le patron n'accordant sa confiance qu'à des praticiens et des empiriques et tenant l'homme de science pour inutile, encombrant ou dangereux, tandis que celui-ci, de son côté, se dégoûte rapidement de toute initiative et s'abandonne à la routine sans plus s'évertuer à perfectionner la fabrication ou à abaisser les prix de revient.

On conçoit sans peine que la diffusion d'un tel état d'esprit ait facilité les succès de l'industrie allemande. C'était la lutte entre la diligence attelée de chevaux poussifs, conduite par un cocher somnolent mais imbu de sa dignité et l'auto dernier modèle conduite par un chauffeur débrouillard. Nous avons sans aucun doute un effort à faire pour rattraper le temps perdu. Entre l'homme d'action et l'homme de science, il n'y a pas encore chez nous l'entente nécessaire ; ils n'ont pas su s'adapter l'un à l'autre. Il serait fort vain de récriminer et de rechercher qui a le plus de part à cette situation. L'essentiel est que cette erreur soit réparée, et qu'il s'établisse désormais entre le laboratoire et l'usine, entre nos chefs d'industrie et nos universités ou nos établissements d'enseignement technique l'intime coopération qui seule peut, au stade actuel de l'évolution économique, assurer un succès durable.

2. Le laisser aller de nos producteurs, de nos commerçants, du public ont également contribué pour une large part à la diffusion en France des marchandises allemandes. Il était évidemment plus commode d'acheter tout faits chez les Allemands, et à des prix avantageux, une machine, un colorant, un parfum, un objectif photographique ou un article de pharmacie que de se donner la peine de les fabriquer soi-même. Chacun sait combien cette paresse a fait tort à notre industrie. Ici des industriels, profitant des taxes réduites dont nos tarifs douaniers font bénéficier les articles mi-ouvrés, faisaient venir d'Allemagne des produits presque achevés dont la transformation pouvait se terminer avec des frais insignifiants. Ailleurs nos commerçants achetaient purement et simplement des articles allemands sur lesquels ils apposaient leurs noms comme s'ils en étaient les fabricants, de manière à faire croire qu'il s'agissait d'articles produits en France. Il y eut un temps où ces commerçants recevaient leurs marchandises avec leur marque déjà inscrite, la complaisance allemande leur évitant jusqu'à la peine légère de faire apposer leur signature sur le produit importé. Il a fallu interdire l'entrée aux objets portant déjà des marques françaises. Cela n'a pas empêché, d'ailleurs, la nationalisation, à l'usage du public, des marchandises importées. On pouvait aisément, en cherchant un peu, trouver dans un coin discret, sur des machines ainsi rebaptisées en particulier, le nom du constructeur allemand qui l'avait fabriquée. C'est ainsi que l'on

n'avait, en réalité, que des thermomètres allemands, que les machines à coudre déguisées pullulaient, que notre industrie jadis florissante du jouet était anémiée de plus en plus, que la bijouterie fausse d'outre-Rhin, la maroquinerie à bon marché et bien d'autres marchandises encore nous envahissaient de plus en plus.

3. L'industrie allemande savait, à l'occasion, introduire des capitaux et ensuite son contrôle dans les industries qui l'intéressaient, soit pour ruiner définitivement celles dont la concurrence lui était incommode, soit pour produire en France des articles dont elle y avait le débit, soit encore pour d'autres motifs, non commerciaux, quand l'usine visée était bien placée. Elle avait notamment créé une série de sociétés toutes décorées invariablement du titre de « Société française », dont le capital, ridiculement faible, n'avait aucun rapport avec l'importance des affaires qui y étaient traitées. C'étaient de simples bureaux où l'on recevait des commandes, avec un ingénieur ou un représentant. Toutes les études étaient faites en Allemagne, tous les produits y étaient fabriqués. Il existait des sociétés de ce genre pour l'électricité, pour les travaux publics, pour la construction des appareils industriels, les pneumatiques, la teinture, etc.; et le réseau s'étendait chaque jour.

On voit ainsi quelques exemples des procédés par lesquels, à la veille de la guerre, l'infiltration des produits allemands se produisait chez nous. L'industrie allemande organisée plus scientifiquement en vue de la production intensive à bon marché, gagnait constamment du terrain chez nous, ruinant les fabricants moins avertis, et moins entreprenants, entravant l'éclosion d'industries nouvelles, écoulant ses produits à la faveur des fissures de notre tarif douanier, grâce au laisser aller ou à la complaisance de certains commerçants, prenant pied directement en France par la création de filiales ou de sociétés allemandes ou soumises à l'influence allemande. Une réaction contre ces pratiques et contre notre incurie s'impose évidemment. Indiquons rapidement dans quel sens elle pourrait se produire.

1. Il y a une première catégorie d'articles allemands dont l'importation ne se justifie par aucune raison sérieuse et pourrait sans aucun inconvénient être ou interdite ou grevée de droits prohibitifs. Il n'y a vraiment pas de motif pour que nous achetions outre-Rhin des « objets de collection » (14 millions) des pipes et fume-cigares en écume de mer (2 mill.), de l'orfèvrerie (8 mill. 1/2), de la bijouterie fausse (37 mill.), du « papier et applications » (30 mill.), de la « tabletterie et bimbeloterie » (19 mill.) etc. Il est manifeste, aussi, que nous pouvons réduire dans des fortes proportions nos achats soit de porcelaine et faïence (12 mill. 1/2) soit de verrerie (11 mill.) car nos manufactures sont en état de satisfaire à tous les besoins des consommateurs français, Et il peut y avoir inconvénient à abandonner aux Allemands, comme nous l'avons fait, certaines spécialités de cette industrie. C'est ainsi qu'ils avaient réussi à nuire gravement à la petite industrie des creusets, cornues etc. en porcelaine en persuadant le public que le *Saxe* était supérieur au *Bayeux*; or la guerre a montré combien il était redoutable de dépendre de l'ennemi pour les appareils et tuyaux de grès ; et l'on a paré au retour de cette importation.

2. Une série d'autres articles peuvent être fabriqués en France, sans création d'usines spéciales, à condition que l'on facilite l'approvisionnement en matières premières de celles qui existent, et à condi

tion aussi que ces fabrications réforment leurs méthodes commerciales. Nous importons par exemple d'Allemagne pour 14 millions 1/2 de moteurs et locomotives. Or nous possédons des établissements, connus du monde entier, qui seraient en état de satisfaire nos besoins. La forte exportation allemande s'explique par deux motifs principaux. D'une part les tôles étaient en France plus chères et s'obtenaient plus difficilement, les comptoirs métallurgiques fonctionnant naguère un peu trop comme un monopole d'Etat et montrant parfois une tendance à traiter leurs clients comme de simples contribuables avec qui il était inutile de se gêner. D'autre part les méthodes commerciales de certains de nos fabricants étaient routinières et demandaient à être rajeunies dans le sens que nous indiquions plus haut. — De même l'exportation allemande est considérable dans l'industrie électrique (19 millions). Or cela tient en partie à ce que le cuivre est meilleur marché de 6 à 7 francs les 100 kilos en Allemagne. Comme la France et l'Allemagne importent l'une et l'autre leur cuivre d'Amérique, la différence de prix provient uniquement au fait que, en France, l'importateur de cuivre tient conserver intégralement les 10 francs de bénéfice qui lui sont laissés par le producteur, tandis qu'en Allemagne une moitié et plus de ce bénéfice est abandonnée à l'acheteur, ce qui permet d'abaisser les prix de revient, d'augmenter ainsi le chiffre des ventes et de faire de l'exportation; on voit sans peine quelle est la meilleure méthode. Pour une série d'articles — pompes, chaudronnerie, quincaillerie, serrurerie, tissus, broderies, passementerie, etc., — nous pourrions aussi, sans création d'usines nouvelles, par une simple remise au point de notre outillage, une réforme de nos procédés commerciaux et un peu moins d'indifférence du consommateur, nous affranchir dans la mesure où nous le jugerions bon de l'exportation allemande.

3. On peut distinguer ensuite un groupe d'articles que nos usines existantes ne sont pas en état, actuellement, de fournir dans les mêmes conditions que les établissements allemands, mais pour lesquels il est possible de créer des fabrications nouvelles en France, car elles pourraient compter sur un chiffre d'affaires intéressant. L'Allemagne nous fournit par exemple pour 6 millions d'horlogerie, surtout des pièces détachées que, grâce à l'extrême spécialisation de sa fabrication, elle peut produire dans des conditions extraordinaires de bon marché. Mais le chiffre de ses exportations est, d'autre part, assez important pour qu'on puisse envisager la création d'une usine *nouvelle*, destinée à produire les articles que nous allions chercher en Allemagne ; cette usine, si elle était, dans les débuts, efficacement protégée par des droits de douane, serait assurée d'avoir en France des débouchés suffisants. De la même manière et pour la même raison, on pourrait créer chez nous des établissements pour la fabrication des machines destinées à l'industrie textile (9 millions 1/2 d'exportation allemande), du matériel d'imprimerie (7 millions), des machines-outils et outils (28 millions), des pièces détachées de fer et fonte (16 millions), des articles de quincaillerie et serrurerie (4 millions), des briques réfractaires (5 millions), etc.

Certains articles comme les jouets, dont nous achetions pour 13 millions, et où il paraît à peu près impossible de concurrencer l'Allemagne — elle peut vendre en gros des poupées à 1 fr. 25 la douzaine et même des poupées de Noël à 10 centimes la *douzaine* — pourraient peut-être se fabriquer dans un pays comme l'Indo-Chine où la main-d'œuvre est extrêmement bon marché. Il semble, de même, possible d'y susciter une production de bimbeloterie et tabletterie capable de rivaliser de bon marché avec les produits allemands.

4. Il y a, enfin, une catégorie d'articles dont la vente, en France, n'est pas assez importante pour alimenter une usine moderne. C'est ce qui a lieu, notamment, pour un certain nombre de spécialités pharmaceutiques ou chimiques dont l'Allemagne nous approvisionne. Il convient, dans ce cas, d'examiner en particulier chacune de ces fabrications, de voir si plusieurs peuvent être groupées de manière à arriver à un chiffre d'affaires intéressant, et, si cela apparaît comme possible, de créer alors les usines nécessaires. Pour les articles dont la consommation est trop faible en France, il serait indiqué d'envisager dans un des pays alliés, le montage d'une usine desservant plusieurs des pays de l'Entente. D'une manière générale, d'ailleurs, comme le remplacement des marchandises allemandes devra se faire en partie sur les mêmes articles chez tous les Alliés, il apparaît comme très souhaitable qu'un accord s'établisse entre eux pour l'organisation des industries nécessaires. Il serait inutile de créer dans un pays des fabrications portant sur un chiffre d'affaires médiocre, alors qu'on pourrait se procurer les articles nécessaires dans un Etat allié. Il est certains produits pour lesquels il serait onéreux de créer une usine spéciale mais qui peuvent être obtenus sans grands frais en établissant une division nouvelle dans une usine existante. Il est nécessaire, en un mot, d'organiser systématiquement la production de l'Entente et de ne pas s'abandonner aux fantaisies de l'initiative privée non renseignée. Telle production qui laissera une

belle marge de bénéfice tant qu'elle sera faite dans deux ou trois usines, se gâchera complètement si on en multiplie le nombre indéfiniment. On voit donc combien il serait souhaitable que l'organisation de l'après-guerre fût préparée, dans chaque pays, par un office central d'informations et d'études chargé de réunir tous les renseignements utiles et de guider les bonnes volontés de manière à tirer le meilleur parti possible du personnel industriel comme de l'outillage existant.

5. Pour arrêter la pénétration des produits allemands en France, certaines précautions seraient indispensables. Il faudrait, d'abord, frapper les marchandises que l'on veut écarter, de droits de douane élevés pour contrecarrer la pratique du dumping. Il serait indispensable, ensuite, de frapper de droits non seulement les marchandises terminées mais aussi les produits mi-ouvrés pour empêcher l'installation en France de succursales qui, moyennant une transformation insignifiante, « naturaliseraient » français des produits allemands pour l'essentiel. Il y aurait lieu, enfin et surtout, de se préoccuper d'éviter l'introduction par des tiers de marchandises allemandes « neutralisées ». Arrêtons-nous un peu sur ce dernier point qui présente une importance spéciale.

Nombre de publicistes allemands ont très ouvertement recommandé aux industriels de dissimuler l'origine de leurs produits. Pour le rétablissement des relations avec les pays ennemis, disent-ils, les marchandises exportées ne doivent pas avoir l'apparence *allemande* mais être présentées sous une forme *anonyme*. Il est facile de modifier l'aspect extérieur et quelques détails de fabrication, de manière à ce qu'on ne puisse pas reconnaître, d'après les livraisons faites avant la guerre, que l'article est allemand. Cela empêcherait, en effet, l'acheteur de rendre justice à la qualité. On ne doit donc pas employer de marque allemande déposée ni faire mention de brevets allemands; quand il sera nécessaire de garantir le droit de propriété, on prendra une marque étrangère. La propagande en pays ennemi doit être faite par des neutres sympathiques : elle doit éviter de froisser le sentiment national, se garder de toute comparaison avec des articles similaires de maisons allemandes. Ces mêmes neutres feront, sur les indications des industriels allemands, la publicité dans les journaux des pays ennemis. La marchandise, enfin, doit avoir une apparence neutre et être expédiée non pas d'Allemagne mais d'un pays neutre.

Or il semble bien que les Allemands se préparent d'ores et déjà à faire passer ces conseils dans la pratique. Déjà avant la guerre, il existait des Sociétés allemandes possédant des établissements en Suisse, en Hollande, voire même en Espagne. Depuis la guerre, on pourrait citer des usines qui ont modifié leur nom et se sont séparées ostensiblement de la firme allemande dont elles faisaient partie, mais ont conservé néanmoins avec cette firme les relations les plus intimes au point de vue des modèles et de la fabrication, et qui lui prêteront sans aucun doute leurs bons offices pour l'aider à fournir la clientèle non allemande. Ailleurs ce sont des Sociétés établies en pays neutre suivant les lois du pays, ayant même au besoin des dirigeants neutres, et qui sont absolument contrôlées par des firmes allemandes dont elles constituent en réalité des filiales. Comment conserverait-on des doutes à leur égard, quand on voit des Sociétés au capital de 50.000 francs et même moins se créer pour « la fabrication des produits chimiques et pharmaceutiques, de la parfumerie, des matières colorantes et la participation à d'autres entreprises ayant le même objet » ! Avec un pareil capital, on ne peut même pas commencer une seule de ces fabrications ; cela suffit en revanche pour établir un bureau avec un magasin et quelques emballeurs. Le bureau expédiera des prospectus et des échantillons, prendra les commandes de France ou d'Italie, les passera en Allemagne, en recevra les marchandises, y posera sa marque, et les réexpédiera comme produits neutres aux clients. Ou bien encore ce sont des commissionnaires neutres qui, dans les journaux allemands, multiplient les annonces sollicitant la représentation exclusive de tel ou tel genre d'articles pour la Suisse, la France et l'Italie par exemple, ou demandent à se mettre en relations avec une grande maison allemande pour installer en pays neutre la fabrication de quelques-uns de ces articles. On est donc bien obligé de prévoir l'éventualité d'une infiltration de produits allemands sous un déguisement neutre. Il pourra être prudent, dès lors, de prendre des mesures efficaces pour parer à un danger de ce genre, d'exiger pour les importations en France un certificat d'origine ne prêtant pas à la fraude et de créer pour cela, dans les pays neutres, un office en état de ne délivrer ce certificat qu'à bon escient et de faire la distinction entre les marchandises indigènes et les produits allemands maquillés en neutres.

6. Nous avons jusqu'à présent envisagé la possibilité, pour la France, de se passer des marchandises allemandes et d'en arrêter l'importation chez nous. Il nous reste à dire un mot de l'exportation française en Allemagne, pour constater que ses chances de se maintenir ou de se développer apparaissent, en tout état de cause, comme assez faibles. Elles se montent, en articles manufacturés, comme nous l'avons vu,

à 392 millions, dont 131 millions expédiés comme « colis postaux » et dont la composition échappe à la statistique. La plus forte part de ces exportations répond soit à des spécialités, soit à des articles où le goût joue un rôle capital, tels que tissus, dentelles, passementeries, articles de mode, fourrures, carosserie, lingerie, vêtements, confections, etc. Or on sait que, pour ces articles les droits de douane n'ont pas une influence exagérée. Il est en revanche tout aussi aisé à l'Allemagne de se passer d'eux qu'à nous de nous passer de la bijouterie en toc ou « objets de collection allemands ». Même si la guerre commerciale ne devait pas suivre la lutte par les armes, il est probable que les articles « français » souffriraient pendant longtemps d'une défaveur en Allemagne. On voit, d'ailleurs, dès à présent se dessiner dans la presse allemande et, plus spécialement, dans la presse autrichienne une campagne contre la suprématie française en matière de goût. La mode de Paris qui, d'après les Français est une création inimitable du génie français aurait été, en réalité, pour une grande partie, entre des mains *allemandes!* Or ces maisons « éminemment parisiennes » peuvent, nous assurent les publicistes d'outre-Rhin, tout aussi bien travailler à Berlin, Francfort ou Vienne qu'à Paris. La prétention des Français que le monde retomberait à la barbarie s'il était privé de leur goût est donc, à les en croire, simplement risible. Dans les expositions, les plus belles armes, les porcelaines les plus fines, les bijoux les plus délicats, les meubles les plus artistiques sont du travail allemand, bavarois, autrichien. Pendant la période du Second Empire, l'antagonisme politique entre l'Autriche et la Prusse avait fait oublier à l'Allemagne du Sud, du Centre, de l'Ouest que Vienne était la métropole de l'ancienne Allemagne. Favorisé par le développement des communications internationales et par une réclame intense, Paris apparaissait à ce moment comme le siège du goût. Ces temps sont loin. Dans l'Europe centrale de demain, c'est Vienne qui va redevenir la capitale artistique et mondaine et attirer vers elle les millions qui alimentaient naguère les industries de luxe parisiennes. On sait, d'autre part, que les Allemands, pour relever leur change au lendemain de la guerre, consacreront leurs réserves disponibles à l'acquisition des matières premières qui leur sont indispensables et interdiront, au moins pour un temps, toutes les importations de luxe. On voit donc, en définitive que les perspectives qui s'ouvrent à notre commerce d'exportation en Allemagne sont, de toute façon, fort peu engageantes. Force sera à nos commerçants de chercher des compensations dans les pays que la guerre a enrichis, notamment aux Etats-Unis où nos ventes pourraient peut-être s'accroître, surtout s'ils adoucissaient en notre faveur les rigueurs de leur régime douanier.

Si nous essayons de nous rendre compte, au total, de la situation où la France se trouvera placée vis-à-vis de l'Allemagne au retour de la paix — en supposant que leur position respective ne subisse pas, du fait de la guerre, un bouleversement total, — il ressort clairement qu'elle est, à bien des égards, assez critique.

Les Allemands, bien entendu, poussent le tableau au noir, tant qu'ils peuvent et s'appliquent à démontrer l'incroyable erreur que commet la France lorsqu'elle envisage l'hypothèse d'une rupture économique avec l'Allemagne. A la veille de la guerre, assurent-ils, les Français commençaient à se rendre compte de la tournure inquiétante que prenait chez eux l'évolution économique; elle se caractérisait par deux faits : l'exportation des capitaux d'une part, la stagnation industrielle de l'autre. Des voix de plus en plus nombreuses s'élevaient en France même pour insister sur l'urgence de développer nos exportations de marchandises et sur le danger que créait pour nous notre incapacité à produire nous-mêmes non seulement les matières premières, mais encore les demi-ouvrés nécessaires à nos industries de finissage. Les Français les plus intelligents, ajoutent les publicistes allemands, se rendaient compte que, pour arriver à ce résultat, la France avait grand avantage à entretenir de bonnes relations commerciales avec l'Allemagne et de développer ses échanges avec l'Europe centrale. Il y a dix ans, écrit l'un d'eux, « quand une voix raisonnable pouvait encore se faire entendre en France », un Leroy-Beaulieu montrait que la France avait toutes les raisons possibles de favoriser l'entrée et la naturalisation d'étrangers et d'attirer sur son territoire le commerce et l'industrie des étrangers. C'est en se prêtant de bonne grâce à la pénétration allemande — on nous l'assurait du moins — que nous pouvions le plus aisément nous relever : l'Allemagne voulait bien prendre en mains l'œuvre de notre régénération économique, comme elle se disposait à le faire pour cet autre pays arriéré, l'Autriche-Hongrie. — Mais au lieu de se rendre compte de ce fait, voilà que les Français s'enflamment d'une haine fanatique contre les Allemands! Le « blocus économique » de l'Allemagne est une idée anglaise. Mais les Anglais ont beaucoup trop de bon sens pour pousser cette idée jusqu'à ses dernières conséquences logiques. Les Français, au contraire, la prennent au grand sérieux, l'exagèrent, rêvent la prolongation de la guerre après la guerre, projettent le boycottage de l'Allemagne. Et les Allemands ne se dissimulent pas, en effet, que c'est chez nous qu'ils rencontreront l'hostilité économique la plus irréductible au lendemain de la guerre.

Ils estiment néanmoins que c'est là une simple folie, et que la France se nuirait cruellement à elle-même en poussant jusqu'à l'absurde l'idée anglaise du blocus de l'Allemagne. Ils soulignent que, en cas de guerre économique, il serait bien plus aisé à l'Allemagne de se passer de la France qu'à la France de rompre ses relations avec l'Allemagne. L'exportation française est une exportation de luxe que les Allemands peuvent interdire sans aucun dommage pour eux. L'exportation allemande en France est, au contraire suivant l'ennemi, d'un intérêt vital pour nous. Elle le sera doublement après la guerre. En 1913, nous importions d'Allemagne 2.285.000 q. métriques de fer et d'ouvrages en fer pour une valeur de 58,7 millions mk, et 683.600 q. de machines, mécanique, fournitures d'électricité, etc., pour une valeur de 94,2 millions mk. Or, au lendemain de la guerre, il nous faudra pour nous relever de nos ruines des quantités énormes de fer. L'industrie française sera d'autant moins en mesure de les produire que ses installations métallurgiques se trouvent, pour la plus grande partie, dans la zone de guerre, qu'elles lui seront rendues dans un état pitoyable, que la main-d'œuvre lui fera défaut par suite des pertes d'hommes formidables qu'elle a subies, que son état-major de techniciens et d'entrepreneurs a aussi été terriblement décimé et se reconstituera *très* lentement par suite de la faible natalité française. La France, répètent les Allemands, devra donc s'estimer trop heureuse si elle peut obtenir de l'Allemagne, au lendemain de la guerre, le fer, les demi-produits, les machines, ou encore les produits chimiques dont elle aura le besoin le plus urgent, qu'elle ne pourra se procurer ni en Belgique, où les ruines sont pires encore qu'en France, ni en Angleterre qui songera d'abord à ses propres besoins avant de satisfaire ceux de ses alliés. La France se trouvera en face de l'Allemagne dans un état de *dépendance* absolue, ne pouvant lui *offrir* que des inutilités, et réduite dès lors à la *supplier* de lui céder des matières premières ou des objets de première nécessité qui lui seront indispensables pour remettre en train ses industries.

Il est à peine besoin de dire qu'il n'y a pas à prendre au tragique ces menaces allemandes. Il résulte de nos analyses que, soit pour les matières premières, soit pour les produits d'industrie, nous *pouvons* et nous *pourrons* nous passer de l'Allemagne sans désastre. Nous ne serons pas *contraints* de renouer avec elle au plus vite et de subir toutes les conditions qu'elle voudra nous imposer en échange de ses « bienfaits ». Nous demeurons libres de *limiter* nos échanges avec elle en activant notre commerce avec nos alliés. Nous sommes maîtres de reprendre vis-à-vis d'elle notre indépendance économique dans la mesure où nous le jugerons utile pour notre sécurité ou pour nos intérêts. Il n'en reste pas moins certain que si l'on considère isolément la France et l'Allemagne la position de l'Allemagne est indiscutablement plus forte que la nôtre. L'interruption des échanges franco-allemands ne serait que fort peu dommageable pour l'Allemagne. Elle constituerait pour la France une gêne, au moins momentanée, plus sensible.

Mais nous sommes en droit d'espérer que la France, au jour de paix, ne se trouvera pas *isolée* en face de l'Allemagne. Elle fera partie d'un groupement imposant, dont la puissance économique sera considérable et dont les moyens de contrainte à l'égard de l'Allemagne seront incomparablement plus efficaces que ceux dont dispose la France seule. Après avoir étudié les rapports de la France avec l'Allemagne, il nous reste donc à envisager de la même manière, ceux de l'Allemagne ou de l'Europe centrale avec l'Entente.

CHAPITRE III

L'Entente contre l'Impérialisme économique allemand.

L'Allemagne affecte d'envisager avec le plus grand sang-froid la perspective de la guerre économique dont la menacent ses adversaires. Elle n'ignore pas qu'il lui est difficile, sinon impossible, d'arriver à l'autarchie économique complète et que, même unie à l'Europe centrale, elle ne pourrait pas, sans les plus graves inconvénients, essayer de se suffire à elle-même. Mais, d'une part, elle a confiance dans sa force, dans le fait qu'elle propose au monde des objets d'échange de valeur certaine et dont elle est assurée de trouver le placement. D'autre part, elle ne croit pas à la possibilité d'une entente durable entre les Alliés pour boycotter les Empires du Centre.

Elle a foi, d'abord, dans ses ressources. Ses publicistes calculent qu'elle a, comme charbon, un excédent valant 500 millions mk, qu'elle peut disposer, pour ses ventes au dehors, de 120 millions de kali, qu'elle exporte pour 250 millions de sucre, qu'elle peut offrir pour des centaines de millions d'acier brut, que ses demi-ouvrés sont utilisés dans beaucoup d'industries du monde entier, que ses produits chimiques et pharmaceutiques (1,5 million tonnes d'exportation en 1913) ses colorants (110.000 t. en 1913), ses machines et articles de mécanique, ses vêtements à bon marché, etc., sont appréciés partout. Comment imaginer qu'elle ne trouvera plus à placer au dehors ces produits, tous de première utilité? Supposons, par exemple, que l'Angleterre cesse brusquement ses achats d'acier qui atteignaient de 60 à 100 millions mk par an. Comment fabriquera-t-elle ses machines vendues dans le monde entier? Et en admettant (ce qui n'est pas) qu'elle trouve ailleurs, dans les mêmes conditions, la matière première nécessaire, ne voit-elle pas que l'industrie mécanique allemande sera amenée à utiliser elle-même l'acier qui lui resterait pour compte et fabriquerait à son tour des machines qui feraient concurrence aux machines anglaises sur les marchés neutres? Les Allemands ne seraient pas en peine de se servir eux-mêmes des matières premières et des mi-ouvrés qu'on repousserait. — Essaiera-t-on de réduire l'Allemagne à merci en la privant des matières premières ou des produits divers qu'elle avait coutume d'acheter au dehors? Elle répond à cela que, pour les matières premières, elle a appris pendant la guerre à éviter tout gaspillage et continuera désormais à pratiquer la plus rigoureuse économie. Elle est parvenue, d'autre part, à se passer de certains produits tenus naguère pour indispensables, comme le nitrate, les pyrites, le soufre. Après la guerre elle fabriquera sans doute moins de succédanés de ces articles; mais ces fabrications qu'elle a établies sous la pression du blocus économique seront une soupape de sûreté : le jour où la balance du commerce lui deviendrait défavorable de façon durable, elle pourrait toujours les reprendre et réduire ainsi ses importations. Pour ce qui est des objets fabriqués, enfin, elle n'importe guère que des objets de luxe dont elle peut se passer sans aucun dommage. Elle est donc en situation de réduire sans peine ses importations dans la mesure où ses ennemis la contraindraient à diminuer ses exportations. Ceux-ci pensent, par le blocus économique, paralyser la vitalité même de la nation. « L'Allemagne, se demandent-ils, sera-t-elle en état, avec une exportation diminuée, de nourrir sa population, en tenant compte de son accroissement normal, et de maintenir sa culture »? Et ils estiment que non, que l'essor allemand sera brisé. — Or cet espoir criminel sera déçu. L'Allemagne, affirment ses écrivains en chœur, est assez productive pour pouvoir s'adapter à la situation qui lui sera faite, quelle qu'elle soit.

Ils ne croient pas d'ailleurs à la possibilité, pour l'Entente, de réaliser de façon durable son dessein de blocus économique. Certains « pessimistes » envisagent bien la nécessité qu'il y aura pour l'Allemagne de se défendre après la guerre contre une malveillance à peu près universelle et contre une guerre commerciale menée avec vigueur par l'Angleterre et la France. Mais ils sont convaincus que l'Allemagne surmontera ce danger par des mesures d'organisation, par sa puissance économique, et surtout grâce à la victoire finale qui lui permettra d'assurer sa situation en prenant les « garanties » indispensables. — Les « optimistes », plus nombreux, tiennent la menace de blocus économique pour un simple épouvantail à l'aide duquel on essaye d'intimider les Empires du Centre. D'après eux, l'accroissement colossal qu'a pris le développement du commerce mondial est un fait que rien ne peut plus abolir et qui s'oppose de façon élémentaire à la perpétuation de la guerre économique. Ils font ressortir que les relations commerciales s'organisent selon des *fatalités* géographiques et non selon le bon plaisir des hommes ou les passions politiques du moment et que, dans ces conditions, la puissance productive exceptionnelle de l'Allemagne et sa position centrale dans l'univers civilisé lui assurent une situation qui ne peut lui être ravie. C'est l'intérêt même des nations de l'Entente qui leur commande d'entretenir avec l'Allemagne de bonnes relations commerciales. « L'Angleterre et ses amis, écrit le président de l'*Association économique de l'Europe Centrale*, le duc Ernst Günther de Sleswig-Holstein, n'ont pas échangé avec nous les nombreux milliards qu'ils nous ont, chaque année, fournis ou payés sous forme de marchandises, pour nous être agréables, mais parce qu'ils y trouvaient de grands avantages matériels. Et ces avantages exerceront aussi dans l'avenir une influence décisive. L'Allemagne possède une industrie si développée, une organisation et une technique si parfaites, une population si travailleuse et si intelligente que le fait de commercer avec l'Allemagne est *au moins aussi utile à l'étranger qu'à l'Allemagne elle-même*. Il en est dans la Société des Nations comme dans un parlement : on n'exclut pas impunément un parti de la coopération aux affaires. »

Examinons comment la question des relations commerciales avec l'Allemagne se pose pour les principales nations de l'Entente.

1. Vis-à-vis de l'Angleterre, d'abord, nous avons déjà indiqué qu'il existe en Allemagne deux courants d'opinion. Le premier, qui paraît actuellement en progrès, voit dans la Grande-Bretagne « l'ennemi principal » et dans la guerre un duel mortel entre l'impérialisme allemand et l'impérialisme britannique.

Le second, qui a perdu du terrain ces derniers temps mais garde néanmoins une influence certaine, envisage la guerre présente comme une opération offensive de l'impérialisme anglais qui a essayé de profiter d'une occasion favorable pour se débarrasser d'un concurrent gênant; mais ils estiment que le jour où la lutte se sera terminée et où les Anglais verront qu'il est impossible d'écraser l'Allemagne, ils sont beaucoup trop avisés et trop pratiques pour se cantonner dans une stérile bouderie, et ils reprendront les relations commerciales avec leurs adversaires d'hier, pour leur commun avantage à tous deux.

Pour les irréconciliables, qui se recrutent surtout dans le parti des annexionnistes décidés, la guerre commerciale est un danger réel que les Allemands ont longtemps eu le tort de sous-estimer et de regarder comme un bluff inoffensif. La Conférence de Paris et surtout, ces derniers temps, la grande Conférence impériale britannique ont mis clairement en évidence le plan anglais. L'Angleterre veut *à tout prix* maintenir, dans l'avenir aussi, sa suprématie maritime et son hégémonie commerciale. Or, elle ne peut y arriver que par l'isolement et le blocus économique de l'Allemagne et de l'Europe centrale. Ne parvenant pas à battre l'Allemagne par les armes, elle veut du moins la rendre inoffensive au point de vue économique et atteindre ainsi son but de guerre essentiel. La Conférence impériale décide en conséquence que, en vue de la guerre, mais aussi plus tard en pleine paix, on va organiser l'exploitation méthodique des ressources de l'Empire dans toutes ses parties, l'utilisation rationnelle de toutes les matières premières qu'il produit. On devra s'efforcer de rendre la Grande-Angleterre indépendante de tous les autres pays du monde pour ce qui est du ravitaillement en denrées alimentaires et en matières premières nécessaires à l'industrie. Dans ce but, la Conférence pose en principe que les différentes parties de l'Empire britannique doivent, tout en observant à l'égard des intérêts des nations alliées les ménagements nécessaires, s'accorder réciproquement les unes aux autres un traitement de faveur pour leurs produits. C'est là indiquer nettement que l'Angleterre entend constituer avec ses colonies un empire économique *fermé*, mais que, d'ailleurs, elle veut donner à son industrie un développement tel que toute offre étrangère deviendra superflue. Il n'est pas jusqu'à la citadelle traditionnelle du libre-échange, Manchester, qui ne se soit aujourd'hui convertie à cette tendance nouvelle et ne réclame des tarifs protecteurs contre le commerce allemand. D'ailleurs, en même temps qu'elle assure le plus largement possible son autarchie économique, l'Angleterre s'applique également à préparer les mesures par lesquelles elle écoulera le trop plein de sa production d'abord chez ses alliés, en second lieu aussi chez les nations neutres. De là, des créations comme la *British Trade Corporation*, banque commerciale au capital de 10 millions de livres, récemment fondée par autorisation spéciale du cabinet, et qui doit devenir l'épine dorsale du commerce britannique. Cet institut travaillera en connexion étroite avec le gouvernement. La section commerciale du Ministère des Affaires étrangères mettra à la disposition du monde des affaires les renseignements précieux rassemblés au cours de la guerre par le gouvernement britannique. La paix venue, on continuera à se servir du dossier ainsi recueilli. En d'autres termes ce sera la guerre contre les firmes inscrites sur les fameuses « listes noires » anglaises, le boycottage méthodique des maisons allemandes ou simplement suspectes de sympathies allemandes. Dans ces conditions, une reprise normale des relations commerciales entre l'Allemagne et l'Angleterre est d'avance rendue impossible après la guerre. Et les agissements des Anglais apparaissent comme d'autant plus dangereux qu'ils trouveront dans les Américains des auxiliaires d'une puissance considérable.

Devant cette conspiration anglo-américaine qui se noue contre le commerce allemand il est indispensable, assurent les publicistes de ce parti, que l'Allemagne prenne ses sûretés. C'est pour elle une question de vie ou de mort que de reprendre sa place sur les marchés mondiaux. Le règlement des relations commerciales futures doit donc être préparé en temps utile et imposé aux ennemis des Empires centraux par le traité de paix. Il faut rendre impossible la guerre commerciale que prépare l'Angleterre, le boycottage des produits allemands. Il faut que les marchandises allemandes puissent concourir sur pied d'égalité avec celles de tous les autres peuples. Il est nécessaire, pour assurer le ravitaillement de l'Allemagne en matières premières, non pas seulement d'assurer la jonction par terre entre l'Allemagne et l'Orient, mais de constituer un domaine colonial allemand étendu qui puisse fournir la mère patrie de produits tropicaux. Pour garantir à l'Allemagne la possession de ce domaine, il faut lui assurer les ports de la côte flamande, les bases navales indispensables à sa puissance maritime. Pour atteindre ce résultat, il n'y a pas d'autre moyen que de pousser la guerre jusqu'à la victoire finale en brisant par la guerre sous-marine la suprématie navale anglaise. Et pour décider le peuple allemand à soutenir son effort jusqu'au moment voulu, il faut que l'Allemagne ait le courage de ses ambitions, qu'elle ne se donne pas l'apparence de faire la guerre seulement pour émanciper les Polonais ou les Flamands, mais qu'elle proclame hautement ses buts de guerre positifs et pratiques, afin de stimuler ainsi l'ardeur combative de la nation.

Très différent est le point de vue des « optimistes » qui révoquent en doute la volonté des Anglais de pousser à l'extrême la guerre commerciale. En faveur de cette hypothèse ils font valoir que l'intérêt britannique s'oppose manifestement à une rupture prolongée avec les Empires du Centre. L'Angleterre a compris avant la guerre la nécessité de ne pas se borner à accroître son exportation de capitaux mais de développer aussi son exportation de marchandises qui avait subi pendant quelque temps un ralentissement relatif. Or elle y est parvenue, au cours des dix années qui ont précédé la guerre, et cela sans recourir au protectionnisme préconisé par les impérialistes à la Chamberlain : son commerce d'exportation a de nouveau pris un essor brillant et cela sous le régime du libre-échange. L'industrie anglaise est, plus encore que l'industrie allemande, une industrie de finissage. Disposant d'un personnel ouvrier hautement qualifié et accoutumé à un niveau de vie élevé, elle a besoin de pouvoir nourrir ses travailleurs à bon compte et elle a intérêt à importer de l'étranger des produits mi-ouvrés qu'elle aurait peine à fabriquer elle-même en quantité suffisante et à des prix avantageux, en raison de la cherté de la main-d'œuvre anglaise. Dans ces conditions, elle trouve le plus grand avantage à entretenir avec l'Allemagne des relations commerciales aussi actives que possible. Ce sont les Empires du Centre qui lui fournissent près de la moitié de son importation de sucre. C'est l'Allemagne qui lui procure en grande partie les demi-ouvrés dont elle besoin pour ses industries de finissage (notamment pour le fer) et qu'elle ne pourrait ni produire elle-même en quantité voulue ni tirer de France ou de Russie. En ce qui concerne les marchandises terminées, l'Allemagne n'est pas seulement pour elle un client de premier ordre qui achète en 1913 pour 876 millions mk de produits anglais. L'Allemagne et l'Autriche-Hongrie sont aussi des fournisseurs tout à fait importants dont la part, dans les importations anglaises, a passé, de 1903 à 1913 de 7 % à 14 %, grandissant ainsi dans une forte proportion au détriment de la France et de la Russie. Le public anglais populaire continuera à acheter les articles à très bon marché que lui livre l'industrie allemande, et le consommateur aisé ne voudra pas davantage se priver des produits de choix que l'Allemagne ou l'Autriche lui vendent, dans une série de spécialités telles que les gants, les articles de cuir, les dentelles, la passementerie, les meubles en bois courbé, les jouets d'enfants, la porcelaine ou la verrerie. Les Anglais ne pourraient donc pas, sans se nuire à eux-mêmes, réduire leurs échanges avec l'Allemagne. Ils s'en garderont d'autant plus que la concurrence accrue des Etats-Unis va réduire fortement leurs exportations au Canada, en Amérique centrale et en Amérique du Sud, probablement aussi en Extrême-Orient. Dans ces conditions, comme les chances de trouver dans le commerce avec les colonies anglaises ou avec les nations de l'Entente une compensation à la suppression des échanges avec les Empires centraux sont très faibles pour les Anglais, on est en droit de penser que les déclarations protectionnistes des Chambres de commerce anglaises, notamment de celle de Manchester, sont des manifestations passagères d'excitation belliqueuse et ne survivront guère à la fin de la guerre. L'Angleterre laissera la France s'entêter dans une lutte économique sans issue contre l'Allemagne et ne tardera pas à reprendre des échanges où les deux parties trouveront leur avantage. Les mesures protectionnistes que l'Angleterre adoptera selon toute vraisemblance après la guerre, auront donc probablement un caractère assez anodin et n'excluront point de bonnes relations commerciales avec le reste du monde. « La base de l'existence britannique, assurent les publicistes allemands, est le commerce de transit et le libre-échange. » L'Angleterre n'ira donc pas, pour satisfaire ses rancunes, adopter une ligne de conduite qui risquerait de compromettre de façon durable sa prospérité économique.

2. Pour ce qui est de la Russie, l'opinion allemande considère comme tout à fait impossible qu'elle s'engage dans une guerre commerciale contre l'Allemagne. Sa situation géographique comme sa structure économique l'inclinent, irrésistiblement, à accroître sans cesse ses échanges avec les Empires du Centre. Ceux-ci fournissaient avant la guerre 45 % de l'importation russe et absorbaient 34 % de l'exportation russe. Ils tenaient ainsi le premier rang, et de beaucoup, dans les échanges de la Russie et leur quote-part dans le total de ces échanges s'était accrue très rapidement pendant les dernières années[1]. Entre 1900 et 1913 l'augmentation du commerce allemand avec la Russie avait été de 32 1/2 % plus forte que l'augmentation moyenne du commerce allemand total. La Russie, avec 1.452 millions mk d'exporta-

1. Nous citons les chiffres donnés par les statistiques allemandes qui diffèrent notablement de ceux fournis par les statistiques russes.

tion était le principal fournisseur de l'Allemagne! Dans cette situation les sympathies ou antipathies politiques n'avaient rien à voir. L'Angleterre, qui suivait à un assez long intervalle les Empires du Centre comme fournisseur et client de la Russie, voyait sa quote-part diminuer. La France, malgré les 15 milliards qu'elle avait prêtés à la Russie voyait entre 1903 et 1911 sa quote-part dans les importations russes s'élever péniblement de 3,9 % à 4,5 % et sa quote part dans les exportations diminuer.

La dépendance économique de la Russie vis-à-vis de l'Allemagne est très marquée. Elle est le principal fournisseur de l'Allemagne pour les fourrages (orge fourragère, son, tourteaux, etc.), pour la volaille, le beurre, pour le lin et chanvre, pour le bois; elle est l'un des principaux pour le blé. Or l'Allemagne *peut* se passer de la Russie : elle l'a montré au cours de la guerre présente. Il est beaucoup plus difficile en revanche pour la Russie de se passer de l'Allemagne. La Russie est dans l'impossibilité de trouver un autre acheteur pour ses fourrages en particulier. Or, ces fourrages elle est *obligée* de les vendre pour équilibrer son budget. Elle sait fort bien qu'ils profitent au bétail allemand, qu'ils engraissent et à l'agriculture allemande à qui le bétail fournit du fumier. Elle n'ignore pas qu'il serait plus intéressant de réserver ses fourrages pour le cheptel russe et la terre russe. Mais en raison de sa situation générale, c'est pour elle une nécessité d'exporter et elle sait parfaitement que ses alliés occidentaux ne sont pas en mesure de compenser pour elle la perte d'un client tel que l'Allemagne. D'autre part, c'est en Allemagne qu'elle trouve aux meilleures conditions les produits fabriqués dont elle a besoin pour satisfaire à ses besoins et développer son industrie : c'est là qu'elle est assurée de trouver à bon compte les machines, les produits chimiques, les colorants, les sels de potasse, le matériel d'électro-technique, en partie aussi les filés, dont elle ne peut se passer dans l'état présent de son développement. Si elle perd les districts d'industrie de la Pologne, sa dépendance vis-à-vis de l'Europe centrale se trouvera encore accrue. Elle n'ignore pas en effet que les puissances de l'Entente ne sont pas en état de lui fournir ce dont elle a besoin ou que, dans tous les cas, l'Angleterre lui ferait payer singulièrement cher l'avantage de s'émanciper de la « domination allemande ». La force des choses lie donc l'une à l'autre, au point de vue économique, la Russie et l'Allemagne. Les hommes d'Etat et économistes russes le savent fort bien. Et ils se rendent compte que cette situation ne se trouvera pas modifiée — bien au contraire — après la guerre. La dette russe s'est accrue pendant la guerre d'une somme que les Allemands évaluent jusqu'à la fin de 1916 à 52 milliards de mark qui a été couverte pour 22, 1 % par l'étranger, qui s'augmentera encore dans des proportions énormes au cours de 1917. L'exportation sera donc, plus encore qu'avant la guerre, une nécessité vitale pour la Russie qui devra s'efforcer de relever à tout prix son change déprécié et n'aura pas d'autre moyen pour régler ses dettes à l'étranger. La Russie se trouvera donc dans cette situation paradoxale qu'elle sera obligée, au jour de la paix, de demander à son ennemie présente (l'Allemagne, son secours, pour pouvoir s'acquitter de ses obligations financières envers ses alliés actuels. N'est-ce pas là, font observer les écrivains allemands « une singulière ironie du destin »!

On conçoit fort bien que la révolution russe n'ait

fait que confirmer les Allemands dans cette appréciation de la situation. Tant que le gouvernement du tsar était debout, tant qu'on pouvait craindre le déchaînement des ambitions panslavistes, ou redouter « l'impérialisme populaire russe », l'opinion allemande demeurait partagée à l'égard de la Russie. Les uns étaient, nous l'avons vu, « orientés » vers l'Est, d'autres vers l'Ouest. Les uns demandaient la réconciliation avec l'Angleterre et la lutte à outrance contre la « barbarie moscovite », les autres réclamaient un rapprochement avec la Russie et la guerre à mort contre l'Angleterre. On comprend sans peine combien cette dernière tendance a été renforcée par la crise survenue en Russie. Les partisans de l'orientation vers l'Est comprenaient à l'origine les conservateurs renforcés par une minorité de socialistes annexionnistes. Le gros des socialistes, qui était parti en guerre contre le régime absolutiste du tsar, demeurait hostile à l'idée d'un rapprochement qui remettait en mémoire le temps de l'alliance des trois Empereurs. Le déchaînement de la Révolution en Russie permet aujourd'hui aux masses socialistes de pousser de toutes leurs forces à la réconciliation avec les camarades russes ralliés à l'idée d'une paix sans annexions ni indemnités. Et le clan des annexionnistes, qui persévère dans sa haine implacable contre l'Angleterre demeure, pour des motifs tout à fait réalistes, partisan d'une paix séparée avec la Russie. On espère évidemment qu'une Russie révolutionnaire, qui aura éliminé le virus panslaviste et consacrera tous ses efforts à l'œuvre urgente de sa réorganisation intérieure cessera d'être une menace pour l'Allemagne, tombera fatalement sous la domination économique de l'Europe centrale et sera de plus en plus attirée dans sa sphère d'influence. Les conservateurs insistent sans doute, sur la nécessité, pour l'Allemagne, de ne pas renoncer aux « garanties » territoriales dont elle a besoin vis-à-vis de la Russie. Les publicistes comme Rohrbach qui ont dénoncé avec le plus d'insistance naguère le « danger russe » et soutenu que les ambitions russes étaient radicalement incompatibles avec l'expansion nécessaire de l'Allemagne vers l'Orient, énoncent que seule l'émancipation des allogènes opprimés par les Grands-Russes donnerait à l'Allemagne la sécurité pour l'avenir et fournirait la preuve que ce n'est pas seulement le tsarisme mais aussi le *nationalisme* qui a succombé dans la tourmente révolutionnaire. D'une manière générale, toutefois, les Allemands demandent et espèrent la paix prompte avec la Russie non pas seulement pour des motifs politiques et militaires, qui sautent aux yeux, mais aussi pour des raisons économiques. Ils escomptent que la Russie d'après-guerre sera une grande masse amorphe plus perméable que jamais à la pénétration germanique et que l'on pourra rattacher par des liens matériels toujours plus solides au « système » de l'Europe centrale.

3. Et de même que la Russie, l'Italie aussi, si l'on en croit les Allemands, ne pourra jamais s'associer à un boycottage des Empires centraux. Ses exportations en Allemagne et en Autriche-Hongrie atteignaient, à la veille de la guerre, 22 °/₀ de ses exportations totales. Et elle ne peut espérer trouver ailleurs un client de même importance pour ses vins, ses oranges, ses primeurs, ses soieries, etc. Il lui serait difficile de les placer en Angleterre qui menace de restreindre par des droits protecteurs les exportations italiennes de soieries et de vins. Elle peut craindre, pour tous ses articles d'exportation, la concurrence de la France et de ses colonies. Les fournitures italiennes n'offrent

d'intérêt pour l'Allemagne qu'en ce qui concerne la soie brute. Encore est-ce là une importation de luxe qui peut aisément être réduite. Tous les autres articles achetés en Italie peuvent être fournis par la Grèce (fruits et vins), la Suisse (fromages), ou la Bulgarie (primeurs, fruits, soies), à moins que l'Allemagne ne préfère s'en passer complètement. De son côté l'Italie achète dans les Empires du Centre des produits qui lui sont indispensables, notamment des machines et des fers en Allemagne, du bois en Autriche. Il est vraisemblable aussi qu'après l'amère expérience de la guerre où elle a vu le prix du charbon anglais s'élever de 600 %, elle tâchera d'importer d'Allemagne le combustible dont elle a besoin (1,23 million de tonnes) et accroîtra ainsi encore sa dépendance économique vis-à-vis des Empires du Centre. Comme d'ailleurs la guerre est ruineuse pour l'Italie non pas seulement par suite des dépenses considérables qu'elle a dû faire (13,2 milliards mk jusqu'à la fin de 1916) mais aussi en raison de la proportion élevée de ses emprunts à l'étranger (25 %), en raison du déficit croissant que présente sa balance commerciale (augmentation du fret, suppression des bénéfices laissés par les touristes, etc.), et de la dépréciation du change italien qui en résulte, les Allemands se persuadent que l'Italie se gardera bien, au retour de la paix, de s'associer à la guerre commerciale contre les Empires du Centre. Elle se hâtera de reprendre avec l'Allemagne et l'Autriche-Hongrie des échanges où elle trouve son avantage et de se rapprocher le plus promptement possible du groupement économique de l'Europe centrale.

On le voit : l'Allemagne se rend compte du danger qu'implique pour elle la guerre économique contre un adversaire aussi formidable et aussi résolu que l'Angleterre. Mais elle estime qu'elle est de taille à résister à l'assaut qu'on lui livre. Elle se flatte, d'une part, de réduire à merci l'Angleterre par la guerre sous-marine et de la contraindre ainsi à déposer les armes. Elle calcule, d'autre part, que les puissances de l'Entente se dissocieront par la force des choses après la guerre, que leur coalition est contre nature, et devra nécessairement prendre fin avec les hostilités, qu'une fatalité géographique irrésistible obligera la Russie à renouer tout de suite avec les Empires du Centre, que l'Italie sera poussée par des intérêts matériels évidents à faire de même, que l'Angleterre elle-même ne saurait enfin, sans se faire du tort à elle-même, se fermer par une attitude intransigeante le marché allemand. Elle tient donc sa situation pour favorable, somme toute, et ne renonce pas à l'espoir de pouvoir, une fois surmontées les premières difficultés d'une période de transition malaisée pour tout le monde, reprendre dans un avenir assez proche le cours de ses succès économiques.

⁂

Il nous apparaît que l'on peut faire à la thèse allemande une objection fondamentale. Elle admet toujours qu'une Allemagne laborieuse et pacifique a été encerclée puis attaquée de propos délibéré par une Angleterre jalouse, une Russie ambitieuse, une France vindicative, qu'elle a résisté victorieusement à leur assaut et qu'elle pourra, le jour où elle aura convaincu ses ennemis qu'il n'est pas possible de l'anéantir, reprendre tranquillement son travail interrompu. — Or, ce n'est pas du tout sous cet aspect que nous voyons l'enchaînement des événements. L'Allemagne nous apparaît, dans le domaine économique aussi bien que dans le domaine politique, comme une puissance ambitieuse et conquérante au premier chef. Elle plaide son droit à l'existence et revendique sa place au soleil. Lorsqu'ils sont tout à fait francs, ses écrivains affirment le droit des peuples jeunes contre les nations vieillies, la prééminence nécessaire des races supérieures sur les races inférieures. Mais qui ne voit combien ce point de vue est inadmissible pour les autres nations? Le jour où l'Allemagne s'est persuadée de la légitimité de ses prétentions à être la « nation élue » et a agi en conséquence, la guerre est devenue inévitable — une guerre dont nous sommes bien obligés de rejeter *sur elle* la responsabilité. « J'ai toujours cru et je crois encore, écrivait récemment Ballin, le directeur de la Hamburg-Amerika-Linie, qu'il y a assez de place dans le monde pour nous, pour l'Angleterre, pour l'Amérique et quelques autres puissances encore. » Rien de mieux. Mais si par là l'Allemagne entend l'obligation pour les autres puissances de lui *faire place* là où elle désire s'installer, alors c'est évidemment la force seule qui peut décider. Nous avons analysé les modalités de l'expansion allemande. Nous avons vu la menace qu'elle constitue pour l'indépendance économique des nations où elle pratique la pénétration pacifique. Cette menace a été distinctement perçue en Russie, en Italie comme en France. Il n'est pas dit que, la guerre terminée, elle apparaisse comme définitivement conjurée.

Et dans ces conditions, le raisonnement allemand sur la reprise *nécessaire* des relations commerciales avec les Empires du Centre pourrait bien se trouver en défaut. Il est à peu près certain que l'internationalisme des échanges et du commerce mondial est plus avantageux à l'humanité que la constitution de groupements indépendants, séparés les uns des autres par des lignes de démarcation plus ou moins rigoureuses. Mais comment ne pas se rendre compte que si un groupement tend à empiéter de façon inquiétante sur les groupements voisins, ceux-ci peuvent se trouver amenés par le souci de leur indépendance établir des frontières aussi dans le royaume du travail ? Cette dissociation peut n'être pas profitable pour la collectivité humaine. Elle peut entraîner des inconvénients plus ou moins sérieux pour ceux qui la mettent en pratique. Mais quel est le peuple qui n'acceptera de sacrifier quelques avantages matériels, une part de ses bénéfices, un peu de son confort ou de son bien-être pour assurer son indépendance? Plus l'Allemagne se targuera de sa jeunesse, de sa vitalité, de sa supériorité organisatrice, de sa culture exceptionnelle et plus elle apparaîtra comme un danger pour les nations qui entendent rester *elles-mêmes* et ne se soucient pas de se laisser régénérer ou coloniser par les Allemands. C'est un fait que, avant la guerre, l'expansion allemande commençait à soulever l'appréhension des voisins. La guerre n'a certes pas fait taire ces craintes. La paix les calmera-t-elle ? Les nations sentiront-elles leur autonomie économique suffisamment garantie pour pouvoir renouer aussitôt les liens de l'internationalisme commercial ? Rien n'est moins certain. Le programme économique allemand n'a rien de bien rassurant pour la paix du monde. L'Allemagne ne dissimule pas que l'Europe centrale lui paraît un cercle d'action insuffisant, qu'elle veut *davantage*. Elle apparaît à tous comme plus soucieuse d'assurer son expansion que de respecter l'indépendance d'autrui. Elle réclame aujourd'hui encore des « garanties » contre ceux qui, à l'en croire, prétendent « l'encercler ». Comment les autres — qui ne se tiennent pas pour les agresseurs, mais ont conscience d'avoir été inquiétés par l'expansion allemande — ne rechercheraient-ils pas inversement des « garanties » contre des menaces de vassalisation ou d'invasion pacifique dont un passé récent a montré le danger ?

Si, comme nous venons de le voir, les perspectives d'un conflit économique entre la France *isolée* et l'Allemagne sont assez peu rassurantes pour nous, tout change si au lieu de la France seule on considère l'Entente. Le jour où les puissances de l'Entente seraient d'accord sur la nécessité de faire front collectivement contre les ambitions économiques allemandes, elles disposeraient évidemment de moyens de coercition puissants.

L'Allemagne, nous le savons, est obligée d'acheter au dehors une partie notable de ses vivres et des matières premières nécessaires à son industrie.

Or, l'Entente fournit à l'Allemagne une fraction considérable de ses importations[1]. Elle lui procure la moitié environ des aliments qu'elle achète au dehors, soit une valeur d'environ un milliard mk : 42 °/₀ de son exportation de blé, 75 °/₀ de son riz, 81 °/₀ des légumes secs, 72 °/₀ de la volaille, 80 °/₀ des graines oléagineuses comestibles. Elle lui vend 58 °/₀ des chevaux importés, 50 °/₀ des aliments du bétail, et aussi 42 °/₀ des phosphates de chaux et 96 °/₀ des scories Thomas dont elle a besoin comme engrais. Pour son industrie textile l'Allemagne aurait de la peine à se passer soit du coton d'Egypte que lui vend l'Angleterre, soit de la laine brute dont elle s'approvisionne pour 67 °/₀ dans le domaine de l'Entente, soit de la soie dont l'Italie contrôle le marché, soit du lin et du chanvre que lui cède la Russie, soit du jute qui est

1. V. Annexe V.

un monopole des Indes anglaises. Les colonies anglaises approvisionnent aussi l'Allemagne pour une large part en graines oléagineuses, en résines e gommes, en caoutchouc. En ce qui concerne les métaux ou minerais, l'Entente contrôle le platine (France et Russie), le tungstène et alliages de tungstène (Grande-Bretagne et France), le nickel (Canada et Nouvelle-Calédonie)[1], le manganèse (Russie et Grande-Bretagne). Elle serait à même, surtout, ce qui pourrait être décisif, de rationner l'Allemagne pour le fer, si la paix restituait à la France les gisements de Lorraine annexée, et si les Alliés arrivaient à contrôler les mines de fer d'Espagne qui sont avec la France et la Suède, une des trois sources principales où l'Allemagne puise l'énorme supplément de minerai dont elle a besoin pour alimenter son industrie métallurgique. Elle pourrait, de même, créer des embarras graves à l'Allemagne pour son ravitaillement en acide sulfurique — indispensable pour toute l'industrie chimique y compris les matières colorantes — si elle acquérait le contrôle des gisements de pyrites d'Espagne qui, en 1913, fournissait à l'Allemagne 90 °/₀ de son importation.

La situation deviendrait tout à fait intenable si les Etats-Unis s'associaient à des mesures de coercition économique prises par l'Entente contre l'Allemagne, car alors elle perdrait son principal fournisseur pour le coton (76 °/₀), le pétrole (75 °/₀), le cuivre (83 °/₀), le lard et saindoux (78 °/₀), la térébenthine (78 °/₀), et l'une des sources principales d'où elle tirait des fourrures (53 °/₀), du blé (40 °/₀), des aliments divers pour

1. Les statistiques indiquent les États-Unis (66 °/₀) comme le principal fournisseur en nickel de l'Allemagne, mais ils ne sont qu'un intermédiaire.

le bétail, des phosphates, etc. Le ravitaillement de l'Allemagne serait ainsi rendu plus difficile et son réapprovisionnement en matières premières plus problématique et plus onéreux. L'industrie allemande se trouverait par là ou directement atteinte et mise dans l'impossibilité de reprendre le travail, ou, dans tous les cas, obligée de subir les conditions de l'Entente et, par suite, entravée dans sa puissance d'expansion.

A un autre point de vue encore la situation de l'Allemagne deviendrait critique.

On sait que la valeur du mark a subi ces derniers temps, et spécialement depuis les mois de mars et d'avril 1917, une dépréciation considérable[1] qui s'explique par le fait que le blocus a déséquilibré la balance commerciale, que l'Allemagne continue à faire chez les neutres certains achats de vivres ou de matières premières tandis que son commerce d'exportation se trouve, par la force des choses, presque complètement suspendu. La somme de ses payements au dehors dépassant celle de ses rentrées, il en résulte une baisse du mark et une hausse des devises étrangères. Les Allemands, malgré tous leurs efforts, n'ont pas réussi à enrayer la chute du mark et ils reconnaissent que, en dépit de toutes les mesures prises — exportations d'or, vente de titres étrangers, réalisation de créances étrangères, diminution et réglementation des importations, contrôle par la Reichsbank de tous les paiements effectués à l'étranger — ils ne peuvent pas espérer une amélioration effective de cette situation avant la fin de la guerre. Les journaux

1. Le cours du franc suisse, par exemple, dont le pair est de 81 mark pour 100 francs s'élève à 104,75 en janvier 1916, à 117 fin décembre, à 118,50 fin février, à 123,37 fin mars, à 126 fin avril, à 158 fin août.

financiers rassurent l'opinion en déclarant que c'est là un phénomène passager et artificiel, et que, quand bien même il devrait encore s'aggraver, les Allemands ne devraient pas perdre la confiance qu'ils ont en eux-mêmes et qui se base en dernière analyse sur la conscience de leur force productive, de leur richesse nationale, de leur organisation, de leur esprit d'entreprise. La presse allemande, néanmoins, ne dissimule pas les embarras que la situation défavorable du change lui procure. Et elle se rend fort bien compte que le retour de la paix, loin d'y mettre fin brusquement, commencera au contraire à peu près nécessairement par les aggraver.

Même si elle ne se heurte pas, chez les nations de l'Entente, au parti pris déterminé de la rationner au point de vue de la fourniture des matières premières, elle se trouvera, en effet, à ce moment, en présence d'un problème singulièrement embarrassant. Au cours de la guerre l'Allemagne a dû épuiser son stock de vivres, de matières premières, de marchandises. Au jour de la paix elle ne disposera plus d'aucune réserve. Pour remettre en train sa grande machine industrielle, il lui faudra donc *avant tout*, et dans le but de préparer la reprise d'exportations fructueuses, procéder au réapprovisionnement de ses usines. Elle devra donc faire *au dehors* des achats considérables, par conséquent aussi trouver de l'argent ou du métal pour les solder. Or cette opération sera incontestablement rendue plus malaisée par la baisse du mark : ce n'est pas sans peine, selon toute vraisemblance, que l'Allemagne parviendra à trouver les ressources nécessaires pour régler ou compenser ses acquisitions de matières premières.

Exporter de l'or, elle ne peut guère y songer. La politique de la Reichsbank, depuis le début de la guerre, tend visiblement d'une part à concentrer dans ses caisses la plus grande partie possible de l'or allemand, d'autre part à expédier à l'étranger du métal jaune pour soutenir le change, mais *sans jamais atteindre le point où il faudrait entamer l'encaisse :* elle cherche au contraire à donner l'impression d'un accroissement continu de celle-ci, si faible qu'il puisse être. Or, la circulation d'or de l'Allemagne était estimée avant la guerre à 2 milliards et demi mk. On estime que, vers le début de 1917, la Reichsbank doit, en chiffres ronds, avoir accru son encaisse de plus de 1 milliard (1.178 millions au début de juin) et avoir expédié au dehors plus de 600 millions. Il doit donc rester en Allemagne un peu plus de 800 millions. Cette somme, — en y ajoutant la valeur représentée par les objets d'or, les perles et les diamants dont on commence à préconiser l'apport à la Reichsbank — représente le *maximum* de ce que l'Allemagne pourrait exporter d'or sans ébranler gravement le crédit public. Or il est manifeste que cette somme ne saurait lui suffire pour payer ses importations nécessaires jusqu'à la fin de la guerre, pour soutenir d'ici là tant bien que mal le cours du mark et pour couvrir les sommes que nécessitera la réfection de ses stocks au lendemain de la guerre. Et, d'autre part, entamer l'encaisse de la Reichsbank serait d'autant plus grave que, comme on l'a démontré de façon inéluctable[1], la proportion de l'encaisse aux billets

1. Cette démonstration a été apportée par M. Rist dans un article de la *Revue d'économie publique* de 1917, où il met en évidence les artifices par lesquels la presse allemande essaye de faire croire chez elle comme auprès des neutres à la supériorité de garantie dont jouiraient les billets de la Reichsbank en comparaison de ceux de la Banque de France. Or la proportion de l'encaisse or à la circulation *réelle* est de 22 % à la Reichsbank contre 30,4 % à la Banque de France; la propor-

ou celle non moins significative de l'encaisse à l'ensemble des engagements à court terme (billets, dépôts et comptes courants créditeurs) est *actuellement déjà* inférieure en Allemagne à ce qu'elle est chez nous, en sorte que la situation monétaire et économique de l'Allemagne est moins bien garantie qu'elle ne l'est en France. A moins que, comme le font certains publicistes amoureux du paradoxe, on n'envisage la possibilité d'une « démonétisation de l'or » et le maintien du cours forcé des billets comme régime normal de l'Allemagne après la guerre, on ne peut pas prévoir que les Allemands soient en situation de régler avec leurs réserves d'or leurs importations de matières premières.

L'Allemagne pourra-t-elle se procurer des ressources en vendant ou en gageant son stock de titres étrangers? Il représentait à coup sûr avant la guerre, une valeur considérable, peut-être 20 à 25 milliards mk selon des estimations récentes, en comprenant les titres et propriétés. Mais si l'on défalque de ce total les titres qui n'entrent pas en ligne de compte pour le but visé, ceux que l'on ne pourrait liquider sans abandonner en même temps une influence précieuse de l'Allemagne à l'étranger, ceux qui se trouvent sous séquestre à l'étranger, ceux qui ont été vendus déjà par des particuliers (environ 3 milliards), ce chiffre se réduit considérablement, et semble ne pas dépasser aujourd'hui un total de 2 à 3 milliards. Le gouvernement a ordonné le 25 août 1916

tion de l'encaisse métallique aux dépôts augmentés de la circulation réelle est de 15,9 % à la Reichsbank contre 27,2 % à la Banque de France. — Nous nous sommes servis, aussi, d'un travail de M. Rist dans notre développement sur la baisse du mark et le problème du réapprovisionnement de l'Allemagne en matières premières.

la déclaration de tous les titres étrangers possédés par des Allemands et détenus tant à l'étranger qu'en Allemagne. Les journaux, sans indiquer le but précis de cette mesure, ont laissé entendre que l'on songeait moins à une réquisition immédiate qu'à une utilisation en vue de l'après-guerre et que le gouvernement espérait trouver là les sommes nécessaires pour régler les achats des matières premières pour lesquels les industries d'exportation ne seraient pas en état de fournir immédiatement la contre-partie nécessaire. C'est là évidemment une ressource suprême que l'Allemagne tient en réserve, mais à laquelle il lui sera difficile, peut-être, de ne pas faire appel, si la guerre se prolonge, pour obtenir à l'étranger le crédit indispensable et éviter l'effondrement du cours du mark.

Le recouvrement des créances sur l'étranger immobilisées par la guerre représente, de même, une somme notable. Une ordonnance du 16 décembre 1916 complétée par un arrêté du 23 février 1917 a rendu obligatoire la déclaration de ces créances, en sorte que le gouvernement pourra se rendre compte des disponibilités nationales à cet égard. Elles ont été évaluées à plus de 2 milliards de mark. Mais on estime que les perturbations économiques créées par la guerre et les sentiments hostiles à l'étranger rendront les rentrées particulièrement laborieuses; on pense qu'en Russie notamment la perte sera de 60 à 70 % sur un total de 500 millions. On note, de plus, que, aux créances que l'Allemagne possède sur l'étranger s'opposent les crédits qu'elle devra faire à ses alliés et qui grèveront sa balance de paiements considérables. En sorte que, au total, il est fort difficile d'évaluer les ressources réelles que fournira ce poste de l'avoir allemand.

Est-il possible aux industriels de se constituer à l'étranger des approvisionnements de matières premières pour les importer au moment de la paix? — Ils l'ont fait sans aucun doute; on sait en tout cas qu'il existe en Espagne, aux États-Unis, aux Indes néerlandaises, etc., des accumulations considérables de matières premières appartenant à des neutres et qui peuvent être délivrées à l'industrie allemande. Peut-être conviendrait-il, pourtant, de ne pas exagérer l'importance de ces opérations de prévoyance excessive. Il est douteux que le gouvernement ait jamais encouragé ces spéculations. La Centrale des devises n'a jamais de devises que pour des marchandises devant être *immédiatement* importées. Aussi au début de 1917 les journaux signalèrent-ils que l'industrie et le commerce, se conformant à des recommandations officielles renonçaient aux achats de ce genre; ils réclamaient même énergiquement la liquidation des stocks qui pouvaient encore exister. Ils préconisaient une politique exactement inverse : l'accumulation *en Allemagne* de stocks prêts pour l'*exportation* au lendemain de la paix et qui serviraient de contre-partie aux importations indispensables. Ces stocks devaient être constitués surtout de ces marchandises dont l'Allemagne possède le quasi-monopole et dont « le monde entier a faim aujourd'hui », tels que produits pharmaceutiques, matières colorantes, produits électro-techniques, potasse, etc. Il n'est pas douteux que ces recommandations aient été suivies par certaines maisons. Mais on reconnait, par ailleurs, toute la difficulté d'une pareille politique, qui se heurte à l'insuffisance de la main-d'œuvre. On se rend compte que, d'une manière générale, la reprise des exportations ne pourra être ni totale ni immédiate, qu'elle sera lente au début, que les matières premières manqueront, que l'industrie, tout entière orientée vers la production de guerre, ne pourra du jour au lendemain se remettre sur le pied de paix. On prévoit que les besoins de réapprovisionnement seront si grands qu'ils donneront pendant longtemps à la balance commerciale un caractère anormal, qu'il sera sans doute nécessaire de les restreindre artificiellement, d'exercer une sage restriction des achats à l'étranger, d'empêcher les importations de luxe, de contingenter et de graduer celles des autres produits d'après leur urgence et leur utilité.

On aperçoit ainsi les difficultés considérables qui résulteront pour l'Allemagne de la nécessité de reconstituer son stock de matières premières après la guerre. Elles seraient levées, assurément ou, en tout cas, considérablement atténuées s'il lui était possible d'obtenir un avantage marqué au cours de la guerre. C'est pourquoi aussi les conservateurs et la majorité des partis bourgeois réclament avec une énergie soutenue la continuation de la lutte « jusqu'à la victoire », et proclament la nécessité *absolue* pour l'Allemagne de ne pas déposer les armes sans avoir obtenu une indemnité de guerre. Ils se rendent compte que la paix selon la recette socialiste « sans annexions ni indemnité » mettrait l'Allemagne, du jour au lendemain, en face de problèmes économiques d'une extraordinaire gravité. Le succès militaire procurerait à l'Allemagne non pas seulement de l'argent qui lui fournirait la première mise de fonds dont elle a besoin pour se remettre en train et relever son change. Il lui donnerait aussi un nouveau crédit auprès des neutres — chez ceux, notamment, qui, depuis le commencement de la guerre, n'ont cessé de l'approvisionner en denrées alimentaires et en produits industriels : le jour où, par la victoire militaire, elle aurait forcé la confiance économique, elle pourrait escompter leur appui financier. L'indemnité de guerre et le crédit étranger : voilà les ressources sur lesquelles l'Allemagne compte, en définitive, pour conjurer la grande crise qu'elle voit monter à l'horizon.

Mais si la victoire espérée ne vient pas, si la guerre sous-marine, déclanchée pour forcer le succès, ne donne pas les résultats escomptés, si l'Entente tient bon, la situation de l'Allemagne devient, du coup, tout à fait critique. Elle a joué son va-tout en s'aliénant les Etats-Unis, et avec eux beaucoup de neutres, par la pratique du torpillage illimité et sans avertissement. Si elle ne parvient pas à réduire à merci la formidable coalition qui se dresse aujourd'hui contre elle, si, au lendemain du grand règlement de compte, elle demeure isolée, sous le poids de la réprobation qu'elle a soulevée dans le monde entier, son relèvement deviendra fort malaisé. Les Etats-Unis, où s'est produite, depuis le commencement de la guerre, la plus prodigieuse accumulation de capitaux qu'ait connue l'histoire, sont aujourd'hui devenus les « banquiers du monde » et le resteront selon toute apparence, bien qu'ils soient impliqués à leur tour dans la crise mondiale. La *National City Bank* publiait en mai 1917 un relevé, reproduit par les journaux allemands, d'après lequel le total des sommes prêtées à l'étranger par les banques américaines au cours de la guerre s'élevait à 2.606 millions de dollars ! Tant que l'Allemagne avait évité la rupture avec ce puissant prêteur, elle pouvait espérer, au jour de la paix, trouver chez lui le concours financier nécessaire pour franchir le passage difficile de l'état de guerre à l'état de paix. Aujourd'hui elle ne peut plus guère compter sur cet appui. Si les Etats-Unis demeurent, après la guerre aussi étroitement unis au point de vue économique et politique à l'Angleterre et à ses alliés, s'ils mesurent parcimonieusement aux Empires du Centre la fourniture de matières premières et le crédit, s'ils restreignent leurs échanges avec l'Allemagne, s'ils entraînent à leur suite, dans cette politique, comme ils ont déjà partiellement réussi à le faire, l'Amérique du Sud, l'Amérique centrale, la Chine, nul ne peut mesurer dans quelle proportion les embarras de l'Allemagne peuvent se trouver accrus. Elle ne se fait, d'ailleurs, guère d'illusions à ce sujet. Elle n'ignore pas qu'elle ne peut tenir, à elle seule, tête au monde entier. Et ce n'est pas sans inquiétude que la presse allemande constatait, après l'entrée en guerre des Etats-Unis, du Brésil et de la Chine, que, sur les 1.600 millions d'habitants qui peuplent la terre, 1.300 millions étaient aujourd'hui ligués contre les Empires du Centre et leurs alliés ! Si la situation créée par cette guerre sans précédent se maintient, si l'Allemagne après avoir engagé la lutte contre l'Entente et provoqué peu à peu, par ses procédés de guerre, les ressentiments de presque tous les peuples de l'univers, s'avère définitivement, aux yeux du genre humain, comme un danger permanent pour l'indépendance politique et économique des nations et pour la paix du monde, les moyens ne manqueront pas, nous l'avons vu, aux puissances unies en vue de leur commune défense, pour garantir leur sécurité et se mettre à l'abri contre un retour offensif du redoutable impérialisme politique et économique allemand dont l'effort expansif a ruiné de si terrible façon la prospérité de l'humanité contemporaine.

CHAPITRE IV

Conclusion.

Il est difficile de s'exagérer l'importance qu'a, pour la France spécialement, l'issue de cette guerre. C'est, à la lettre, notre existence politique et économique qui se joue. Si nous succombons, par défaite ou par lassitude, c'est, il est impossible d'en douter, la fin de la France. Ne nous faisons pas, à cet égard, la moindre illusion. Quelle que soit la haine de l'Allemagne contre l'Angleterre, elle ne peut pas se flatter de porter un coup mortel à l'Empire britannique, de le démembrer ni même de l'affaiblir sérieusement : elle sait fort bien qu'elle devra s'estimer heureuse si elle peut se maintenir contre lui, fortifier ses positions, recouvrer ses colonies, empêcher la Grande-Bretagne de relier entre elles les diverses parties de son empire colonial et d'accroître encore sa force. Elle sait fort bien aussi que les Etats-Unis sont hors de portée de ses coups et qu'elle est incapable de leur arracher le moindre avantage. A l'Italie il semble difficile qu'elle enlève quoi que ce soit d'essentiel. Vis-à-vis de la Russie elle fait montre aujourd'hui des intentions les plus conciliantes. Après avoir prêché la croisade du germanisme, champion de la civilisation européenne, contre la barbarie moscovite, elle envisage aujourd'hui une paix prompte avec la Russie révolutionnaire, peut-être une réconciliation, voire même un rapprochement politico-économique du groupement slave et du groupement germanique et renonce, vis-à-vis d'elle, à des conquêtes qui blesseraient le sentiment national russe. C'est donc aujourd'hui du côté de la France seule qu'elle peut trouver le « dédommagement » qu'elle n'a pas cessé d'espérer ni de revendiquer en échange des « sacrifices » que lui a coûtés la guerre. Et dans une partie de la presse allemande on peut noter aujourd'hui une recrudescence de la campagne antifrançaise : on s'efforce ouvertement de ranimer chez le peuple allemand les sentiments de 1870-71 et de préparer l'opinion à des mesures qui nous mettraient définitivement hors de cause en assurant la sécurité et la prospérité de l'Allemagne.

Les annexionnistes ont dès à présent dressé le programme de leurs revendications. Ils réclament pour des motifs d'ordre militaire une « rectification de frontières » sur la Meuse et insistent pour que la ligne de démarcation entre les deux pays soit reportée en avant, de Sedan à Belfort. Certains réclament la Flandre française ou recommandent de n'évacuer la France du Nord que lorsque les Anglais auront retiré leurs troupes de Calais.

Plus importantes encore sont les revendications économiques, dont la principale porte, comme on sait, sur le bassin de Briey qui est réclamé par tous les annexionnistes allemands. Comme du côté français la revendication de l'Alsace-Lorraine implique la reprise de la région minière de la Lorraine annexée, on voit que l'enjeu économique de la guerre est la possession des gisements de fer lorrains. Cherchons à nous rendre compte avec précision de l'importance de cet enjeu.

Il faut remarquer, d'abord, que la supériorité métallurgique de l'Allemagne — qui est un des éléments fondamentaux de sa prospérité économique — reposait avant la guerre sur une base assez fragile. Largement pourvue en houille, elle est pauvre en minerai de fer. Elle consommait en 1913, en chiffres ronds, 48 millions de tonnes de minerai de fer contenant 17,5 millions de tonnes de fer. Or le bilan de l'Allemagne, au point de vue du fer, peut se résumer dans le tableau suivant :

Production.	Lorraine annexée. .	8.0	millions de tonnes.
	Reste de l'Allemagne.	2.5	—
Importation. .	France.	1.4	—
	Espagne	1.8	—
	Suède	2.8	—
	Autres pays.	1.8	—
Exportation		0.8	—

On voit donc que sur les 17,5 millions t. de fer qu'elle consommait annuellement, l'Allemagne en tirait 8 des mines lorraines et 7 de l'importation.

Supposons l'Allemagne maîtresse du bassin de Briey. Au lieu de 1.4 million t. de fer qu'elle importait de France, elle dispose désormais de la production *totale* de nos mines lorraines, soit en 1913 18 millions t. de minerai ou 5.5 millions t. de fer. Elle tire de son sol 16 millions t. de fer, c'est-à-dire 25 °/₀ de plus que sa consommation de 1916. Avec le supplément qu'elle importait elle pourrait atteindre le chiffre énorme de près de 22 millions t. de fonte Elle disposerait donc de ressources en fer presque illimitées. Elle serait à même de développer dans des proportions formidables sa production métallurgique. En cas de nouvelle guerre elle serait assurée, en outre, de ne pas manquer de fer ; et ce dernier point a sa très grande importance car dans la guerre présente l'Allemagne n'aurait jamais pu soutenir une production d'obus suffisante sans le concours empressé de la Suède et sans l'occupation du bassin de Briey. Dépossédée de la Lorraine, la France perd une des sources essentielles de sa richesse nationale, elle est déchue, presque sans chance possible de relèvement, de son rang de grande puissance. Par la mainmise sur la totalité du sous-sol lorrain, l'Allemagne, qui possède déjà d'immenses ressources en charbon, acquiert également une prépondérance absolue au point de vue du fer et de l'acier, et consolide de façon formidable son pouvoir économique.

Supposons inversement l'Alsace-Lorraine rendue à la France. L'Allemagne voit, du coup, ses ressources en fer diminuer dans une proportion énorme. Elle est obligée d'importer la presque totalité du minerai dont elle a besoin pour ses industries. Chose plus essentielle encore : il lui devient à peu près impossible désormais de *provoquer* une guerre. Car avec sa production réduite de minerais, elle est incapable d'assurer par ses seules ressources la fabrication d'obus que nécessite la guerre moderne. La France, au contraire, acquiert des richesses en fer d'une valeur inestimable : elle peut développer largement son industrie métallurgique; elle dispose d'un excédent de fer dont il lui sera aisé de trouver le placement à l'étranger; elle assure ainsi à la fois sa prospérité économique et sa sécurité militaire. Ajoutons que, devenant maîtresse des mines de kali de l'Alsace, elle s'émancipe à ce point de vue aussi de la dépendance où elle se trouvait vis-à-vis de l'étranger.

On voit donc, au total, l'importance *vitale* qu'a pour la France l'issue de cette guerre. Elle peut, si elle nous rend l'Alsace-Lorraine et nous restitue ainsi l'intégralité de notre patrimoine, devenir le point de départ d'un renouveau national et nous permettre l'épanouissement complet de nos énergies. Elle peut, si elle maintient le *statu quo*, perpétuer l'état d'instabilité et d'insécurité où nous avons vécu depuis la mutilation de 1871. Elle peut, enfin, si elle donne gain de cause aux annexionnistes allemands, consacrer tout à la fois notre écrasement politique et notre ruine matérielle en nous privant d'un élément essentiel de notre existence économique. Nous luttons à la fois pour la réparation du droit, pour le maintien de notre indépendance, pour le bien-être futur des générations à venir.

L'Allemagne industrielle tout entière est pleinement consciente de l'importance capitale de la partie qui se joue et résolue à exploiter jusqu'au bout le succès qu'elle escompte toujours. De là le soin qu'elle apporte à attiser contre nous les passions nationales pour fortifier dans le public la pensée que la paix doit consacrer l'écrasement total de la France.

Ouvrez une brochure de propagande comme celle de Joseph Buchhorn, parue récemment sous le titre « *Nous oublions trop aisément.* » Après avoir affirmé que le niveau intellectuel et moral de la France de 1914-17 est exactement aussi bas que celui de la France de 1870-71, l'auteur met en garde ses compatriotes contre la « sentimentalité » qui, à l'en croire, les inclina naguère et pourrait les induire aujourd'hui à réclamer pour la France un traitement indulgent. En août 1870 le *Preussische Staats anzeiger* imprimait : « Aujourd'hui déjà nous lisons des avertissements et des menaces tendant à nous faire admettre que la grande nation française, à cause de sa haute mission civilisatrice mondiale, ne doit sortir de cette lutte ni affaiblie ni diminuée. » Mais, opposait le journal, il faut que cette guerre « que nous soutenons avec nos plus nobles énergies et les biens les plus nobles de la nation, n'ait pas été menée en vain, au point de vue de notre future sécurité. La fleur de la génération présente n'aura pas été sacrifiée dans une guerre sans résultat. Nous savons tous qu'il ne s'agit pas seulement d'abattre notre ennemi héréditaire pour le présent, mais de mettre les générations suivantes à l'abri de ses attaques ». Or l'Allemagne, explique Buchhorn, n'a pas écouté cet avertissement. Ayant tenu, en 1871, son ennemi à sa merci, elle ne l'a pas écrasé. Il ne faut pas qu'elle recommence aujourd'hui la même faute, comme le lui conseillent déjà les pusillanimes et les sentimentaux. Les grands hommes politiques allemands, un Bismarck, un Bülow ont clairement vu que dès que la France se serait réorganisée, elle reprendrait fatalement la lutte pour la revanche. L'événement leur a donné raison. Il faut donc agir en conséquence et traiter la France de façon que le succès d'une attaque future de sa part soit non pas seulement *invraisemblable* mais physiquement *impossible*. Il importe qu'à la paix l'Allemagne *règle son compte* une fois pour toutes avec « l'ennemi héréditaire », avec « le trouble-fête de l'Europe » et lui enlève à jamais la faculté de nuire.

Nous ne prétendons pas, assurément, que cette thèse de Buchhorn, reproduite avec pleine approbation par le grand journal conservateur la *Gazette de la Croix*, soit admise par tous les Allemands. Nous savons qu'elle est combattue avec énergie par la masse des socialistes, que le chancelier s'est, lui aussi, prononcé avec netteté contre les annexionnistes à outrance. Mais quand on voit les partis bourgeois et le gouvernement condamner hautement le programme socialiste d'une paix « sans annexions ni indemnité » et réclamer âprement des « garanties réelles » pour la sécurité future de l'Allemagne, quand on observe la campagne furibonde déclanchée dans le pays par les conservateurs contre la résolution pacifiste votée par la majorité du Reichstag, quand on constate que le chancelier se refuse à préciser ses conditions de paix, qu'il n'a, sans doute, pas contresigné mais qu'il n'a *pas non plus rejeté expressément* le programme des revendications pangermanistes à l'égard de la France, on a peine à ne pas croire que le gouvernement allemand s'efforcera de faire une paix « opportuniste », que ses exigences vis-à-vis de nous seront exactement proportionnées à l'étendue de ses succès militaires, et que, dans ces conditions, *notre force seule*, — et non point la magnanimité ou la sentimentalité de notre adversaire — peut nous assurer contre les mutilations que réclame l'opinion conservatrice allemande et que, en cas de succès, elle saurait bien contraindre le gouvernement à nous infliger. Soyons persuadés que le péril allemand n'est pas un épouvantail inoffensif, soit pour maintenant soit pour plus tard, et que nous aurons besoin de toute notre énergie pour nous en garer, pour refouler aujourd'hui l'invasion allemande qui menace notre existence nationale, pour contenir demain dans de justes limites la force d'expansion allemande qui menacera à nouveau notre indépendance économique si nous ne savons pas y mettre bon ordre. Si nous voulons continuer à *vivre libres*, il nous faudra le *mériter* par un effort soutenu.

Essayons de préciser ce que doit être cet effort au point de vue économique qui seul nous occupe ici.

Pour nous préserver du danger allemand, des mesures de défense sont d'abord nécessaires. Le futur traité de paix devra imposer à l'Allemagne des limitations et des réparations. Elles ont été, en ce qui nous concerne, officiellement définies par nos hommes d'Etat dirigeants à diverses reprises : elles comportent essentiellement la restitution de l'Alsace-Lorraine et la réparation des dommages causés chez nous par l'invasion allemande. Préciser aujourd'hui dans le détail la nature et l'étendue de ces réparations n'est ni possible ni opportun. La modération est immédiatement interprétée par la partie adverse comme un signe de faiblesse, la rigueur comme une manifestation de folie impérialiste. Tous les programmes de réparations parus dans nos journaux sont soigneusement reproduits par la presse allemande et lui servent d'argument pour persuader à ses lecteurs que la France veut réduire les Allemands au servage économique. Il n'y a aucune utilité à fournir des arguments à cette polémique : ceci d'autant plus que le public français n'a vraiment nul besoin d'être encouragé dans sa résistance par l'étalage de buts de guerre profitables; des perspectives de cette nature sont — et il n'y a pas à le regretter — sans attrait aucun pour lui.

Il importe de plus que, au point de vue économique, nous restions, vis-à-vis de l'Allemagne, sur une défense prudente. La prétention des Allemands c'est, sitôt la guerre terminée, de remonter au plus vite leur machine industrielle, de renouer le plus rapidement possible les relations commerciales interrompues et de reprendre leurs fructueux échanges avec le monde entier. Ils tiennent essentiellement à ne pas être mis à l'écart des marchés mondiaux, à ce que les marchandises allemandes puissent concourir à chances égales avec les marchandises des autres pays. Il semble que, dans ces conditions, ils s'efforceront au moment de la paix de nous empêcher de désavantager leurs produits par nos tarifs douaniers et chercheront à nous imposer un traité qui leur accordera la clause de la nation la plus favorisée, avec fixation de droits stables (*Bindung*) pour les principaux articles. Or il est manifeste que nous ne pouvons subir des conditions qui porteraient atteinte à notre indépendance économique. Nous ne pouvons pas admettre qu'on nous empêche d'accorder à nos alliés un traitement préférentiel. Nous ne pouvons pas davantage tolérer qu'on nous interdise de relever, tant que nous le jugerons nécessaire, nos tarifs jusqu'au point qui nous semblera indispensable en vue de la protection de nos industries nationales. L'Allemagne voudrait profiter de la supériorité présente de son organisation, dans certaines branches de l'industrie, pour nous imposer ses produits et perpétuer ainsi notre infériorité en nous empêchant de constituer chez nous des industries de remplacement à l'abri de droits efficaces. Il est hors de doute que, sous peine de déchéance, nous devons résister à cette prétention. Est-ce à dire que nous envisagions pour l'avenir une guerre commerciale systématique et la continuation indéfinie du blocus économique de l'Allemagne après la guerre? Nullement. Nous ne nous refusons pas à admettre que l'organisation du commerce international, la libre circulation de tous les produits de la terre, la division du travail entre les peuples, l'exploitation rationnelle de la terre selon un plan d'ensemble soit l'idéal vers lequel nous devons tendre dans le domaine économique, tout comme la Société des Nations est l'idéal dans le domaine politique. Seulement, dans l'état présent de la civilisation, il semble difficile qu'une nation renonce à se protéger, au point de vue économique comme au point de vue politique. Tant qu'elle sentira planer sur elle une menace d'oppression de la part d'un voisin redoutable, elle ne pourra se dispenser d'assurer sa défense. Tant qu'elle pourra craindre qu'un voisin use de sa puissance industrielle et commerciale pour lui imposer une sorte de vasselage économique et régner en maître dans certains domaines importants de l'activité humaine, elle commettrait une imprudence fatale si elle ne restait sur ses gardes. Or la France, assurément, ne menace personne à ce point de vue; en revanche elle s'est sentie clairement menacée par l'expansion allemande. Et l'Allemagne a contribué elle-même à nous faire sentir le danger que nous courions en tirant gloire de ses « conquêtes » dans l'empire du travail et en faisant sonner très haut ses « triomphes » économiques. Nous devrons proportionner notre défense à l'intensité et à la durée de cet effort d'expansion et la maintenir aussi longtemps qu'il demeurera une menace pour notre propre développement économique. Nous ne désirons d'ailleurs nullement voir cette situation se prolonger. Nous ne souhaitons pas la perpétuation de l'état de guerre économique. Et nous serons heureux d'atténuer ou de supprimer les mesures de défense que nous pourrons être obligés de prendre, sitôt qu'elles seront devenues sans objet. Mais aussi longtemps que subsistera le péril allemand, au point de vue économique comme au point de vue militaire, il serait insensé de notre part de ne pas rester sur nos gardes.

Nous ajoutons d'ailleurs que toutes les mesures de défense *négatives* — telles que prohibitions, droits protecteurs, interdictions d'importation, restrictions de toute sorte — par lesquelles on peut empêcher l'effort expansif allemand d'empiéter sur notre domaine, n'ont qu'une efficacité limitée et qu'une valeur provisoire.

Rendons-nous bien compte que, si nous restons en arrière sur l'Allemagne au point de vue industriel et commercial notre condition restera fâcheuse, même si nous parvenons, par des mesures de défense, à empêcher les produits allemands de nous envahir. Si nous n'arrivons pas à réformer notre organisation défectueuse et nos méthodes surannées, si par suite, nous fabriquons moins bien et plus cher que les Allemands, si le consommateur constate qu'il aurait intérêt à se fournir outre-Rhin et que, s'il ne le fait pas, cela tient uniquement à la muraille douanière dont nous nous entourons, nous n'aurons pas gagné grand'chose. Ce n'est jamais impunément qu'une nation se laisse dépasser dans la voie du progrès technique ou sous le rapport de l'énergie productive. Nous sommes, certes, fondés à prendre nos précautions contre l'expansion allemande, à édicter les mesures nécessaires pour empêcher notre marché et celui de nos alliés d'être envahi et submergé par les produits allemands. Mais si, à l'abri des barrières que nous aurons dressées, nous nous laissons aller à la routine et à l'indolence, si nos producteurs profitent de la protection qui leur est accordée contre la concurrence étrangère pour s'épargner tout effort de recherche et exploiter le public qui ne pourra plus se fournir au dehors, — alors ne nous faisons pas d'illusions : notre situation ne serait en rien améliorée. Dans le monde d'aujourd'hui un peuple arriéré peut très difficilement maintenir à la longue son autonomie. Fatalement, il finit par tomber sous la dépendance plus ou moins directe, plus ou moins avouée des nations plus actives, plus énergiques, plus inventives. La grande leçon qui doit se dégager de la guerre, c'est la nécessité *impérieuse* qu'il y a pour nous d'accroître notre puissance pro ductive, de tirer de nous-mêmes et de l'admirable domaine qui nous est échu en partage un meilleur rendement. Intensifier l'effort français, le porter au plus haut point possible c'est, chacun le sent, le devoir du moment présent. C'est aussi le devoir de demain.

Pour cela, il importe d'abord d'accroître notre masse ethnique ou tout au moins de ne pas la laisser diminuer. Ce n'est pas le lieu, ici, de répéter une fois de plus les faits et les chiffres qui mettent en évidence le péril immense que court notre pays du fait de sa natalité insuffisante. Il est trop clair que si nous continuons à nous laisser glisser sur la pente inquiétante où nous sommes engagés, il est difficile de voir comment nous pourrions nous relever. Au début du XIXe siècle, la France avec ses 27 millions d'habitants était plus peuplée que l'Allemagne. En 1871 encore la disproportion numérique entre les deux nations — 41 millions d'une part, 36 millions de l'autre — n'était pas accablante. En 1913 elle s'était accrue de façon tout à fait alarmante puisque l'on comptait 67 millions d'Allemands contre 39 millions et demi de Français. Que sera-ce au lendemain de la guerre si une amélioration ne se produit pas? En 1908, M. de Foville énonçait : « La France est atteinte d'un mal dont il est probable qu'elle mourra. » La presse allemande, avant et pendant la guerre, a inlassablement repris et développé ce pronostic : elle a dit et répété sur tous les tons que la France était, hier déjà, incurablement atteinte dans sa vitalité même, qu'elle est à l'heure présente totalement épuisée et à bout de souffle, qu'elle sera demain incapable de se relever de ses ruines et que, dans ces conditions, il n'y avait plus rien à redouter de nous. L'effort français — qui a étonné nos ennemis comme nos amis — a démenti de façon éclatante ceux qui proclamaient notre « décadence » irrémédiable. Le « miracle » de notre résistance autorise toutes les espérances pour l'avenir. Mais le danger signalé par M. de Foville subsiste dans toute sa gravité. Et il faut à tout prix que nous en triomphions. Si le nombre des décès continue, comme en 1911, à l'emporter sur celui des naissances on ne voit pas comment nous pourrions éviter à la longue, d'être « colonisés » par les races plus prolifiques qui nous entourent.

On ne saurait donc assez se préoccuper d'accroître la masse et d'élever la qualité de notre matériel humain. La lutte contre la dépopulation, contre l'alcoolisme ou la tuberculose, l'effort pour abaisser la mortalité, pour améliorer l'hygiène et la santé publique, pour organiser la protection de l'enfant, de la femme, du travailleur doivent être au premier rang de nos préoccupations. Inutile d'insister davantage sur ce point. Point n'est besoin de songer à accroître la productivité de l'énergie française si nous ne produisons, pour commencer, des Français en quantité et de qualité suffisante.

Ce problème préalable une fois résolu, il faudra, pour accroître le rendement de notre activité, apprendre à mieux nous organiser.

On sait que les Allemands se targuent volontiers d'avoir, selon le mot célèbre d'Ostwald, « découvert le facteur de l'organisation » et qu'ils expliquent par cette *découverte* l'essor prodigieux qu'a pris leur pays dans le dernier quart de siècle notamment. Personne ne met en doute, croyons-nous, le talent d'organisation des Allemands. Qu'ils aient réussi à coordonner de façon très remarquable les matériaux humains dont ils disposent, c'est là un fait dont il est difficile de contester l'exactitude. Grâce à leur effort patient, méthodique, tenace, soutenu pendant des séries de générations, ils ont créé un organisme national, robuste et complexe, qui englobe en une puissante synthèse une série d'autres organismes bien constitués et bien coordonnés entre eux, l'Armée allemande, l'Industrie allemande, la Science allemande, etc. Que les Allemands soient fiers des résultats qu'ils ont obtenus, cela se conçoit. Leurs grandes organisations, l'armée et l'industrie notamment, se sont avérées dans la présente guerre, comme étant d'une prodigieuse « efficacité ». Il n'est pas sûr qu'elles résisteront indéfiniment à l'effort démesuré qu'on exige d'elles. Mais elles n'en auront pas moins démontré leur valeur par l'intensité de l'effort qu'elles ont fourni. Cela ne veut pas dire, d'ailleurs, que l'Allemagne soit la seule nation organisée et que les autres ne le soient pas. Toutes le sont, d'une manière plus ou moins parfaite, selon leurs aptitudes, selon l'effort qu'elles se sont imposé. Toutes tendent instinctivement à accroître leurs forces en les groupant de la façon la mieux appropriée. Les organismes nationaux peuvent être plus ou moins parfaits, composés d'éléments plus ou moins différenciés, plus ou moins heureusement combinés. Mais une société quelle qu'elle soit ne peut subsister sans organisation et elle est d'autant plus prospère qu'elle a su grouper en une synthèse plus satisfaisante les éléments premiers dont elle dispose.

Nous devons donc nécessairement tendre à nous organiser davantage. Mais il ne s'ensuit nullement que l'organisation allemande, si supérieure qu'elle puisse être à la nôtre, doive être un modèle à copier textuellement. L'organisation varie nécessairement selon la nature des éléments dont elle dispose. On ne peut donc pas transporter un type d'organisation d'un pays à un autre. Des Français ne doivent pas chercher à s'organiser comme des Allemands. Supposons que, par impossible, on réussisse un instant à les grouper « à l'allemande », il est à peu près certain que cette organisation, mal adaptée au génie de la race, ne produirait pas de fruits et serait, pour des Français, une gêne insupportable. Il faut que chaque peuple s'organise selon son tempérament, qu'il découvre par un travail soutenu et à travers des tâtonnements inévitables le type d'organisation qui lui permettra de tirer du matériel humain dont il dispose le meilleur parti possible.

Mais cet effort est indispensable. L'erreur la plus funeste que nous pourrions commettre c'est de nous imaginer que l'organisation, la méthode, l'ordre, la patience, la discipline sont « choses allemandes » et, par suite, contraires au génie français. Nous sommes des improvisateurs, des individualistes, c'est entendu. Mais cela ne nous dispense en aucune façon de faire l'effort nécessaire pour coordonner nos forces et discipliner nos énergies. Ce travail d'adaptation nous l'avons, sans aucun doute, trop négligé dans le passé. Il est pénible, il est ingrat, il exige de l'individu bien des renoncements et bien des sacrifices. Or, si nous rentrons en nous-mêmes, nous serons obligés de nous avouer que nous nous sommes trop laissé aller, que nous avons trop souvent boudé devant l'effort. Notre devoir le plus impérieux est de rattraper le temps perdu. Le danger pour les nations du type germanique, c'est l'*excès* d'organisation, la réglementation minutieuse, pédante, mécanique. Le danger, pour nous, serait plutôt de nous abandonner à un doux et faible anarchisme, de nous refuser à l'effort et aux sacrifices qu'exige de l'individu *toute* tentative d'organisation. Entre « organisation » et « individualisme » il n'y a pas d'antinomie. L'une est le complément nécessaire de l'autre. Sans abdiquer, l'individualisme français peut et doit se plier aux contraintes nécessaires et créer une organisation conforme à notre tempérament.

Dans quel sens devons-nous faire effort pour améliorer notre organisation économique?

Nous devons viser d'abord, semble-t-il, à une meilleure intégration de la science et de la pratique. Les progrès de l'industrie dérivent directement des progrès du savoir humain. Le trait distinctif de la technique moderne c'est la substitution du savoir rationnel à l'empirisme, du procédé scientifique à la recette traditionnelle. Les Allemands l'ont fort bien saisi. C'est par l'effort vers la connaissance, par la diffusion du savoir dans la nation entière, à tous les degrés, qu'ils ont, nous l'avons vu, préparé patiemment leur essor économique. Ils ont compris que la science n'est pas seulement théorique mais qu'elle doit aussi devenir pratique, agir et créer. A mesure qu'elle comprend mieux les lois qui régissent les phénomènes, elle apprend aussi à mieux soumettre les forces de la nature, à les discipliner, à les faire travailler à son profit. Entre le laboratoire et l'usine il s'est établi, en Allemagne, une coopération tout à fait intime, féconde et fructueuse pour l'une comme pour l'autre. Il ne semble pas que chez nous cet accord se soit constitué au même degré. La science reste trop souvent théorie pure, elle se confine volontiers dans sa tour d'ivoire, elle se désintéresse de la pratique et accable de son mépris hautain l'industrialisme. Inversement l'homme d'affaires est souvent un pur praticien, plein de dédain pour la théorie qu'il regarde comme stérile, défiant souvent de la science à qui il rend hommage du bout des lèvres mais qu'il tient, au fond de lui-même, pour un luxe inutile et parfois ruineux. La théorie et la pratique ne se pénètrent donc pas suffisamment. Notre enseignement, essentiellement théorique et formel, aboutit trop souvent à développer un stérile orgueil intellectuel, un absurde dédain pour la pratique vulgaire; il forme trop souvent de précoces mandarins qui ont l'impression de déchoir, quand ils « entrent dans les affaires » et il prépare ainsi ce divorce fâcheux que nous avons signalé entre l'homme de science « désintéressé » et l'homme d'action purement empiriste. Il ne nous paraît pas douteux que l'une des tâches essentielles de l'après-guerre doive être de mettre fin à ce dualisme néfaste, de distribuer toujours plus largement le savoir à tous les degrés de l'échelle sociale, et en même temps d'orienter résolument la science vers la pratique. Nous devons, par un enseignement mieux adapté aux nécessités de la vie, former des hommes mieux préparés à aborder les tâches concrètes de l'existence, plus conscients aussi de l'instrument de puissance que constitue le savoir rationnel. Il faut, en un mot, *organiser* notre enseignement de manière à établir l'harmonie, aujourd'hui encore très précaire, entre la science et la vie.

Et, de même, il faut que nous apprenions, mieux que par le passé, l'art du travail collectif. L'Allemand a le sens à la fois inné et acquis de la discipline. Il a l'instinct grégaire. Il accepte volontiers de ne pas développer sa personnalité dans tous les sens, mais de se restreindre à n'être qu'une fraction d'homme, un *Teilmensch* comme ils disent, un spécialiste qui accomplit avec une supériorité marquée telle ou telle besogne très particulière, sans se préoccuper de ce qui existe en dehors du domaine où il se cantonne. Il aime dès lors à s'associer, à s'agréger à l'une de ces innombrables associations de tout genre qui fourmillent en Allemagne. Il aime à se sentir partie intégrante d'une organisation dont il est un rouage. Il est heureux de fondre sa destinée individuelle dans celle d'un Tout dont il participera, entreprise industrielle, société commerciale, administration publique, Etat. Qui de nous, ne sait combien, en France, ces dispositions sont plus rares! Qui ne sait combien l'individu est intransigeant, prompt à mépriser le voisin, empressé à réduire au minimum le contact nécessaire avec lui, combien volontiers il demeure isolé, ou divisé en petits groupes fermés, qui s'ignorent soigneusement les uns des autres, se jalousent, se contrarient, se combattent âprement? Qui n'a constaté mille fois et déploré l'énorme déperdition de forces qui se produit dans notre machine sociale par suite de l'insuffisante adaptation réciproque de ses organes et en raison des frottements incessants qui se multiplient partout?

L'Allemand se plie spontanément à la grande loi de *concentration* qui régit le monde de l'entreprise moderne, il s'intègre avec joie dans les organisations toujours plus vastes qu'engendre la vie économique d'aujourd'hui. Le Français au contraire demeure rebelle à l'association. Nul n'ignore les résistances et les répugnances que rencontre chez nous la constitution des grands cartels ou des grands syndicats, ou encore l'organisation de l'assurance ouvrière le contrat de travail collectif, ou, par-dessus tout l'ingérence de l'Etat dans la vie économique. Nous ne prétendons pas, à coup sûr, que ces répugnances soient toujours injustifiées. Nous savons les arguments très forts que peuvent faire valoir, chez nous, les adversaires de la centralisation à outrance et les critiques trop fondées, hélas, qu'ils peuvent faire aux entreprises d'Etat. Nous reconnaissons aussi sans hésiter que la centralisation des Allemands, leur implacable discipline, leur « socialisme de guerre » sont choses trop étrangères à notre tempérament pour que nous puissions songer à les implanter chez nous. D'un autre côté il est impossible de nous dissimuler que notre individualisme excessif nous met vis-à-vis d'eux dans un état d'infériorité indéniable. Si, dans les luttes économiques de l'avenir, nous continuons à combattre chacun pour soi, au hasard, en ordre dispersé, nous serons certainement battus. Il faut que nous préparions méthodiquement, comme le font les Allemands, non pas seulement la continuation de la guerre, mais le passage de l'état de guerre à l'état de paix et l'organisation de l'après-guerre. Pour tenir tête à l'expansion allemande, pour résister à la pression exercée par l'Europe centrale cohérente et disciplinée que l'Allemagne s'apprête à organiser, l'effort individuel ne suffit pas. Il faut que nos producteurs s'efforcent d'arriver à une meilleure coordination de leurs efforts. Il faut qu'ils perfectionnent l'organisation des cartels, des comptoirs d'achat et de vente, notamment pour les industries nouvelles qu'il s'agit de créer en concurrence avec les spécialités allemandes. Il faut que les grands syndicats ouvriers et patronaux s'efforcent de coopérer loyalement à l'organisation du travail pour éviter, dans la mesure du possible, des collisions qui seraient ruineuses pour tout le monde. Il faut enfin que le monde industriel accepte la collaboration de l'Etat, soit pour l'organisation et le contrôle des cartels, comptoirs et monopoles, soit pour la création d'offices de renseignements, d'informations, d'études, etc., mais aussi que l'Etat cesse de considérer les cartels, les comptoirs et les groupements d'intérêts, comme des instruments d'oppression, entravant le développement économique du pays.

Et il ne suffit même pas que nous donnions une plus grande cohésion à notre organisation économique nationale. Il se prépare, nous l'avons vu, dans l'univers, une œuvre immense de synthèse et de concentration. Tandis que l'Allemagne travaille à la réalisation progressive de l'Europe centrale, l'Angleterre s'efforce de resserrer les liens qui unissent entre elles les diverses parties de l'Empire britannique. La France ne peut pas rester isolée au milieu des vastes groupements qui constitueront le monde de demain. Réduite à ses seules forces, elle se trouverait, nous l'avons vu, dans une situation assez précaire vis-à-vis de l'Allemagne. Il faut, pour sa sécurité future qu'elle ait sa place définie dans une entente internationale. Or la préparation de cette entente est une œuvre formidable. On sait combien, dans cette guerre la réalisation de l'*unité de front* a été malaisée à réaliser et combien sa réalisation demeure aujourd'hui encore imparfaite. L'œuvre future de l'unité de front économique a été à peine ébauchée à la Conférence de Paris. Il est indispensable qu'elle se poursuive systématiquement. Quelle sera la solution qui prévaudra au dénouement de la grande crise? Deux conceptions opposées semblent aujourd'hui possibles.

L'une, plus *réaliste* et plus *agonale* a pour foyer central l'idée *nationale*. Elle tend, politiquement, à l'indépendance et au développement individuel ou même antagoniste des nations ou groupes de nations; elle envisagerait comme résultat de la guerre la création d'une Europe centrale d'une part, d'une Fédération des Alliés de l'autre.

Economiquement elle aboutit à l'institution d'*Etats fermés* se suffisant à eux-mêmes le plus possible et se défendant contre la pénétration étrangère. Poussons en imagination jusqu'à ses dernières conséquences cette tendance impérialiste. Nous verrions les puissances en lutte aujourd'hui perpétuer en quelque sorte le régime des tranchées hérissées de fils de fer barbelés qui séparent les deux camps ennemis et s'appliquer à tracer des lignes de frontières aussi rigoureuses que possible dans l'empire du travail. Au retour de la paix, le monde se trouverait divisé en un certain nombre de compartiments étanches correspondant aux grands groupements politiques, scindé peut-être en deux grandes Fédérations l'une à foyer germanique, l'autre à noyau central anglo-saxon. A l'intérieur de ces subdivisions, les peuples commerceraient librement ou seraient liés ensemble par l'octroi de tarifs préférentiels. Mais d'une division à l'autre les échanges seraient rendus sinon impraticables, du moins aussi difficiles que possible.

L'autre conception, plus *idéaliste* et plus *pacifiste* a pour base la notion d'humanité. Elle tend, au point de vue politique, à la création d'une *Société des Nations*, garante du droit international. Elle envisage de même au point de vue économique, l'abaissement des barrières douanières, la liberté du commerce international, l'exploitation industrielle de la planète entière, selon un plan d'ensemble rationnel, par l'humanité associée.

De ces deux conceptions laquelle prévaudra après la guerre, la conception impérialiste ou la conception humanitaire? Ce n'est pas le lieu de le discuter ici. Chacun pariera selon ses tendances d'esprit, selon ses dispositions plus ou moins optimistes ou pessimistes, pour la continuation de l'impérialisme avec ses rivalités implacables, ses luttes permanentes, ses crises violentes ou pour l'avènement d'un ordre de choses où régnerait plus de justice et d'harmonie. Nous voudrions simplement indiquer que, de ces deux solutions, la dernière n'est nullement la plus aisée, bien au contraire. La constitution de vastes ensembles est l'une des tâches la plus difficile qui soit au monde, et la difficulté s'accroît à mesure que grandissent les organismes à créer. On sait combien il est ardu de mettre sur pied un simple syndicat, de réaliser une fusion industrielle, de négocier un traité de commerce. Nous avons indiqué les difficultés que rencontre, par exemple du côté des Empires du Centre, la conclusion du Compromis austro-hongrois ou de l'accord austro-allemand. Soyons assurés que le statut de l'Empire britannique ne sera pas beaucoup plus commode à établir, que l'entente des nations anglo-saxonnes ne sera pas plus aisée à réaliser, qu'une Fédération interalliée sera encore plus laborieuse et qu'une organisation mondiale représentera un maximum de difficultés à résoudre et d'obstacles à surmonter. L'humanité a-t elle atteint le degré voulu de maturité, de concentration, d'énergie pour aborder avec quelque chance de succès cette tâche suprême? Sera-t-elle contrainte de s'arrêter à un stade antérieur de l'évolution? L'avenir nous le montrera. Une chose est certaine, c'est que, après le grand cataclysme qui s'achève en ce moment la période des « petits » Etats d'Europe sera close. Moins que jamais un peuple pourra vivre replié sur lui-même. Nous serons contraints à regarder plus que nous n'étions accoutumés de faire jusqu'à présent au delà des frontières nationales, de conclure des ententes plus étroites et plus complexes que jadis avec nos alliés, de nous mêler plus que nous ne le faisions aux grands courants du commerce mondial. S'adapter à ces nécessités nouvelles demandera un effort considérable. Mais nous pouvons espérer que les hommes nouveaux capables de mener à bien la lourde tâche de l'organisation internationale de notre vie économique ne nous feront pas défaut. La génération qui a su défendre notre indépendance avec tant de vaillance — ceux de l'avant qui, les armes à la main ont repoussé avec une si merveilleuse intrépidité l'assaut d'un ennemi formidable, ceux de l'arrière qui, en pleine tourmente, ont créé de toutes pièces et dans les conditions les plus difficiles nos usines de matériel de guerre et les innombrables fabrications annexes qu'il a fallu mettre sur pied — ont montré qu'ils possédaient la force de volonté, l'esprit d'initiative, le dévouement au bien collectif qui sont nécessaires pour mener à bien cette grande œuvre de réorganisation. Ils sauront — nous en sommes certains — porter l'énergie française à son maximum de rendement et assurer à notre pays la « place au soleil » à laquelle il a droit dans l'empire du travail.

Septembre 1917.

FIN

ANNEXES

ANNEXE I

Production agricole 1912 et 1912-1913 (en milliers de quintaux).

ANNUAIRE INTERNATIONAL DE STATISTIQUE AGRICOLE

a) *Produits du sol :*

	Allemagne		Autriche		Hongrie	
	Production (mille q.)	Rendement (q. p. Ha.)	Production (mille q.)	Rendement (q. p. Ha.)	Production (mille q.)	Rendement (q. p. Ha.)
Froment	43.606	23.0	18.952	13.4	50.251	13.3
Seigle	115.982	18.5	29.748	14.6	14.285	12.1
Orge	34.819	21.9	17.065	16.0	15.702	14.1
Avoine	85.201	19.4	24.300	13.0	11.656	10.6
Maïs	»	»	3.685	12.8	50.996	17.8
Pommes de terre	502.094	150.3	125.416	100.2	59.734	65.5
Betterav. à sucre	166.422	303.9	79.237	299.6	48.397	275.1
Vin	2.019	»	3.963	»	4.939	»
Houblon	205	»	201	»	18	»
Tabac	388	24.6	56	16.6	768	15.8
Lin (filasses)	»	»	238	6.4	96	9.5
— (graines)	»	»	165	4.5	»	»
Chanvre (filasses)	»	»	149	»	500	»
Colza (graines)	500	»	138	»	280	»

b) *Cheptel (en mille têtes) :*

	Allemagne 1912	Autriche 1910	Hongrie 1911
Espèce chevaline	4.523	1.802	2.006
— bovine	20.182	9.160	6.028
— ovine	5.803	2.428	7.698
— porcine	21.923	6.432	6.415
— caprine	3.410	1.256	331
Volailles	82.702	35.98	»

ANNEXE II

a) Commerce extérieur de l'Allemagne en 1913 (en millions de Mk)

Importation		Exportation	
1. Empire britannique.	2.207.7	1. Empire britannique.	1.884
2. U. S. A.	1.731.3	2. Autriche-Hongrie.	1.103
3. Russie et Finlande.	1.470.0	3. Russie et Finlande.	977
4. Autriche-Hongrie.	827.5	4. Hollande et colonies.	791
5. France et colonies.	674.1	5. France.	790
6. Hollande et colonies.	561.6	6. U. S. A.	757
7. Argentine	494.6	7. Belgique.	551
8. Belgique.	344.1	8. Suisse.	536
9. Italie.	317.6	9. Italie.	393
10. Brésil	247.9	10. Danemark	284
11. Suède	224.2	11. Argentine	266
12. Suisse.	213.3	12. Brésil	200
13. Chili.	199.8	13. Norvège	161
14. Espagne.	198.7	14. Espagne.	143
15. Danemark	191.8	15. Roumanie	140
16. Chine	130.1	16. Chine	123
17. Norvège	82.1	17. Japon	122
18. Roumanie	79.7	18. Chili.	98
19. Turquie	74.0	19. Turquie	98
20. Japon	46.6	20. Portugal.	52
		21. Mexique.	48
		22. Bulgarie	30

---

b) Importations en Allemagne en 1913 (en millions de mark).

F *indique les pays dans lesquels l'Allemagne possède la clause de la nation la plus favorisée.*
T *indique les pays avec lesquels l'Allemagne possède un traité de commerce.*

	T	F Valeur	F °/° tot.	Pays spécialement favorisés.
Blé	99.2	317.8	77	U. S. A., Argentine, Canada, Australie.
Avoine.	33.7	25.9	43	Argentine, U. S. A.
Maïs.	8,2	91.8	91	Argentine, U. S. A., Russie.
Navette	8.4	29.8	77	Indes anglaises.
Graines de lin	9.1	116.2	89	Argentine, Indes anglaises.
Oranges.	3,4	20.2	85	Espagne.
Bétail sur pied	4,7	49,2	93	Danemark.
Viande de bêtes à corn.	0,65	34.8	98	Danemark, Russie, France, Hollande.

	T	F Valeur	F °/₀ tot.	Pays spécialement favorisés.
Porc	0.44	23.0	92	Danemark, Hollande, Russie.
Saindoux	0.94	117.7	95	U. S. A.
Oléomargarine	»	27.1	98	U. S. A.
Riz	0.33	53.8	90	Indes anglaises.
Vin	1.63	40.3	85	Espagne, France.
Sardines	0.08	4.9	90	Espagne, Portugal.
Huile de graissage	25.26	20.0	40	U. S. A.
Pétrole	16.87	53.0	75	U. S. A.
Graisses de machines	»	3.1	90	U. S. A.
Alcool méthylique	3.38	3.0	50	U. S. A.
Caséine	»	3.6	90	France, Argentine.
Extrait de châtaigner	2.8	5.1	70	France.
Extrait de quebracho	0.2	4.9	95	Argentine-Belgique.
Tulles	0.2	2.1	90	France.
Tapis	»	11.0	98	Turquie.
Filés de coton	1.7	17.4	92	Grande-Bretagne.
Tissus coton	2.6	6.5	70	Grande-Bretagne.
Chapeaux de femmes	0.4	3.3	90	France.
Peaux de mouton	»	22.5	95	Grande-Bretagne, France.
Peaux de chèvre	»	10.0	95	Indes, Grande-Bretagne.
Chaussures	1.4	3.4	85	U. S. A., Grande-Bretagne.
Machines	0.7	16.6	97	Grande-Bretagne, U. S. A.
Automobiles	0.2	11.7	98	U. S. A., France.

En total : Importé des pays à clause la plus favorisée. **1.355** millions de Mk.
— — — à traité de commerce. . **283** —

L'importation des pays où l'Allemagne jouit du traitement le plus favorisé est presque **5 fois** plus grande que celle venant des pays avec lesquels l'Allemagne a des traités de commerce.

c) Commerce extérieur de l'Autriche-Hongrie avec les principaux pays en 1912 (en millions de Kr).

Importation		Exportation	
1. Allemagne	1.405	1. Allemagne	1.114
2. Empire britannique	525	2. Empire britannique	361
3. Etats-Unis	348	3. Italie	239
4. Russie	227	4. Roumanie	134
5. Italie	161	5. Turquie	131
6. France	127	6. Suisse	117
7. Roumanie	102	7. Russie	90
8. Suisse	91	8. France	84
9. Brésil	80	9. Etats-Unis	64
10. Turquie	73	10. Bulgarie	47

ANNEXE III

a) Commerce extérieur de la France avec l'Allemagne (en milliers de francs).

1. — Objets d'alimentation	Importation en France	Exportation de France
Céréales et malt	86.660	57
Pommes de terre et légumes secs	9.899	280
Bière	3.751	»
Viande conservée	2.924	»
Huile végétale	2.552	941
Fruits	898	21.031
Vins	176	19.166
Lait, beurre, fromage	442	5.021
Légumes frais ou conservés	»	9.420
Graisse animale	»	7.096
Viande fraiche ou frigorifiée	»	4.206
Gibier, volaille	»	1.573
Liqueurs	»	816
Tourteaux et drèches	1.007	14.296
Fourrages et sons	»	2.453
	108.209	86.316

2. — Matières nécessaires a l'industrie

2. — Matières nécessaires a l'industrie	Importation en France	Exportation de France
Charbon et coke	164.958	»
Minerais	8.289	27.013
Soufre (pyrites comprises)	»	1.603
Pierres et terres pour industrie	3.218	1.480
Matériaux	3.706	3.873
Fer, fonte, acier	10.246	5.529
Cuivre	14.666	2.304
Etain	6.130	484
Or et platine	4.966	3.562
Nickel	2.035	872
Plomb	1.734	»
Aluminium	624	5.178
Peaux brutes	23.646	75.539
Laines et déchets	21.177	57.725
Coton et déchets	5.393	51.584
Soie et bourre	1.610	7.433
Poils bruts	3.504	2.327
Crin brut et préparé	2.116	»
Caoutchouc et gutta bruts	4.915	10.571
A reporter	282.933	257.557

Matières nécessaires a l'industrie (*suite*).	Importation en France	Exportation de France
Report. . .	282.933	257.557
Éponges brutes et préparées	1.121	567
Pâte de cellulose	10.208	»
Graines de semences	7.594	16.883
Bois commun	6.107	2.899
Houblon	5.137	142
Goudron minéral, asphalte	3.122	136
Cire végétale et gemmes	»	5.720
	316.222	283.415

3. — Objets fabriqués

	Importation en France	Exportation de France
Machines et mécanique	131.996	8.151
Outils et ouvrages en métaux	41.945	6.155
Orfèvrerie	6.394	7.434
Horlogerie	6.524	2.470
Tissus laine	8.832	5.178
Tissus soie et bourre	12.848	9.820
Tissus coton	26.220	10.524
Fils	4.247	23.589
Lingerie, vêtements	3.269	14.443
Tissus lin, ramie, chanvre	2.393	423
Plumes de parures	3.136	4.821
Produits chimiques	71.320	39.944
Huiles volatiles, essences	3.724	4.893
Teintures préparées	6.272	1.608
Couleurs, encres	5.880	1.758
Instruments scientifiques	5.018	3.963
Poteries, verres, cristaux	37.710	4.661
Pelleteries préparées et confectionnées	38.973	32.410
Ouvrage en peau et cuir	7.908	2.301
Ouvrages en caoutchouc	18.754	4.857
Papier et application	29.994	14.343
Tabletterie, bimbeloterie	19.702	18.952
Bijouterie fausse	37.716	2.443
Carrosserie	6.940	21.917
Embarcations	4.821	1.196
Meubles en bois	3.834	4.255
Objets collection	11.263	5.663
Instruments de musique	»	1.151
Armes, poudres	996	»
Liège ouvré	1.358	»
Parfumerie, savon	355	1.872
Colis postaux	10.000	131.000
	570.315	392.195

b) Importation d'Allemagne en France (détail).

1. — Machines, mécanique, outils et ouvrages en métaux		Milliers de francs.	Totaux partiels.
Orfèvrerie	Orfèvrerie argent et vermeil	942	»
	Bijouterie or	2.545	»
	— platine	382	»
	— argent ou vermeil	2.441	»
	Ouvrages, bijouterie doublée or	763	»
	Plaqué et argenté	1.507	8.580
Horlogerie	Horloges et pendules pesant moins de 500 grammes	1.192	»
	Fournitures d'horlogerie	6.246	7.438
Moteurs	Générateurs à vapeur	874	»
	Moteurs à vapeur fixes	3.827	»
	— à explosion	2.540	»
	— locomobiles	1.336	»
	Locomotives	2.829	»
	Machines hydrauliques	1.074	»
	Éléments de turbines	»	»
	Pompes	947	»
	Pompes à vapeur fixes	1.310	»
	Compresseurs d'air et divers	395	»
	Ventilateurs	241	17.373
Textiles	Machines pour la préparation des textiles	1.947	»
	Machines automatiques	586	»
	— autres	694	»
	— à tisser	1.900	»
	— à tricoter et pour bonneterie	2.561	»
	— à tulles et dentelles	99	»
	Aiguilles pour mach. à coudre	613	»
	— pour métiers	1.059	9.459
Imprimerie	Matériel de papeterie	1.466	»
	— d'imprimerie	2.657	»
	Accessoires d'imprimerie	4.283	8.406
Électricité	Dynamos	4.006	»
	Appareils électriques	9.883	»
	Fils et câbles	838	»
	Induits	3.128	»
	Lampes électriques	1.286	19.141

MACHINES, MÉCANIQUE, OUTILS, ETC. (*suite*).		Milliers de francs.	Totaux partiels
Machines	Machines-outils	24.411	»
	Outils	3.721	»
	Machines agricoles	3.829	»
	Machines à coudre	8.899	»
	Matériel minoterie, pâtes alimentaires, levage, transmissions, matériel fixe	5.144	»
	Machines frigorifiques	426	»
	Appareils complets non dénommés	9.076	»
	Autres appareils	4.105	5.961
Chaudronnerie	Chaudières découvertes	»	»
	Gazomètres, réservoirs	1.923	»
	Construction métallique en fer	1.446	»
	Réservoirs émaillés	133	»
	Chaudronnerie	3.329	6.831
Pièces détachées fonte et autres		947	»
Cylindres de laminoirs bruts		560	»
Pièces détachées de machines (fer, fonte, acier)		8.567	»
— — (cuivre et alliage)		1.748	»
— — de deux ou plusieurs métaux		5.903	»
Roulements à billes		641	»
Essieux droits, arbres		861	»
Coussinets, tuyaux fonte		674	»
Tubes fer ou acier		2.806	»
Ouvrages et divers métaux		6.469	29.176
Serrurerie		797	»
Moulins à café, presse-viande, etc.		1.135	»
Lampisterie		2.164	»
Ouvrages en nickel allié à du cuivre, ou zinc ou métaux nickelés		3.492	7.588

2. — WAGONS, AUTOS, BICYCLETTES ET ACCESSOIRES

	Milliers de francs.	Totaux partiels
Wagons voyageurs	229	»
— marchandises	800	»
— de terrassement	430	»
Bicyclettes et pièces détachées	2.299	»
Carrosserie d'autos	2.364	»
Pneumatiques	12.433	»
Bougies d'allumage	186	18.741

3. — Instruments	Milliers de francs.	Totaux partiels
nstruments de mesure et de précision	1.590	»
Compteurs	664	»
Instruments de chirurgie	692	»
Verrerie graduée, verre soufflé	1.305	4.251
4. — Poteries, verres, cristaux		
Porcelaine blanche ou décorée	10.274	»
Faïence fine et majolique	1.684	12.457
Verrerie	9.628	»
Verres optique	849	»
Verrerie non dénommée	915	11.392
Creusets, cornues, etc.	399	»
Poteries cuites et grès	264	»
Briques réfractaires	5.398	»
Briques pleines	1.189	7.250
5. — Tissus		
Bonneterie de coton (velours compris)	4.439	»
Articles brodés	2.937	»
Passementerie coton	483	»
Broderies sur table	1.792	»
Broderies sans tissus ou avec tissus partiellement visibles	3.496	»
Draps de laine ou mélangés	3.386	»
Mousseline de laine	2.806	»
Tissus de soie ou bourre	885	»
Tissus mélangés d'or, argent ou autres matières	1.670	»
Velours et peluches de soie	1.238	»
— — mélangés	3.645	»
Bonnetterie soie ou bourre de soie	2.479	»
Tissus soie artificielle	1.045	»
Ouvrages et tissus caoutchouc	1.821	32.122
6. — Lingerie, vêtements et confections		
Pièces de lingerie cousue	638	»
Vêtements confection pour hommes	258	»
— en soie pour femmes	122	»
— autres matières pour femmes	1.671	2.689
7. — Divers		
Jouets	13.000	»
Objets de collection	14.200	»
Ouvrages en écume de mer	2.134	»

ANNEXE IV

a) Commerce extérieur spécial de l'Autriche-Hongrie en 1913 (en millions de Kr).

	Importation	Exportation
Matières premières	1.996	919
Demi-ouvrés	499	527
Fabriqués	911	1.323
Totaux	3.406	2.769

1. — Matières premières

	Importation	Exportation
Produits de l'économie rurale, sylviculture et pêche	1.571	751
Industrie minérale et métallurgique	425	167.7

2. — Demi-ouvrés

	Importation	Exportation
Textiles	139	114.5
Métaux	123	24.5
Produits mi-fabriqués de bois	27.5	175.4
Peaux préparées	75.3	28.5
Divers	134.0	184

3. — Manufacturés

	Importation	Exportation
Articles d'alimentation	92.6	300.8
Textiles	137.6	215.2
Machines et appareils électrotechniques	155.7	42.8
Ouvrages fer	53.8	31.3
Instruments, horlogerie	51.8	13.2
Ouvrages en métaux précieux	43.8	9.4
Objets de littérature et art	64.7	29
Produits chimiques	38.0	23.3
Articles confectionnés	26.3	104.4
Papier et papeterie	36.8	41.4
Articles en cuir	33.5	61.5
Ouvrages en bois	39.3	85.6
Huile minérale raffinée	9.2	65 0
Verrerie	8.4	86.2
Autres	120.0	154.0

b) Commerce extérieur de l'Autriche-Hongrie avec l'Allemagne en 1912 (en millions de Kr).

	Importation		Exportation
Houille	137.8	Œufs	98.8
Machines et appareils	62.0	Lignite	87.8
Laine	66.2	Peaux brutes	42.6
Métaux bruts (fer exc.)	42.4	Bois d'œuvre	44.4
Peaux préparées	33.6	Huiles minérales	17.5
Livres	41.5	Orge	42.9
Ouvrages en fer	31.4	Produits chimiques	20.6
Produits chimiques	27.8	Houblon	7.9
Coton	50.3	Bois d'œuvre scié	26.6
Filés en laine	18.5	Bœufs	30.5
Pelleterie ouvrée	14.2	Ouvrages en bois	16.0
Fer brut	7.5	Maïs	23.4
Appareils électriques	10.0		
Ouvrages en bois	10.5		
Articles en cuir	6.6		
Instruments	21.4		
Coke	20.0		
Articles de coton	12.0		

---

c) Avec la France.

	Importation		Exportation
Soieries	13.1	Huile minérale	6.2
Soie et filé de soie	9.4	Bois d'œuvre scié	5.5
Laines	6.8	Cellulose	5.1
Vins mousseux	5.7	Benzine raffinée	4.2
Peaux préparées	5.2	Peaux brutes	3.5
Ferroalliages	5.1	Œufs	3.0
Pierres précieuses et demi-précieuses	4.0	Plumes parure non ouvrées	2.3
Perles fines	4	Autres	50.4
Résines	3.2	Total	80.2
Plumes non ouvrées	3.3		
Autres	53.6		
Total	113.4		

ANNEXE V

Principales importations en Allemagne (1913), en millions de mark.[1]

RÉPARTITION PAR PROVENANCE EN % IMPORTATION TOTALE

I. — *Aliments.*	Importation		%			Entente %						Neutres %		
	Totale.	Excédent.	Entente.	Neutres.	Ennemis.	France.	Emp. Br.	Russie.	Italie.	Belg.	É. U.	Europe.	Amériq.	Autres.
Blé	411	330	80	17	3	»	18	13	»	»	40	»	17	»
Riz	103	60	73	24	»	»	75	»	»	»	»	12	»	12
Légumes frais	39	36	33	55	5	19	4	»	10	»	»	55	»	»
Légumes secs	37	33	83	»	10	»	11	64	»	»	»	»	»	»
Fruits frais et secs	223	218	56	23	13	14	3	0.5	20	1.7	15	24	1.5	»
Viande fraiche (compris bœufs et porcs vivants	115	115	33	46	17	4	»	20.0	»	»	»	46	»	»
Volaille	68	67	72	7	18	1	»	66.0	3	1	»	7	»	»
Poissons frais, secs, salés	146	132	47	46	1.6	0.9	30	8.0	»	1	6	46	»	»
Œufs	188	187	50	6	43	»	»	42.0	»	3.7	»	6	»	»
Beurre frais et fondu	118	118	57	40	1.8	»	»	57.0	»	»	»	40	»	»
Crème fraiche	34	34	4	96	»	»	»	4.0	»	»	»	»	»	»
Lard, saindoux, margar., etc.	185	185	88	10	»	3.7	6	»	»	»	78	3	7	»
Graines oléagineuses comest.	258	255	80	14	3	4.0	71	1.7	»		0.6	»	»	13.0
Cacao	67	67	55	38	4	»	33	»	»	»	»	1	36	»
Poivre	6.4	6.4	61	36	»	»	61	»	»	»	»	36	»	»
Total.	1.971		49											

1. Pour certains articles, le total des pourcentages est assez éloigné de 100, parce que la « Statisches Jahrbuch », indiquant le total des importations et des exportations, ne mentionne pas les pays dont le chiffre d'affaires est inférieur à 3 millions mk, même sous la rubrique « autres pays ».

	Importation		°/°			Entente °/°						Neutres °/°		
II. — *Animaux vivants.*	Totale.	Excédent.	Entente.	Neutres.	Ennemis.	France.	Emp. Br.	Russie.	Italie.	Belg.	U. S. A.	Europe.	Amériq.	Autres.
Chevaux	112	110	58	31	4	5	4	21	»	26	»	31	»	»
Bêtes à cornes	86	85	»	59	35	»	»	»	»	»	»	59	»	»
Porcs	25	24	99	»	»	»	»	99	»	»	»	»	»	»
III. — *Aliments du bétail.*														
Orge fourragère	365	364	98	1	0.3	»	0.3	89	»	»	6	0.4	0.5	0.3
Maïs, dari, sarrasin	105	105	39	59	0.3	»	0.5	13	»	»	18	»	59	»
Sons	130	128	67	28	3	0.7	7.0	46	»	1	12	7	21	»
Tourteaux	118	80	82	8	6	7.0	10.0	35	»	2 6	27	6	2	»
Divers aliments	27	27	74	6	11	5.0	22	»	»	5.0	44	3	»	»
IV. — *Engrais.*														
Nitrate de soude	172	172	»	100	»	»	»	»	»	»	»	»	100	»
Nitrate de chaux, cyanamide	9.4	6	»	92	»	»	»	»	»	»	»	92	»	»
Phosphate de chaux	46	46	87	»	12	34	2	»	»	3	43	»	»	»
Poudre d'os	3.5	0.5	70	»	20	»	40	30	»	»	»	»	»	»
Scories Thomas	17.5	11.5	96	»	»	32	»	»	»	63	»	»	»	»
V. — *Textiles.*														
Coton brut	607	551	97	1	0.7	»	21.7	»	»	»	76	0.4	0.2	0.7
— déchets	56	27	71	11	11.0	9	22	»	1	3	36	10	»	»
— filé	115	84	82	4	13	0.8	80	»	0.5	2	»	»	4	»
Laine brute, lavée, peignée	412	363	67	28	0.8	4.0	56	0.8	»	8	»	»	28	»
— déchets	12.7	—1.8	67	5	20.0	20.0	22	»	»	25	»	5	»	»
— filés	167	30.0	94	2	2	17.0	61	»	»	15	»	2	»	»
Soie brute	157	154	90	5	2	13.0	1	»	70	»	»	4	»	1
Bourre filée	35	25	52	42	3	24.0	»	»	20	5	»	42	»	»

Lin	74	50	83	3	11	»	»	81	»	4	»	3	»	
Filés lin	35	32	61	»	38	7	18	»	»	35	»	»	»	»
Chanvre	44	38	87	»	13	»	»	47	36.0	»	»	»	»	»
Jute	94	90	98	»	»	»	98	»	»	»	»	»	»	»
Tissus laine	29	—204	»	»	»	»	»	»	»	»	»	»	»	»
— coton	66	—356	»	»	»	»	»	»	»	»	»	»	»	»
— soie	39	—98	»	»	»	»	»	»	»	»	»	»	»	»
VI. — *Peaux et boyaux.*														
Fourrures	121	79	86	6	5	2.5	8.5	20	»	»	53	0.6	2	1
Peaux de bêtes à cornes	416	312	40	40	10	10	15	8.5	3	0.7	1	5	28	5
— de moutons	34	31	38	24	18	14	2	14	3	»	»	22	2	»
— de chèvres	35	29	58	17	12	16	21	14	»	1.0	2	10	1	0.2
Boyaux, estomacs	59	48	62	27	5	6	18	21	»	2.0	15	14	11	2.0
VII. — *Graines oléagineuses, résines, caoutchouc.*														
Graines oléagineuses (totales)	533	530	57	38	3	2	49	2.5	»	»	1.7	9.5	19	10
Div. huiles et graines	62	45	59	29	11	5	30	»	2	8	10	27	1	»
Résines et laques	45	31	77	10	»	10	25	»	»	»	42	10	»	»
Térébenthine	21	20	94	3	»	13	»	3	»	»	78	3	»	»
Caoutchouc et gutta	146	119	43	42	9	1	35	»	»	6	»	7	35	»
VIII. — *Produits miniers.*														
Pyrites	25	25	6	90	4	2	»	»	»	»	»	90	»	»
Soufre	5	4.6	84	»	»	»	»	»	84	»	»	»	»	»
Huile minérale	46	38	85	»	12	»	»	48	»	»	43	»	»	»
Pétrole	70	70	82	»	17	»	»	2	»	»	75	»	»	»
Benzine lourde	54	54	68	20	11	»	2	20	»	»	17	»	»	»
Charbon	204	—312	90	5	»	»	88	»	»	2	»	5	»	»
IX. — *Minerais et métaux.*														
Or métal (monnaies comprises)	382	320	67	26	5	1.7	50	6	4	0.9	0.7	7	15	3
Platine métal	12	»	68	»	10	30	8	20	»	»	10	»	»	»

Minerais or et platine	12	10	100	»	»	»	»	100	»	»	»	»	»	»
Minerai tungstène	10.5	10.5	63	10	»	»	53	»	»	»	»	»	10	»
Métaux, chrome, tungstène, cadmium, etc.	19.3	4.0	75	15	»	75	»	»	»	»	»	10	5	»
Nickel, métal et alliages	11.2	5.4	94	»	»	»	12	»	»	16	66	»	»	»
— minerai	1.8	1.8	100	»	»	100	»	»	»	»	»	»	»	»
Aluminium métal	25.2	3.2	43	43	8	26	12	»	»	»	5	43	»	»
Manganèse minerai	29	28.0	90	7	»	»	30	60	»	»	»	»	4	»
Cuivre, métal et laiton	354	330	93	2	1	0.2	6.7	»	»	3	83	1	»	»
Étain, métal et alliages	58	55	46	49	3	»	37	»	»	2	6.5	48	»	1
— minerai	42	42	7	90	»	»	5	»	»	»	»	»	90	»
Zinc métal	26	—41	»	»	»	»	»	»	»	»	»	»	1	»
— minerai	37	33	72	[illegible]	2	2	53	»	5	12	5	5	»	»
Plomb métal	31	14	43	54	»	»	8	»	»	16	19	50	»	»
— minerai	36	35	91	1	1	»	90	»	»	»	»	»	1	»
Fer minerai	227	220	24	74	1	17	1	5	»	0.5	»	74	»	»
Ferro-silicium	6.2	6.2	»	70	»	»	»	»	»	»	»	70	»	»
Scories, résidus	23	19.0	73	11	10	16	3	11	»	42	»	11	»	»
X. — Bois, matières tannantes, cellulose.														
Bois	334	303	63	11	21	2	1	41	»	»	14	11	»	»
Liège brut et ouvré	15	13	52	25	»	20	»	»	»	»	»	25	»	»
Bois pour pâte, cellulose	49	12	67	9	21	»	»	67	»	»	»	9	»	»
Extraits et écorces tannantes	40	34	40	47	11	14	18	»	4	3	»	»	35	4
XI. — Divers.														
Semences	73	28	76	6	10	18	9	39	5	»	5	5	»	»
Essences et parfums naturels	23	12	68	9	7	21	13	»	»	»	15	4	»	5
Quinquina, alcaloïdes, plantes médicin.	27	16	38	40	5	»	26	3	»	»	»	36	2	»
Graphite	9.2	8.1	56	»	24	»	5.6	»	»	»	»	»	»	»
Calcaire	19.5	17.0	77	»	10	25	»	»	»	52	»	»	»	»

TABLE DES MATIÈRES

LIVRE IV

LA LUTTE CONTRE L'IMPÉRIALISME ÉCONOMIQUE ALLEMAND

4868-4-19. — PARIS. — IMP. HEMMERLÉ ET Cie
Rue de Damiette, 2, 4 et 4 *bis*.

Bibliothèque de Philosophie scientifique *(suite)*

2° PSYCHOLOGIE ET PHILOSOPHIE

APERT (Dr). **L'Hérédité morbide.**

AVENEL (Vicomte Georges d'). **Le Nivellement des Jouissances** (5e mille).

BALDENSPERGER (F.), chargé de cours à la Sorbonne. **La Littérature** (5e mille).

BELLET (Daniel), professeur à l'École libre des Sciences politiques. **Le Mépris des lois et ses conséquences sociales.**

BERGSON, POINCARÉ, Ch. GIDE, Etc., **Le Matérialisme actuel** (8e mille).

BINET (A.), directeur de Laboratoire à la Sorbonne. **L'Ame et le Corps** (10 mille).

BINET (A.). **Les Idées modernes sur les enfants** (15e mille).

BOHN (Dr G.). **La Naissance de l'intelligence** (40 figures) (6e mille).

BOUTROUX (E.), de l'Institut. **Science et Religion** (18e mille).

CRUET (J.), avocat à la cr d'appel. **La Vie du Droit et l'impuissance des Lois** (5e m.).

DAUZAT (Albert), docteur ès lettres. **La Philosophie du Langage** (4e mille).

DROMARD (Dr G.). **Le Rêve et l'Action** (4e m.).

DUGAS (L.), agrégé de Philosophie. **La Mémoire et l'Oubli** (5e mille).

DWELSHAUVERS (Georges), professeur à l'Université de Bruxelles. **L'Inconscient** (5e m).

GAULTIER (Paul). **Leçons morales de la guerre** (5e mille).

GUIGNEBERT (C.), chargé de cours à la Sorbonne. **L'Evolution des Dogmes** (6e m.)

HACHET-SOUPLET (P.), directeur de l'Institut de Psychologie. **La Genèse des Instincts** (4e mille).

JAMES (William), de l'Institut. **Philosophie de l'Expérience** (9e mille).

JAMES (William). **Le Pragmatisme** (8e m.).

JAMES (William). **La Volonté de Croire** (6e m.)

JANET (Dr Pierre), de l'Institut, professeur au Collège de France. **Les Névroses** (8e m.)

JULLIOT (Ch.). **L'Éducation de la Mémoire**

LE BON (Dr Gustave). **Psychologie de l'Éducation** (24e mille).

LE BON (Dr Gustave). **La Psychologie politique** (16e mille).

LE BON (Dr Gustave). **Les Opinions et les Croyances** (14e mille).

LE BON (Dr Gustave). **La Vie des Vérités** (9e mille).

LE BON (Dr Gustave). **Enseignements Psychologiques de la Guerre** (31e mille).

LE BON (Dr Gustave). **Premières Conséquences de la Guerre** (24e mille).

LE BON (Dr Gustave). **Hier et Demain. Pensées brèves** (10e mille).

LE DANTEC. **Savoir!** (9e mille).

LE DANTEC. **L'Athéisme** (17e mille).

LE DANTEC. **Science et Conscience** (8e m.)

LE DANTEC. **L'Égoïsme** (11e mille).

LE DANTEC. **La Science de la Vie** (6e m.)

LEGRAND (Dr M.-A.). **La Longévité** (4e m.).

LOMBROSO. **Hypnotisme et Spiritisme** (8e mille).

MACH. **La Connaissance et l'Erreur** (6e m.)

MAXWELL. **Le Crime et la Société** (5e m.)

PICARD (Edmond). **Le Droit pur** (7e mille).

PIERON (H.), Mre de Confce à l'École des Htes-Études. **L'Evolution de la Mémoire** (5e mil.)

RAGEOT (Gaston), professeur de philosophie. **La Natalité, ses lois économiques et psychologiques.**

REY (Abel), professeur agrégé de Philosophie. **La Philosophie moderne** (12e mille).

VASCHIDE (Dr). **Le Sommeil et les Rêves** (5e mille).

VILLEY (Pierre), professeur agrégé de l'Université. **Le Monde des Aveugles** (4e m.).

Bibliothèque de Philosophie scientifique

DIRIGÉE PAR LE Dr GUSTAVE LE BON

1° SCIENCES PHYSIQUES ET NATURELLES

BACHELIER (Louis), Docteur ès sciences. **Le Jeu, la Chance et le Hasard** (4e mille).
BELLET (Daniel), profr à l'École des Sciences politiques. **L'Évolution de l'Industrie.**
BERGET (A.), professeur à l'Institut océanographique. **La Vie et la Mort du Globe** (7e m.).
BERGET (A.). **Les problèmes de l'Atmosphère** (27 figures) (4e mille).
BERTIN (L.-E.), de l'Institut. **La Marine moderne** (66 figures) (5e mille).
BIGOURDAN, de l'Institut. **L'Astronomie** (50 figures) (6e mille).
BLARINGHEM (L.). **Les Transformations brusques des êtres vivants** (49 figures). (5e mille).
BOINET (Dr), profr de Clinique médicale. **Les Doctrines médicales** (7e mille).
BONNIER (Gaston), de l'Institut. **Le Monde végétal** (230 figures) (11e mille).
BONNIER (Dr Pierre), **Défense organique et Centres nerveux.**
BOUTY (E.), de l'Institut. **La Vérité scientifique, sa poursuite** (5e mille).
BOUVIER (E.-L.), de l'Institut. **La Vie Psychique des Insectes** (5e mille).
BRUNHES (B.), professeur de physique. **La Dégradation de l'Energie** (8e mille).
BURNET (Dr Etienne), de l'Institut Pasteur. **Microbes et Toxines** (71 fig.) (7e mille).
CAULLERY (Maurice), professeur à la Sorbonne. **Les Problèmes de la Sexualité** (6e m.)
COLSON (Albert), professeur à l'École Polytechnique. **L'Essor de la Chimie** (6e m.)
COMBARIEU (J.), chargé de cours au collège de France. **La Musique** (14e mille).
DASTRE (Dr A.), de l'Institut, professeur à la Sorbonne. **La Vie et la Mort** (16e mille).
DELAGE (Y.), de l'Institut et GOLDSMITH (M.). **Les Théories de l'Évolution** (8e mille).
DELAGE (Y.), de l'Institut et GOLDSMITH (M.), **La Parthénogenèse** (5e mille).
DELBET (P.), professeur à la Fé de Médecine Paris. **La Science et la Réalité** (4e m.).
DEPÉRET (C.), de l'Institut. **Les Transformations du Monde animal** (8e mille).
ENRIQUES (F.). **Les Concepts fondamentaux de la Science** (4e mille).
GRASSET (Dr). **La Biologie humaine** (7e m.).
GUIART (Dr). **Les Parasites inoculateurs de maladies** (107 figures) (5e mille).
HÉRICOURT (Dr J.). **Les Frontières de la Maladie** (8e mille).
HÉRICOURT (Dr J.). **L'Hygiène moderne** (13e mille).
HÉRICOURT (Dr J.). **Les Maladies des Sociétés.**
HOUSSAY (F.), professeur à la Sorbonne **Nature et Sciences naturelles** (7e mille).
JOUBIN (Dr L.), professeur au Muséum. **La Vie dans les Océans** (45 figures) (7e mille).
LAUNAY (L. de), de l'Institut. **L'Histoire de la Terre** (12e mille).
LAUNAY (L. de), de l'Institut. **La Conquête minérale** (5e mille).
LE BON (Dr Gustave). **L'Évolution de la Matière**, avec 63 figures (23e mille).
LE BON (Dr Gustave). **L'Évolution des Forces** (42 figures) (19e mille).
LECLERC DU SABLON (M.). **Les Incertitudes de la Biologie** (24 figures) (4e mille).
LECORNU (Léon), de l'Institut. **La Mécanique.**
LE DANTEC (F.). **Les Influences Ancestrales** (13e mille).
LE DANTEC (F.). **La Lutte universelle** (10e m)
LE DANTEC (F.). **De l'Homme à la Science** (8e mille).
MARTEL, directeur de *La Nature*. **L'Évolution souterraine** (80 figures) (7e mille).
MEUNIER (S.), professeur au Muséum. **Les Convulsions de la Terre** (35 fig.) (5e m.)
MEUNIER (S.), professeur au Muséum. **Histoire géologique de la Mer.**
OSTWALD (W.). **L'Evolution d'une Science, la Chimie** (8e mille).
PERRIER (Edm.), de l'Institut, directeur du Muséum. **A Travers le Monde vivant** (6e m.).
PERRIER (Edm.), de l'Institut, directeur du Muséum. **La Vie en action** (8e m.).
PICARD (Emile), de l'Institut, professeur à la Sorbonne. **La Science moderne** (12e mille).
POINCARÉ (H.), de l'Institut, profr à la Sorbonne. **La Science et l'Hypothèse** (31e mille).
POINCARÉ (H.). **La Valeur de la Science** (24e mille).
POINCARÉ (H.). **Science et Méthode** (16e m.)
POINCARÉ (H.). **Dernières Pensées** (12e m.).
POINCARÉ (Lucien), dr au Mre de l'Instruction publique. **La Physique moderne** (18e m.).
POINCARÉ (Lucien). **L'Electricité** (14e mille).
RENARD (Ct). **L'Aéronautique** (68 figures) (6e mille).
RENARD (Ct). **Le Vol mécanique. Les Aéroplanes** (121 figures).
TISSIÉ (Dr) **L'Éducation physique et la Race** (81 figures).
ZOLLA (Daniel), professeur à l'École de Grignon. **L'Agriculture moderne** (6e m.).

PSYCHOLOGIE, PHILOSOPHIE ET HISTOIRE

Voir la liste des ouvrages parus pages 2 et 3 de la couverture.

4951. — Paris. — Imp. Hemmerlé et Cie. — 5-19.

Défauts constatés sur le document original

Contraste insuffisant ou différent, mauvaise qualité d'impression

Under-contrast or different, bad printing quality

www.ingramcontent.com/pod-product-compliance
Ingram Content Group UK Ltd.
Pitfield, Milton Keynes, MK11 3LW, UK
UKHW020438200726
13857UKWH00002B/468